TrainingPUR

Mathematik 11. Klasse

Gymnasium

STARK

Bildnachweis:

Umschlagbild: © Nick Fox/shutterstock

Inhalt

Autorin: Claudia Hagan

Um die Lernvideos aufzurufen, scannen Sie die abgedruckten QR-Codes mit einem beliebigen QR-Code-Scanner Ihres Smartphones oder Tablets. Im Hinblick auf eine eventuelle Begrenzung des Datenvolumens wird empfohlen, dass Sie sich beim Ansehen der Videos im WLAN befinden. Haben Sie keine Möglichkeit, den QR-Code zu scannen, finden Sie die Lernvideos auch unter:

https://www.stark-verlag.de/qrcode/lernvideos_9450011

Vorwort

Liebe Schülerin, lieber Schüler,

die 11. Jahrgangsstufe im Mathematikunterricht knüpft zum einen eng an die Mittelstufe an, zum anderen ist sie bereits stark mit der 12. und 13. Klasse verzahnt und Teil des abiturrelevanten Lernstoffes. Neben dem reinen Fachwissen werden Sie in der 11. Jahrgangsstufe Ihre allgemeinen, aber auch ihre fachspezifischen Kompetenzen erweitern, festigen oder neu aktivieren.

Die **Gliederung** des Aufgabentrainers orientiert sich am bayerischen Lehrplan für die Jahrgangsstufe 11. Vier der fünf dort aufgeführten Abschnitte betreffen den Themenbereich **Analysis**. Es wird die Betrachtung von Funktionen, die in der Mittelstufe begonnen wurde, fortgeführt und intensiviert. Sollten Sie bisher noch nicht mit einer dynamischen Mathematiksoftware, beispielsweise GeoGebra, gearbeitet haben, sollten Sie sich kurz dafür Zeit zu nehmen, damit Sie dieses Hilfsmittel in Lernphasen, zur Begriffsbildung, aber auch zur Kontrolle von Ergebnissen gewinnbringend nutzen können. Hierfür besonders geeignete Aufgaben sind entsprechend gekennzeichnet. Es bietet sich aber auch bei vielen weiteren Aufgaben an. Der verbleibende Abschnitt des Lehrplans ist dem Themenbereich „Wahrscheinlichkeit und Statistik" gewidmet. Sie finden im zugehörigen Kapitel zuerst einige Aufgaben zur Wiederholung des Grundwissens. Ein besonderer Fokus liegt danach im Anwendungsbereich.

- Jeder der fünf Themenbereiche beginnt mit einer kurzen **Zusammenfassung** der relevanten Definitionen und Regeln. An einigen Stellen finden Sie einen QR-Code, der Sie zu einem thematisch passenden **Lernvideo** führt. Einen Link zu einer Übersichtsseite mit allen Videos finden Sie auf der vorangehenden Seite, unterhalb des Inhaltsverzeichnisses.

- Die Reihenfolge der sich anschließenden **Aufgaben** entspricht der im Lehrplan vorgegebenen. Dabei sind Aufgaben zur Wiederholung mit einem „W" und die grundlegenden mit einem „G" gekennzeichnet. Aufgaben mit erhöhtem Anspruch sind mit einem „E" markiert.

- Weil Ihnen spätestens in der schriftlichen Abiturprüfung ein **hilfsmittelfreier Teil** begegnen wird, sollten Sie sich frühzeitig darauf vorbereiten. Hierfür geeignete Aufgaben erkennen Sie am durchgestrichenen Taschenrechner. Dies bedeutet zusätzlich, dass Sie auch keine Formelsammlung verwenden sollten.

- In jedem Kapitel finden Sie zwei **Tests**, mit denen Sie sich auf entsprechende Lernzielkontrollen vorbereiten können. Die Tests sind auf ca. 30 Minuten konzipiert. Die Zeitspanne hängt bei eventuellen Schulaufgaben bzw. Klassenarbeiten sehr davon ab, wie intensiv der Themenbereich im Unterricht geübt wurde. Ob bei einem Test zusätzlich Zeit zum Einlesen gegeben wird, entscheidet Ihre Lehrkraft. Pro Test können maximal **20 Bewertungseinheiten** erreicht werden. Am Ende jeden Tests finden Sie eine mögliche BE-Noten-Zuordnung.

- **Hinweise und Tipps** zu ausgewählten Aufgaben helfen Ihnen, wenn Ihnen der Einstieg in eine Aufgabe schwerfällt. Diese finden Sie nach den Tests und vor den ausführlichen Lösungen. Sie sollten diese bei Unsicherheiten zurate ziehen, bevor Sie sich gleich die Gesamtlösung ansehen.

- Die **Lösungen** zu den Aufgaben und Tests sind so ausführlich gehalten, dass Sie auch dann viel daraus lernen können, falls Sie nur anteilig auf eine Lösung gekommen sind.

- Als Hilfsmittel ist in Tests, neben dem Taschenrechner, nur das **„Dokument mit mathematischen Formeln"** zugelassen, welches auch Teil der mathematisch-naturwissenschaftlichen Formelsammlung ist. Diese finden Sie im Internet auf den Seiten des Instituts zur Qualitätsentwicklung im Bildungswesen: www.iqb.hu-berlin.de/abitur/dokumente/mathematik

Bei gewissenhafter und kontinuierlicher Arbeit mit diesem Aufgabentrainer gelingt es Ihnen sicher, Ihren momentanen Leistungsstand rasch und genau einzuschätzen und, wenn nötig, eine schnelle positive Änderungsrate in die Wege zu leiten. Ich wünsche Ihnen viel Erfolg bei der Arbeit mit diesem Buch und hoffe, dass Ihnen der Aufgabentrainer dabei hilft, mit Kompetenz, Gelassenheit und Geduld an die Aufgaben in der Jahrgangsstufe 11 heranzugehen.

Claudia Hagan

1 Spezielle Eigenschaften von Funktionen

Bekannte Funktionsklassen

- Ganzrationale Funktion vom Grad n:
  f: $x \mapsto a_n \cdot x^n + a_{n-1} \cdot x^{n-1} + \ldots + a_0$; $\mathbb{D} = \mathbb{R}$; $a_0, \ldots, a_n \in \mathbb{R}$, $a_n \neq 0$, $n \in \mathbb{N}$
  Spezialfälle sind:
  Lineare Funktion (Grad 1): f: $x \mapsto m \cdot x + t$; $\mathbb{D} = \mathbb{R}$; $m, t \in \mathbb{R}$
  Quadratische Funktion (Grad 2): f: $x \mapsto a \cdot x^2 + b \cdot x + c$; $\mathbb{D} = \mathbb{R}$; $a, b, c \in \mathbb{R}$, $a \neq 0$
  Potenzfunktion (Grad n): f: $x \mapsto a \cdot x^n$; $\mathbb{D} = \mathbb{R}$; $a \in \mathbb{R} \setminus \{0\}$, $n \in \mathbb{N} \setminus \{0\}$
  Der Graph einer linearen Funktion ist eine **Gerade** und der einer quadratischen Funktion eine **Parabel**.
- Elementare gebrochen-rationale Funktion:
  f: $x \mapsto \frac{a}{x+b} + c$; $\mathbb{D} = \mathbb{R} \setminus \{-b\}$, $a, b, c \in \mathbb{R}$, $a \neq 0$
  Der zugehörige Graph ist eine **Hyperbel**.
- Exponentialfunktion: f: $x \mapsto b \cdot a^x$; $\mathbb{D} = \mathbb{R}$; $a, b \in \mathbb{R} \setminus \{0\}$, $a \neq 1$
- Sinusfunktion: f: $x \mapsto a \cdot \sin(b \cdot (x + c)) + d$; $\mathbb{D} = \mathbb{R}$; $a \in \mathbb{R} \setminus \{0\}$, $n \in \mathbb{N} \setminus \{0\}$

Verhalten im Unendlichen

Kommen die Funktionswerte f(x) einer Funktion f für beliebig groß (bzw. klein) werdende x-Werte einer Zahl $a \in \mathbb{R}$ beliebig nahe, so heißt a **Grenzwert** von f für $x \to +\infty$ (bzw. $x \to -\infty$) und man schreibt:

$$\lim_{x \to +\infty} f(x) = a \quad \left(\text{bzw.} \lim_{x \to -\infty} f(x) = a\right)$$

Man bezeichnet die Funktion f als **konvergent** für $x \to +\infty$ (bzw. $x \to -\infty$).

Funktionen, die für $x \to +\infty$ (bzw. $x \to -\infty$) keinen Grenzwert besitzen, bezeichnet man als **divergent**. Gilt dabei

$$\lim_{x \to +\infty} f(x) = +\infty \quad \text{oder} \quad \lim_{x \to +\infty} f(x) = -\infty,$$

so sagt man: Die Funktion f ist für $x \to +\infty$ **bestimmt divergent** gegen $+\infty$ oder $-\infty$. Analoges gilt für $x \to -\infty$. In allen anderen Fällen (wenn kein Grenzwert angegeben werden kann) bezeichnet man die Funktion als **unbestimmt divergent** (die untere Abbildung zeigt zwei Beispiele hierfür).

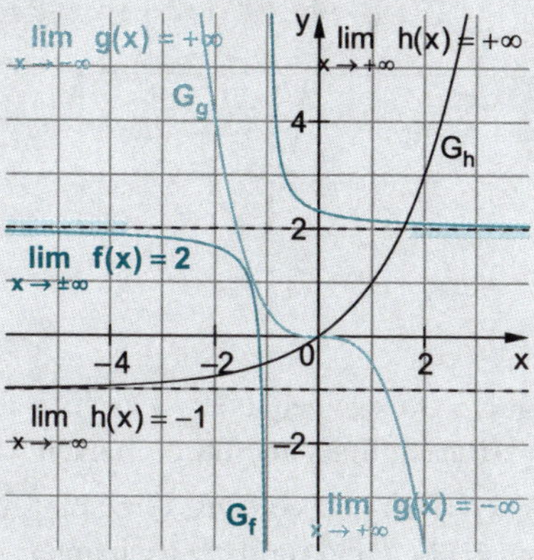

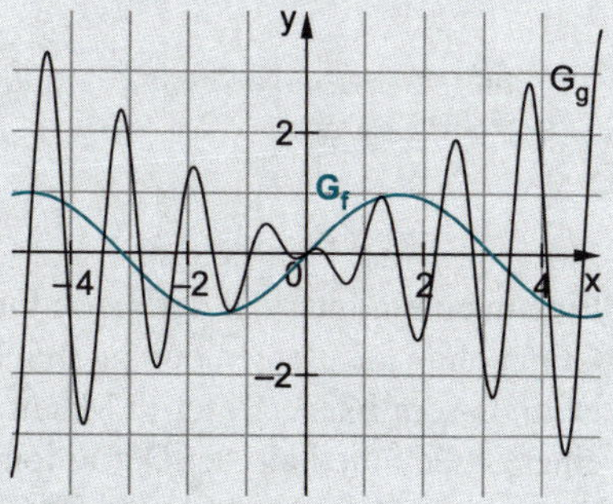

Symmetrie zum Koordinatensystem

Diese überprüft man, indem man $f(-x)$ bestimmt und überprüft, ob sich (ggf. nach Termumformungen) $f(x)$ oder $-f(x)$ ergibt.

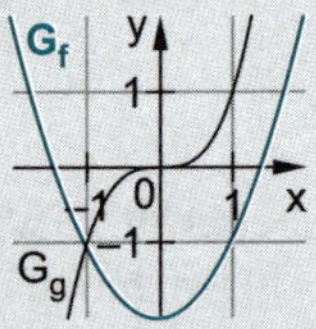

Achsensymmetrie: Der Graph einer Funktion f ist achsensymmetrisch zur y-Achse, wenn für alle $x \in \mathbb{D}_f$ gilt: $f(-x) = f(x)$

Punktsymmetrie: Der Graph einer Funktion g ist punktsymmetrisch zum Ursprung, wenn für alle $x \in \mathbb{D}_g$ gilt: $g(-x) = -g(x)$

Verschieben, Strecken und Spiegeln von Funktionsgraphen

Der Graph der Funktion g geht jeweils aus dem Graphen der Funktion f hervor:

$g(x) = \mathbf{a} \cdot f(x)$ bedeutet: **Streckung** von G_f in **y-Richtung** mit dem Faktor $|a|$.
Falls $a < 0$ ist, wird der Graph zusätzlich an der y-Achse gespiegelt.
Hinweis: Für $|a| > 1$ ist der Graph gestreckt, für $|a| < 1$ gestaucht; unter dem Wort „Streckung" wird beides verstanden.

$g(x) = f(\mathbf{b} \cdot x)$ bedeutet: **Streckung** von G_f in **x-Richtung** mit dem Faktor $\left|\frac{1}{b}\right|$.
Falls $b < 0$ ist, wird der Graph zusätzlich an der y-Achse gespiegelt.
Hinweis: Für $|b| > 1$ ist der Graph gestaucht, für $|b| < 1$ gestreckt; unter dem Wort „Streckung" wird beides verstanden.

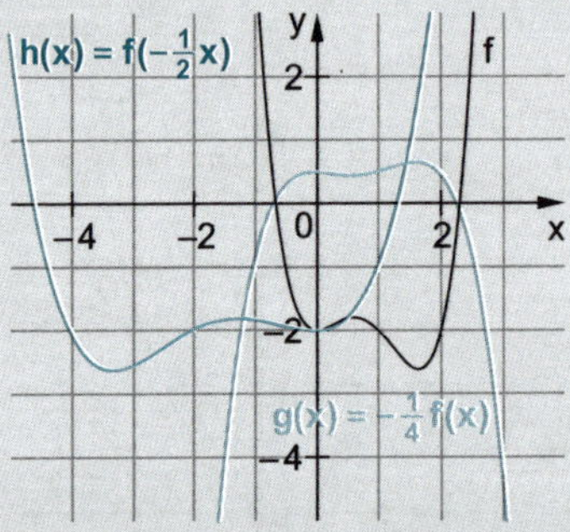

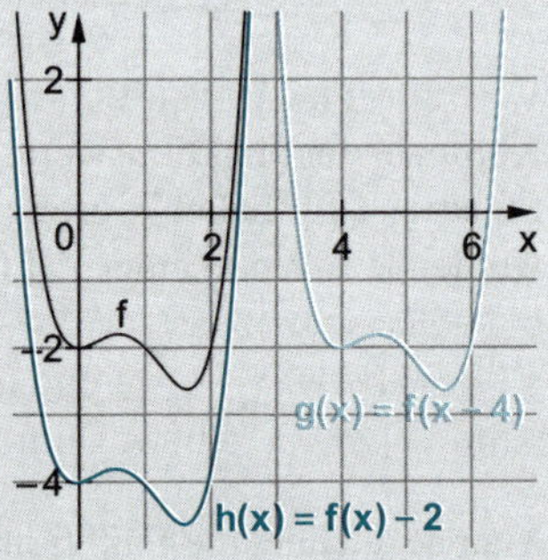

$g(x) = f(x + \mathbf{c})$ bedeutet: **Verschiebung** von G_f in **x-Richtung** um $-c$, d. h., für $c > 0$ nach links und für $c < 0$ nach rechts.

$g(x) = f(x) + \mathbf{d}$ bedeutet: **Verschiebung** von G_f in **y-Richtung** um d, d. h., für $d > 0$ nach oben und für $d < 0$ nach unten.

> Führt man **mehrere Transformationen** hintereinander aus, so kommt es auf die **Reihenfolge** an.

Stetigkeit von Funktionen

Eine in einem Intervall definierte Funktion f, deren Graph ohne abzusetzen durchgezeichnet werden kann, ist in diesem Intervall **stetig**. Macht der Graph an einer Stelle innerhalb der Definitionsmenge einen Sprung, so ist die Funktion an dieser Stelle **unstetig**.

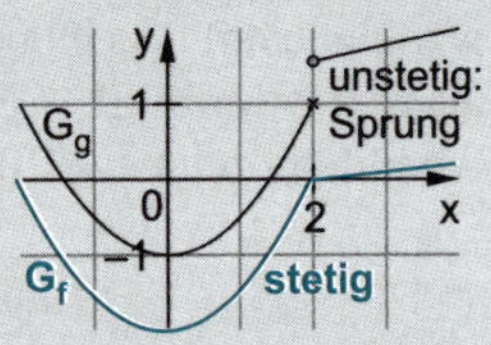

Aufgaben

W 1 **Lineare Funktionen**

Gegeben sind die Funktionen:

$f\colon x \mapsto \frac{1}{2}x - 1$ $\quad$ $g\colon x \mapsto 2x + 2{,}5$ $\quad$ $h\colon x \mapsto -\frac{1}{3}x + 4$

a Geben Sie jeweils den Achsenabschnitt und die Steigungen an und zeichnen Sie unter Verwendung des Achsenabschnitts und des Steigungsdreiecks die Graphen in ein gemeinsames Koordinatensystem.

b Geben Sie jeweils mit Kurzbegründung an, ob der Graph fällt oder steigt. Verlaufen die Graphen steiler oder flacher als die Winkelhalbierenden des I. und III. Quadranten bzw. des II. und IV. Quadranten? Warum?

c Prüfen Sie jeweils, ob der Punkt $P(-4\,|\,-5{,}5)$ auf dem Graphen liegt.

d Berechnen Sie jeweils die Nullstelle.

e Berechnen Sie die Schnittpunkte der Graphen von f und g sowie von f und h.

W 2 **Quadratische Funktionen**

Berechnen Sie jeweils die Nullstellen und geben Sie die Nullstellenform an. Begründen Sie, wenn es keine oder eine doppelte Nullstelle gibt.

a $f\colon x \mapsto x^2 + 4x - 5$

b $g\colon x \mapsto \frac{1}{3}x^2 - 2x - 9$

c $h\colon x \mapsto -\frac{1}{4}x^2 + 2x - 4$

d $j\colon x \mapsto -\frac{1}{2}x^2 + 4x - 100$

e $k\colon x \mapsto 2(x-3)^2$

f $n\colon x \mapsto (x-2)^2 - 9$

g $p\colon x \mapsto -\frac{1}{3}(x-4)^2 + 3$

h $r\colon x \mapsto 2x^2 + 4x$

W 3 Sie haben drei Darstellungsformen für den Funktionsterm quadratischer Funktionen kennengelernt. Wie lauten diese? Was bedeuten die verwendeten Parameter (a, b, …) und was sagen diese über die Lage und die Form des Funktionsgraphen aus? Zeichnen Sie auch einige charakteristische Graphen.

W 4 Nehmen Sie zu folgenden Aussagen Stellung. Konkretisieren Sie gegebenenfalls die Aussage. Verdeutlichen Sie mithilfe einer Skizze.

a Der Graph der Funktion $f\colon x \mapsto \frac{1}{2}x^2,\ x \in \mathbb{R}_0^+$ verläuft steiler als die Gerade g mit der Gleichung $y = x$.

b Zwei Parabeln können sich schneiden, berühren oder aneinander vorbei gehen.

W 5 Elementare gebrochen-rationale Funktionen (Teil 1)

Geben Sie jeweils die senkrechte und waagrechte Asymptote an.

a $f\colon x \mapsto \frac{1}{x} - 1 \qquad \mathbb{D}_f = \mathbb{R} \setminus \{0\}$

b $g\colon x \mapsto \frac{3}{x-4} \qquad \mathbb{D}_g = \mathbb{R} \setminus \{4\}$

c $h\colon x \mapsto \frac{-3}{x+1} + 4 \qquad \mathbb{D}_h = \mathbb{R} \setminus \{-1\}$

d $k\colon x \mapsto \frac{2}{x-3} - 5 \qquad \mathbb{D}_k = \mathbb{R} \setminus \{3\}$

6 Elementare gebrochen-rationale Funktionen (Teil 2)

Geben Sie an, wie die Hyperbeln von Aufgabe 5 durch Streckung und Verschiebung aus dem Graphen der Grundfunktion $d\colon x \mapsto \frac{1}{x}$ hervorgehen.
Verallgemeinern Sie auch für $e\colon x \mapsto \frac{a}{x+b} + c$ mit $\mathbb{D}_e = \mathbb{R} \setminus \{-b\}$.

W 7 Potenzfunktionen

$g\colon x \mapsto x^n \qquad f\colon x \mapsto a \cdot x^n;\ a \in \mathbb{R};\ n \in \mathbb{N} \setminus \{0\}$

a Beschreiben Sie in Abhängigkeit von n den Verlauf des Graphen G_g. Gehen Sie dabei auch auf gemeinsame Punkte, Symmetrie und Wertemenge ein. Skizzieren Sie typische Vertreter.

b Wie entstehen die Graphen G_f aus denen von G_g? Was bleibt gleich, was ändert sich? Veranschaulichen Sie mittels einer Skizze.

W 8 Ganzrationale Funktionen (Teil 1)

Wahr oder falsch? Begründen Sie kurz; ergänzende Konkretisierung erwünscht.

a Jede Potenzfunktion ist auch eine ganzrationale Funktion.

b Jede ganzrationale Funktion vom Grad $n = 5$ hat mindestens eine, höchstens fünf Nullstellen.

c Es gibt ganzrationale Funktionen 4. Grades, die keine Nullstellen haben.

9 Ganzrationale Funktionen (Teil 2)

Lesen Sie alle Eigenschaften, die aus dem Term erkennbar sind, ab (Kurzbegründung genügt) und skizzieren Sie damit den groben Verlauf der Graphen.

a $f\colon x \mapsto 0{,}02(x+5)(x-1)(x-4)$

b $g\colon x \mapsto 0{,}01(x+5)^2(x-1)(x-4)$

c $h\colon x \mapsto \frac{1}{5}(x^2+2)(x^2+3)$

d $j\colon x \mapsto -3x^5 + 2x^2 - x - 1$

e $k\colon x \mapsto -5x^6 + 7x^3 - 4x^2 + x$

f $m\colon x \mapsto \frac{1}{400}(x+5)^3(x-2)^2(x-4)$

W 10 **Exponentialfunktionen**

Gegeben sind die Funktionen f: $x \mapsto 2^x$ und g: $x \mapsto \left(\frac{1}{2}\right)^x$.

a Geben Sie die Definitions- und die Wertemengen an.

b Zeichnen Sie im Bereich $x \in [-3; 3]$ die beiden Graphen. Es genügt, die y-Werte für ganzzahlige x-Werte zu berechnen.

c Wie lautet die Gleichung der Asymptote? Ordnen Sie die beiden Graphen der exponentiellen Zu- bzw. Abnahme (= negatives exponentielles Wachstum) zu.

d Gegeben sind die beiden linearen Funktionen h: $x \mapsto 2x+1$ und k: $x \mapsto -2x+1$. Zeichnen Sie die zugehörigen Graphen in ein weiteres Koordinatensystem.

e Grenzen Sie nun exponentielles Wachstum begründet von linearem Wachstum ab. Zeichnen Sie hierfür wesentliche Charakteristika jeweils in einen Graphen von Teilaufgabe b und d ein und formulieren Sie diese auch in Worten, eventuell ergänzt um eine Formel.

W 11 **Sinusfunktion**

Gegeben sind die Funktionen g: $x \mapsto \sin x$ und k: $x \mapsto \cos x$ mit $\mathbb{D}_g = \mathbb{D}_k = \mathbb{R}$.

a Geben Sie für g und k jeweils an:
- Wertemenge
- Periode
- Nullstellen
- Hoch- und Tiefpunkte
- Symmetrie zum Koordinatensystem

Zeichnen Sie die beiden Graphen im Bereich $x \in [-\pi; 3\pi]$.

b Geben Sie an, wie G_g und G_k miteinander zusammenhängen. Drücken Sie k(x) durch g(x) aus.

G 12 Gegeben sind verschiedene Graphen (siehe auch die folgende Seite). Ordnen Sie diese unterschiedlichen Funktionstypen zu. Mehrfachzugehörigkeiten sind möglich.

(1) Exponentialfunktion
(2) quadratische Funktion
(3) lineare Funktion
(4) gebrochen-rationale Funktion
(5) Potenzfunktion
(6) allgemeine Sinusfunktion
(7) ganzrationale Funktion

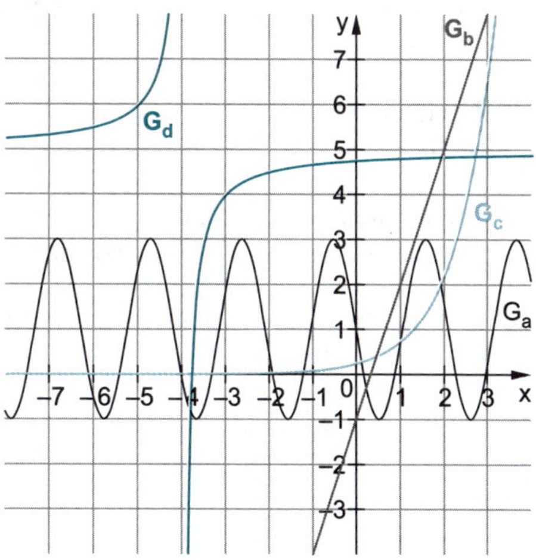

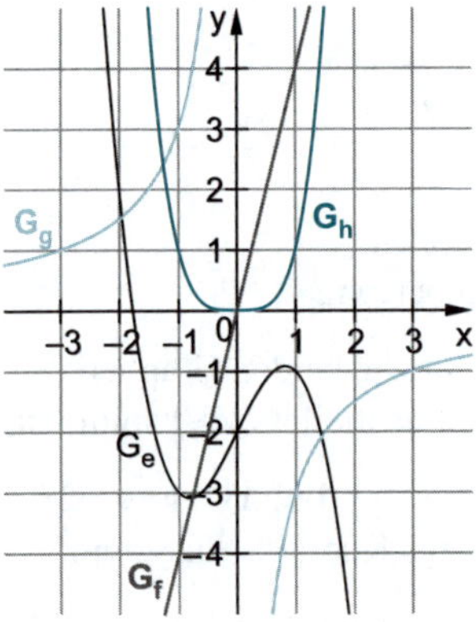

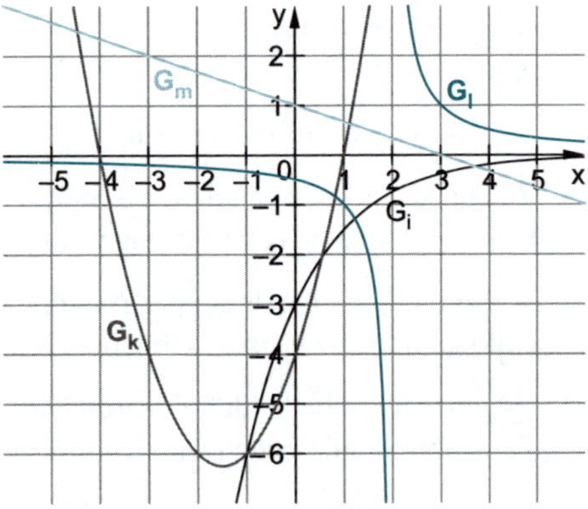

13 Untersuchen Sie das Verhalten im Unendlichen. Verwenden Sie dabei die Grenzwertschreibweise und nutzen Sie die Fachsprache. Visualisieren Sie durch eine Skizze (Graph) und erklären Sie anschaulich.

a $f\colon x \mapsto \dfrac{2}{x-1}+3;\quad \mathbb{D}_f = \mathbb{R}\setminus\{1\}$

b $g\colon x \mapsto 2^x;\quad \mathbb{D}_g = \mathbb{R}$

c $h\colon x \mapsto 2\sin x;\quad \mathbb{D}_h = \mathbb{R}$

d $k\colon x \mapsto \dfrac{1}{x}\cdot \sin x;\quad \mathbb{D}_k = \mathbb{R}\setminus\{0\}$

14 Gegeben ist die Funktion $f\colon x \mapsto \frac{6}{x-1} - 4$.

a Bestimmen Sie die maximale Definitionsmenge $\mathbb{D}_f$ und geben Sie den Grenzwert für $x \to \pm\infty$ sowie die Asymptoten an.

b Beschreiben Sie rechnerisch die Schnittpunkte mit den Koordinatenachsen. Skizzieren Sie danach den Graphen G_f unter Verwendung der bisherigen Ergebnisse.

c Zeichnen Sie symmetrisch zur waagrechten Asymptote einen Streifen der Breite 1 ein.

d Zeigen Sie rechnerisch, dass G_f an der Stelle $x = 12$ außerhalb des Streifens liegt. Berechnen Sie, was an der Stelle $x = 13$ geschieht. Was folgt für $x > 13$?

e Was geschieht, wenn man die Streifenbreite immer weiter verkleinert?

15 Gegeben ist die Funktion f: $x \mapsto 3 \cdot 0{,}6^x$.

a Geben Sie den Schnittpunkt von G_f mit der y-Achse an.

b Bestimmen Sie das Verhalten im Unendlichen. Geben Sie, sofern vorhanden, die Asymptoten an und skizzieren Sie den groben Verlauf von G_f.

c Symmetrisch um die waagrechte Asymptote von G_f wird ein Streifen der Breite 0,6 gelegt. Ermitteln Sie, ab welchem x-Wert G_f den Streifen nicht mehr verlässt.

16 Ganzrationale Funktionen

a Moritz schreibt im Forum seiner Kerngruppe:
Bin mal wieder spät dran und suche ein Rezept (1), (2), … für folgende Fragestellung. Hoffe, es gibt eines.
„Überprüfen Sie rechnerisch, ob die Graphen der Funktion eine Symmetrie zum Koordinatensystem haben. Folgern Sie auch, welche Symmetrie vorliegt.“
Formulieren Sie dieses Rezept.

b Überprüfen Sie rechnerisch die folgenden Funktionen auf Symmetrie zum Koordinatensystem. Folgern Sie auch, ob Achsensymmetrie zur y-Achse oder Punktsymmetrie vorliegt.

(1) f: $x \mapsto \frac{1}{2}x^6 + \frac{1}{3}x^4 + \frac{1}{5}x^2 - 8$ (2) g: $x \mapsto 2x^7 - x^5 + 4x$

(3) h: $x \mapsto 3x^3 - x + 1$ (4) k: $x \mapsto (x-1)(x+1)(x-4)(x+4) \cdot x$

c Dave postet: *Ich finde diese Nachrechnerei völlig übertrieben. Meistens schaut man sich den Term an und weiß was rauskommt.*
Ben antwortet: *Dave, wir wissen, dass du Mathe kannst, erkläre uns das genauer.*

Versetzen Sie sich in die Rolle von Dave. Erklären Sie, in welcher Darstellung und wie man die Symmetrie sofort erkennen kann. Woran erkennt man, dass keine Symmetrie zum Koordinatensystem vorliegt?
Verwenden Sie die Fachsprache, verdeutlichen Sie an den Beispielen aus Teilaufgabe b.

17 Nicht ganzrationale Funktionen

Untersuchen Sie rechnerisch die folgenden beiden Funktionen auf Symmetrie zum Koordinatensystem.

a f: $x \mapsto \frac{x}{x^2+10}$; $\mathbb{D}_f = \mathbb{R}$

b g: $x \mapsto \frac{3x^3+5x}{10x^2+37}$; $\mathbb{D}_g = \mathbb{R}$

18 **a** Nennen Sie zwei lineare Funktionen, die punktsymmetrisch zum Ursprung sind. Wie sieht der zugehörige Graph aus? Wie lautet der Funktionsterm allgemein?

b Wie muss eine Parabel liegen, damit sie achsensymmetrisch zur y-Achse ist? Geben Sie ausgehend von zwei Beispielen an, wie der Funktionsterm der Parabelschar lautet.

c Gegeben ist die Funktionenschar $f\colon x \mapsto \frac{a}{x+b} + c$ mit $a, b, c \in \mathbb{R}$, $a \neq 0$ und $\mathbb{D}_f = \mathbb{R} \setminus \{-b\}$.
Was muss für a, b und c gelten, damit f punktsymmetrisch zum Ursprung ist? Wie sehen die zugehörigen Graphen aus? Wie nennt man in diesem Fall den Zusammenhang zwischen x und y?

19 Gegeben ist die Funktion $f\colon x \mapsto \frac{1}{3}(x+5)^2(x-2)$.
Wie erkennt man mit einem Blick, dass G_f keine Symmetrie zum Koordinatensystem hat?

20 Von einer ganzrationalen Funktion k ist bekannt:

- k ist achsensymmetrisch zur y-Achse.
- k hat eine einfache Nullstelle bei $x = -5$.
- k hat eine vierfache Nullstelle bei $x = 1$.
- Der Punkt $P(0\,|\,5)$ liegt auf dem Graphen G_k.

Ermitteln Sie die Funktion k, deren Grad möglichst niedrig ist. Argumentieren Sie unter Verwendung der Fachsprache.

21 Gegeben sind die beiden Funktionen $g\colon x \mapsto \sin x$; $\mathbb{D}_g = \mathbb{R}$ (Grundfunktion) und $f\colon x \mapsto 3\sin(2x+\pi) - 4$; $\mathbb{D}_f = \mathbb{R}$.

a Entwickeln Sie G_f schrittweise aus der Grundfunktion. Nutzen Sie dabei Verschiebungen, Streckungen und Stauchungen sowie eventuell Spiegelungen. Notieren Sie jeweils auch die Terme der Funktionen auf dem Weg dahin.

b Zeigen Sie an einem selbstgewählten Beispiel, dass aus der Funktion g eine andere Funktion h statt f entsteht, wenn man dieselben Veränderungen wie in Teilaufgabe a, jedoch in anderer Reihenfolge durchführen würde.

c Beschreiben Sie den Graphen von f und bestimmen Sie die Lage bestimmter Punkte. Gehen Sie dabei auf Folgendes ein:

- Gleichgewichtslage und Lage der Punkte in Gleichgewichtslage
- Amplitude und Wertemenge
- Periodenlänge
- Hoch- und Tiefpunkte

Kontrollieren Sie Ihre Ergebnisse mittels einer Mathematiksoftware.

22 Gegeben ist die Potenzfunktion $g\colon x \mapsto x^3$.

a Diese Funktion wird nun schrittweise Transformationen unterworfen. Bestimmen Sie jeweils den Funktionsterm.
(1) G_g wird um zwei nach rechts verschoben, es entsteht G_f.
(2) G_f wird an der y-Achse gespiegelt, es entsteht G_h.
(3) G_h wird in y-Richtung mit dem Faktor $\frac{1}{4}$ gestaucht, man erhält G_i.
(4) G_i wird um 16 nach oben verschoben und G_k entsteht.

Benutzen Sie eine Mathematiksoftware, um Ihre Ergebnisse zu überprüfen.

b Berechnen Sie die Nullstelle von k mit Vielfachheit.

c Stellen Sie den Term von k in ausmultiplizierter Form dar und bezeichnen Sie diesen dann mit j(x). Wie können Sie ausschließlich anhand des Graphen erkennen, ob Ihre Rechnung fehlerfrei war?

23 Gegeben sind die Funktionen $g\colon x \mapsto x^2$ und $f\colon x \mapsto -\frac{1}{6}x^2 + \frac{1}{3}x - 1\frac{5}{6}$.

a Prüfen Sie rechnerisch, ob f Nullstellen hat.

b Ermitteln Sie auf möglichst einfachem Wege den Scheitel S von f sowie die Wertemenge $\mathbb{W}_f$ und geben Sie f in Scheitelpunktform an.

c Geben Sie mit kurzer Begründung an, wie G_f aus G_g entsteht.

24 Gegeben ist die Funktion $f\colon x \mapsto \frac{1}{5}x^4 - 10x^2 + 195$.

a Untersuchen Sie, ob sich G_f so verschieben lässt, dass der neue Graph G_g achsensymmetrisch zur y-Achse ist und die Nullstellen $x = -5$ und $x = 5$ hat. Geben Sie, sofern möglich, an, um wieviel G_f verschoben wurde, sowie den Term g(x).
Prüfen Sie Ihr Ergebnis mittels einer Mathematiksoftware.

b Ermitteln Sie nun den Term g(x) rechnerisch in Nullstellenform und folgern Sie die Vielfachheit der Nullstellen.

25 Gegeben sind die Funktionen: $f\colon x \mapsto (x+6)(x^2-1)$ und $h\colon x \mapsto x^3 + 3x^2 - 10x$ mit $\mathbb{D}_f = \mathbb{D}_h = \mathbb{R}$.

Untersuchen Sie, ob die beiden Funktionsgraphen G_f und G_h durch Verschiebung in x-Richtung auseinander hervorgehen können und um wieviel. Dokumentieren Sie Ihr Vorgehen. Weisen Sie nach, dass Ihre Vermutung tatsächlich gilt.
Prüfen Sie Ihre Lösung mithilfe einer Mathematiksoftware.

E 26 Verschiedene Funktionsklassen sind in $\mathbb{D}_f = \mathbb{R}$ stetig.

a Erklären Sie ausschließlich aufgrund einer anschaulichen Vorstellung, was stetige Funktionen kennzeichnet.
Verdeutlichen Sie an drei Klassen von Funktionen.

b Formulieren Sie ausgehend von einer bildlichen Vorstellung, wie man bei einer abschnittsweise definierten Funktion f (deren Teilfunktionen stetig sind) erkennen kann, dass die Funktion in $\mathbb{D}_f = \mathbb{R}$ stetig ist.
Gehen Sie kurz auf die Limitation der grafischen Variante ein.
Verdeutlichen Sie an *einem* Beispiel.

E 27 **a** Benennen Sie eine Klasse von Funktionen, die stetig in $\mathbb{D}_f$ ist, $\mathbb{D}_f \neq \mathbb{R}$.
Verdeutlichen Sie anhand eines selbst gewählten Beispiels mit Funktionsvorschrift und Graph.

b Es gibt abschnittsweise definierte Funktionen mit Sprungstelle, die dennoch in $\mathbb{D}_f$ stetig sind. Was muss erfüllt sein?
Verdeutlichen Sie mittels Graph und Funktionsvorschrift.

28 Gegeben sind abschnittsweise definierte Funktionen.
Prüfen Sie jeweils, ob die Funktion an der Nahtstelle (bzw. an den Nahtstellen) stetig ist. Argumentieren Sie mittels des Graphens. Zeichnen Sie diesen in der Umgebung der Nahtstelle.

a $f\colon x \mapsto \begin{cases} (x-1)^2-3 & \text{für } x \le 2 \\ x-4 & \text{für } x > 2 \end{cases}$

b $g\colon x \mapsto \begin{cases} -x^3-6 & \text{für } x < 0 \\ 3x-6 & \text{für } x \ge 0 \end{cases}$

c $h\colon x \mapsto \begin{cases} 3\cdot\left(\frac{1}{2}\right)^x & \text{für } x \le 1 \\ x+0{,}4 & \text{für } x > 1 \end{cases}$

d $k\colon x \mapsto \begin{cases} -2\cdot 3^x & \text{für } x < -1 \\ -\frac{2}{3} & \text{für } x = -1 \\ x+\frac{1}{3} & \text{für } x > -1 \end{cases}$

Test 1

Inhalte: Stetigkeit, Verhalten im Unendlichen, Lageveränderung, Wachstum

Zeitbedarf: 30 Minuten

1 **a** Skizzieren Sie den Graphen einer Funktion mit $\mathbb{D} = \mathbb{R}$, die bei $x = -2$ unstetig ist. Bei $x = 3$ soll sich der Funktionsterm ändern, die Funktion aber stetig sein. Die Angabe des Terms ist nicht verlangt. 2 Punkte

b Geben Sie eine Funktion mit $\mathbb{D} = \mathbb{R}$ an, die für $x \to \pm\infty$ gegen 1 konvergiert. Zu welcher Funktionsklasse gehört ihre Funktion? Kurzbegründung als Argumentation genügt. 2 Punkte

c Eine nach oben geöffnete Normalparabel G_g wird zuerst in x-Richtung um 3 nach links und in y-Richtung um 1 nach oben verschoben, dann wird der Graph an der x-Achse gespiegelt. Entwickeln Sie den Term aus der Grundfunktion. Nutzen Sie die Darstellungsform, die den Anforderungen am besten gerecht wird. Stichpunkte genügen als Begründung.
Geben Sie den Scheitel der entstandenen Parabel an. 3 Punkte

2 Gegeben ist die Funktion $f\colon x \mapsto \frac{1}{8}(x^4 - 16x^2 + 48)$ mit $\mathbb{D}_f = \mathbb{R}$.

a Geben Sie das Symmetrieverhalten bezüglich des Koordinatensystems der Funktion f mit Kurzbegründung an. Weisen Sie dieses dann rechnerisch nach. 1 Punkt

b Notieren Sie das Verhalten im Unendlichen. 1 Punkt

c Berechnen Sie die Schnittpunkte des Graphen mit den Koordinatenachsen. 3 Punkte

d Skizzieren Sie einen möglichen Verlauf des Graphen unter Verwendung der bisherigen Ergebnisse, wenn zusätzlich bekannt ist, dass die Wertemenge der Funktion $\mathbb{W}_f = [-2; +\infty[$ ist. 2 Punkte

e Die Funktion wird an der x-Achse gespiegelt und mit dem Faktor 0,5 in y-Richtung gestaucht. Bestimmen Sie den Term der Funktion g (Stichpunkte als Begründung genügen). 1 Punkt

3 Petra sagt: „Ich hatte in der Corona-Pandemie noch wenig Motivation für Mathe. Zunächst ging es öfter um die Reproduktionszahl. Am Anfang lag diese bei ca. 2,4 bis 3,8, später ist sie stark gesunken, zeitweise sogar unter 1,0, das war öfter ein Ziel, warum eigentlich? Inzwischen weiß ich, dass die Zahl angibt, wie viele Leute ein aktuell Infizierter ansteckt. Nun möchte ich das verstehen und bitte um Erklärung."
Kommunizieren Sie im Sachkontext eine mögliche Antwort an Petra mit mathematischer Erklärung. Nutzen Sie die Fachsprache. 5 Punkte

20 Punkte

Note	1	2	3	4	5	6
Punkte	20–18	17–15	14–12	11–9	8–5	4–0

Test 2

Inhalte: Funktionsterm aufstellen, Funktionsgraphen, exponentielles Wachstum

Zeitbedarf: 25 Minuten

1 Eine Parabel schneidet die x-Achse in den Punkten A(–3 | 0) und B(7 | 0), die Wertemenge $\mathbb{W}_f$ der zugehörigen Funktion f lautet $\mathbb{W}_f =]-\infty; 1]$.

Ermitteln Sie einen Term f(x) der Funktion. Stellen Sie Ihren Lösungsweg unter Verwendung der Fachsprache genau dar. 4 Punkte

2 Gegeben sind die beiden Funktionen

$f\colon x \mapsto \frac{-3}{x+1} - 2$ mit $\mathbb{D}_f = \mathbb{R} \setminus \{-1\}$ und $g\colon x \mapsto \frac{1}{x}$ mit $\mathbb{D}_g = \mathbb{R}$.

Entwickeln Sie den Graphen G_f aus dem Graphen G_g unter Erklärung der jeweiligen Transformation und der Auswirkung auf den jeweiligen Term. 4 Punkte

3 Auf einem See befinden sich Algen, deren Vermehrung sich näherungsweise durch folgende Zuordnungsvorschrift beschreiben lässt:

$g\colon x \mapsto 70 \cdot 1{,}8^x$

Dabei gibt x die Zeit in Wochen an, der Funktionswert ist jeweils die mit Algen bedeckte Fläche in m^2.

a Geben Sie die anfängliche Fläche sowie den Wachstumsfaktor pro Woche an. 1 Punkt

b Bestimmen Sie die Fläche des Sees in Ar, die nach 8 Wochen mit Algen bedeckt ist. 2 Punkte

c Berechnen Sie die Verdopplungszeit der Algen. 3 Punkte

d Der See hat eine Fläche von 3,5 Hektar. Wenn keine Maßnahmen ergriffen werden, das Algenwachstum zu begrenzen, wird der See irgendwann vollständig mit Algen bedeckt sein. Ermitteln Sie, nach wie vielen Wochen dies der Fall sein wird. 3 Punkte

e Das Algenwachstum durch obiges Modell zu beschreiben, ist nicht optimal. Argumentieren Sie im Sachkontext und kommunizieren Sie Ihre Gedanken nachvollziehbar. Visualisieren Sie durch Skizzen. 3 Punkte

20 Punkte

Note	1	2	3	4	5	6
Punkte	20–18	17–15	14–12	11–9	8–5	4–0

Hinweise zu den Aufgaben

1 **a** Achsenabschnitt t und Steigung m können abgelesen werden.

b Für $m > 0$ steigt der Graph, für $m < 0$ fällt er. Für $|m| > 1$ ist ein Graph steiler als die Winkelhalbierende, für $|m| < 1$ flacher.

2 Sie können die p-q-Formel verwenden.

c Ausklammern, dann eine binomische Formel nutzen.

f Aus der Scheitelform können Sie direkt die Nullstelle berechnen.

5 Die senkrechten Asymptoten erkennt man an der Definitionslücke, die waagrechten direkt an der gegebenen Darstellung.

7 Sie könne sich die Graphen für verschiedene Werte von n und a von einer Mathematiksoftware zeichnen lassen.

9 Multiplizieren Sie so weit aus, dass Sie den Koeffizienten vor der höchsten Potenz von x erkennen können.

13 Gibt es Asymptoten?

20 Überlegen Sie zuerst, wie viele Nullstellen mit welcher Vielfachheit die Funktion k aufgrund der geforderten Achsensymmetrie insgesamt haben muss.

21 Für die Periodenlänge p gilt:

$$p = \frac{2\pi}{|\mathbf{b}|}$$

24 **a** Bestimmen Sie die Nullstellen von f.

b Sie können die binomischen Formeln verwenden oder substituieren.

Lösungen zu den Aufgaben

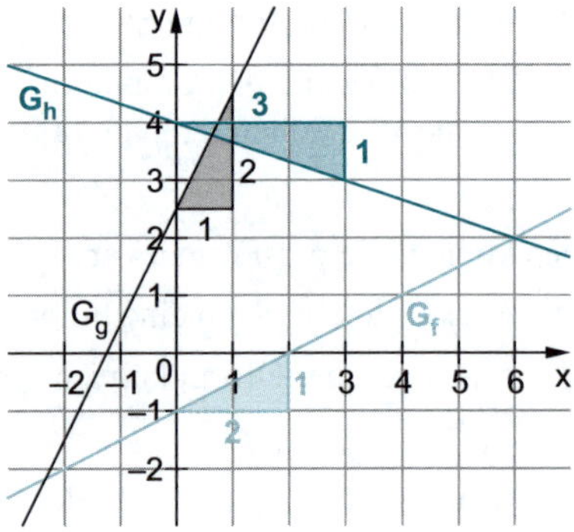

1 **a** $f(x) = \frac{1}{2}x - 1$ $m_f = \frac{1}{2}$ $t_f = -1$

$g(x) = 2x + 2{,}5$ $m_g = 2$ $t_g = 2{,}5$

$h(x) = -\frac{1}{3}x + 4$ $m_h = -\frac{1}{3}$ $t_h = 4$

b Die Graphen von f und g steigen, der Graph von h fällt.

Winkelhalbierende I, III: $y = 1x$
Winkelhalbierende II, IV: $y = -x = -1x$

$|m_f| = \frac{1}{2}$ $\Rightarrow$ flacher als Winkelhalbierende

$|m_g| = 2$ $\Rightarrow$ steiler als Winkelhalbierende

$|m_h| = \frac{1}{3}$ $\Rightarrow$ flacher als Winkelhalbierende

c $f(-4) = \frac{1}{2} \cdot (-4) - 1 = -2 - 1 = -3 \neq -5{,}5$ $\Rightarrow$ P liegt nicht auf G_f.

$g(-4) = 2 \cdot (-4) + 2{,}5 = -8 + 2{,}5 = -5{,}5$ $\Rightarrow$ P liegt auf G_g.

$h(-4) = -\frac{1}{3} \cdot (-4) + 4 = \frac{4}{3} + 4 \neq -5{,}5$ $\Rightarrow$ P liegt nicht auf G_h.

d

$f(x) = 0$
$\frac{1}{2}x - 1 = 0$
$\mathbf{x = 2}$

$g(x) = 0$
$2x + 2{,}5 = 0$
$\mathbf{x = -1{,}25}$

$h(x) = 0$
$-\frac{1}{3}x + 4 = 0$
$\mathbf{x = 12}$

e Schnittpunkt von f und g:

$f(x) = g(x)$

$\frac{1}{2}x - 1 = 2x + 2{,}5$

$-3{,}5 = 1{,}5x$

$-\frac{7}{3} = x$

In f einsetzen (oder in g):

$f\left(-\frac{7}{3}\right) = \frac{1}{2} \cdot \left(-\frac{7}{3}\right) - 1 = -\frac{7}{6} - 1 = -\frac{13}{6}$

$\Rightarrow \mathbf{S_1\left(-2\frac{1}{3} \,\middle|\, -\frac{13}{6}\right)}$

Schnittpunkt von f und h:

$f(x) = h(x)$

$\frac{1}{2}x - 1 = -\frac{1}{3}x + 4$

$\frac{5}{6}x = 5$

$x = 6$

In f einsetzen (oder in h):

$f(6) = \frac{1}{2} \cdot 6 - 1 = 3 - 1 = 2$

$\Rightarrow \mathbf{S_2(6 \mid 2)}$

2 **a** $x^2 \underbrace{+4}_{p}x \underbrace{-5}_{q} = 0 \;\Rightarrow\; x_{1/2} = -\frac{4}{2} \pm \sqrt{\left(\frac{4}{2}\right)^2 - (-5)} = -2 \pm \sqrt{9} = -2 \pm 3$

Zwei Nullstellen: $x_1 = -5$ und $x_2 = 1$

Nullstellenform: $f(x) = (x+5) \cdot (x-1)$

b $\frac{1}{3}x^2 - 2x - 9 = 0 \quad |\cdot 3$

$x^2 \underbrace{-6}_{p}x \underbrace{-27}_{q} = 0 \;\Rightarrow\; x_{1/2} = -\frac{-6}{2} \pm \sqrt{\left(\frac{-6}{2}\right)^2 - (-27)} = 3 \pm \sqrt{36} = 3 \pm 6$

Zwei Nullstellen: $x_1 = -3$ und $x_2 = 9$

Nullstellenform: $g(x) = \frac{1}{3} \cdot (x+3) \cdot (x-9)$

c $-\frac{1}{4}x^2 + 2x - 4 = 0 \quad |\cdot(-4)$

$x^2 - 8x + 16 = 0 \;\Rightarrow\; x^2 - 2 \cdot 4 + 4^2 = 0 \;\Rightarrow\; (x-4)^2 = 0 \;\Rightarrow\; x = 4$

$x = 4$ ist **doppelte** Nullstelle.

Nullstellenform: $h(x) = -\frac{1}{4} \cdot (x-4)^2$

d $-\frac{1}{2}x^2 + 4x - 100 = 0 \quad |\cdot(-2)$

$x^2 - 8x + 200 = 0$, aber: $(-8)^2 - 4 \cdot 200 = -736 < 0$

Es gibt keine Nullstellen, daher auch keine Nullstellenform.

e $k(x) = 2(x-3)^2$

Die doppelte Nullstelle $x = 3$ lässt sich aus der Nullstellenform direkt ablesen.

f $(x-2)^2 - 9 = 0 \;\Rightarrow\; (x-2)^2 = 9 \;\Rightarrow\; x - 2 = \pm 3 \;\Rightarrow\; x = 2 \pm 3$

Zwei Nullstellen: $x_1 = -1$ und $x_2 = 5$

Nullstellenform: $n(x) = (x+1) \cdot (x-5)$

g $-\frac{1}{3}(x-4)^2 + 3 = 0 \;\Rightarrow\; -\frac{1}{3}(x-4)^2 = -3 \;\Rightarrow\; (x-4)^2 = 9 \;\Rightarrow\; x - 4 = \pm 3$

$\Rightarrow\; x = 4 \pm 3$

Zwei Nullstellen: $x_1 = 1$ und $x_2 = 7$

Nullstellenform: $p(x) = -\frac{1}{3}(x-1)(x-7)$

h $2x^2 + 4x = 0 \quad \Rightarrow \quad 2x \cdot (x+2) = 0$

Zwei Nullstellen: $x_1 = 0$ und $x_2 = -2$

Nullstellenform: $r(x) = 2 \cdot x \cdot (x+2)$

3 $f\colon x \mapsto ax^2 + bx + c$ Grundform

$f\colon x \mapsto a(x+d)^2 + e$ Scheitelform mit dem Scheitelpunkt $S(-d \mid e)$

$f\colon x \mapsto a(x-x_1)(x-x_2)$ Nullstellenform mit den Nullstellen x_1 und x_2

Lage: Die Lage wird durch b und c (Grundform) bzw. durch d und e (Scheitelform) bestimmt.

Form: $a \neq 0$ gibt jeweils an, wie eng bzw. weit die Parabel ist und ob sie nach oben ($a > 0$) oder unten ($a < 0$) geöffnet ist. Für $|a| > 1$ ist dabei die Parabel enger und für $|a| < 1$ weiter als die Normalparabel mit der Gleichung $y = x^2$.

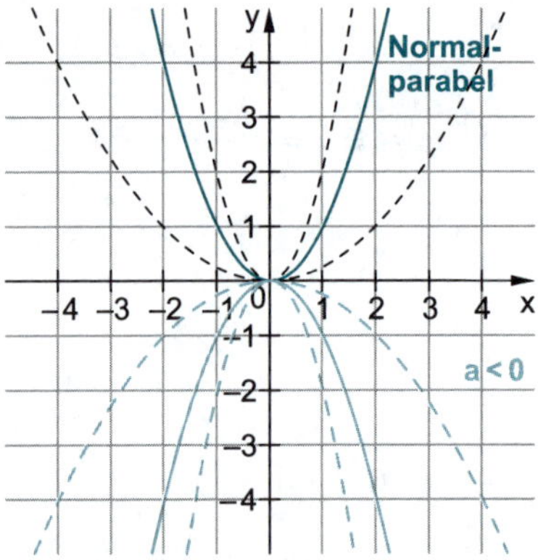

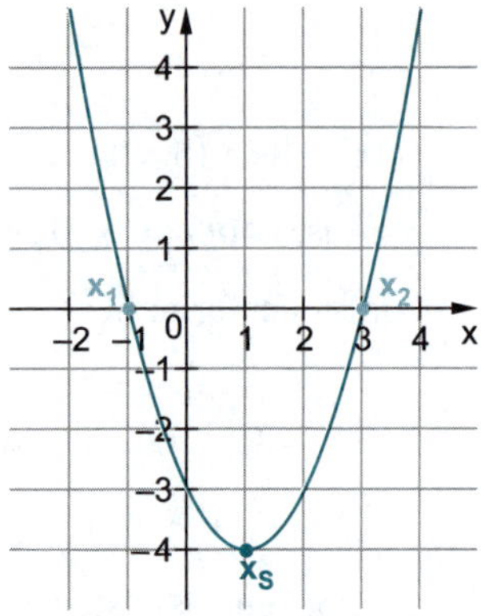

4 **a** In $S(0 \mid 0)$ und $P(2 \mid 2)$ schneiden sich die beiden Graphen.

Für $0 < x < 1$ verläuft die Gerade steiler als die Parabel, für $x \geq 1$ die Parabel steiler als Gerade. Nur für $x \geq 1$ stimmt die Aussage. Allgemein ist sie somit jedoch **falsch**.

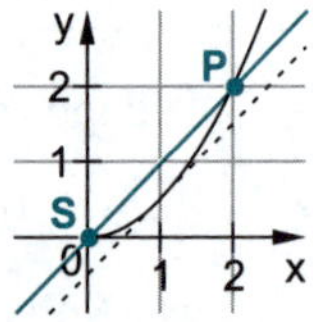

b Die Aussage ist **richtig**.

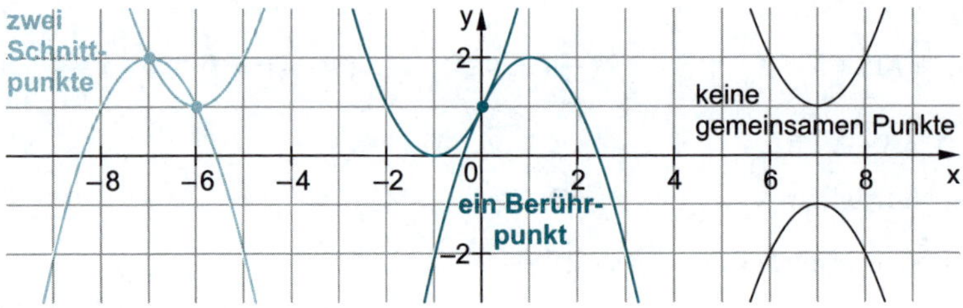

5 **a** Senkrechte Asymptote: $x=0$ Waagrechte Asymptote: $y=-1$

b Senkrechte Asymptote: $x=4$ Waagrechte Asymptote: $y=0$

c Senkrechte Asymptote: $x=-1$ Waagrechte Asymptote: $y=4$

d Senkrechte Asymptote: $x=3$ Waagrechte Asymptote: $y=-5$

6 **a** $f\colon x \mapsto \frac{1}{x} - 1$

Verschiebung in y-Richtung um –1, also um 1 nach unten.

b $g\colon x \mapsto \frac{3}{x-4}$

Streckung in y-Richtung mit dem Faktor $a=3$.
Verschiebung in x-Richtung um $x=+4$, also um **4** nach **rechts**.

c $h\colon x \mapsto \frac{-3}{x-1} + 4 = \frac{-3}{x-(-1)} + 4$

Wichtig: Reihenfolge beachten!

a: Streckung in y-Richtung mit dem Faktor 3 und Spiegelung an der x-Achse.

b: Verschiebung um **1** nach **links**.

c: Verschiebung um **4** nach **oben**.

d $k\colon x \mapsto \frac{2}{x-3} - 5$

Streckung in y-Richtung mit dem Faktor 2.
Verschiebung um **3** nach rechts und um **5** nach **unten**.

Verallgemeinerung: $f\colon x \mapsto \frac{a}{x+b} + c$

a: Streckung ($|a|>1$) bzw. Stauchung ($|a|<1$) in y-Richtung.
Falls $a<0$: zusätzliche Spiegelung an der x-Achse.

b: Verschiebung in x-Richtung um –b: Für $b>0$ nach links, für $b<0$ nach rechts.

c: Verschiebung in y-Richtung um c: Für $c>0$ nach oben, für $c<0$ nach unten.

7 **a** **n gerade:** Die Graphen G_g verlaufen von links oben nach rechts oben und sind achsensymmetrisch zur y-Achse. Gemeinsame Punkte sind $A(-1\,|\,1)$, $B(1\,|\,1)$ und $N(0\,|\,0)$. Die Nullstelle ist n-fache Nullstelle; mit wachsendem n verlaufen die Graphen um die Stelle $x=0$ breiter, also flacher bis zu A und B. Für $|x|>1$, also links von $x=-1$ und nach rechts von $x=1$, verlaufen die Graphen mit wachsendem n steiler. Die y-Werte sind alle größer oder gleich null, $y \geq 0$, also ist die Wertemenge $\mathbb{W}_g = \mathbb{R}_0^+$.

n ungerade: Die Graphen G_g verlaufen von links unten nach rechts oben und sind punktsymmetrisch zum Ursprung. Gemeinsame Punkte sind $A(-1\,|\,-1)$, $N(0\,|\,0)$ und $B(1\,|\,1)$. Die Graphen steigen für alle $x \in \mathbb{R}$. Bezüglich flacher oder steiler gelten die Aussagen von oben; ferner ist $\mathbb{W}_g = \mathbb{R}$.

b $f(x) = a \cdot g(x)$: G_f entsteht also aus G_g durch Streckung ($|a| > 1$) bzw. Stauchung ($|a| < 1$) in y-Richtung. Falls $a < 0$: zusätzliche Spiegelung an der x-Achse.

n gerade: Gemeinsame Punkte für festes a und variables $n \in \mathbb{N} \setminus \{0\}$ sind $A(-1\,|\,a)$, $N(0\,|\,0)$, $B(1\,|\,a)$.
Das Verhalten um die Nullstelle (und an ihr) bleibt gleich.
$a > 0$: $\mathbb{W}_f = \mathbb{R}_0^+$ $a < 0$: $\mathbb{W}_f = \mathbb{R}_0^-$

n ungerade: Gemeinsame Punkte für festes a und variables $n \in \mathbb{N} \setminus \{0\}$ sind $A(-1\,|\,-a)$, $N(0\,|\,0)$, $B(1\,|\,a)$.
$a > 0$: G_f verläuft von links unten nach rechts oben; G_f steigt.
$a < 0$: G_f verläuft von links oben nach rechts unten; G_f fällt.
$\mathbb{W}_f = \mathbb{R}$

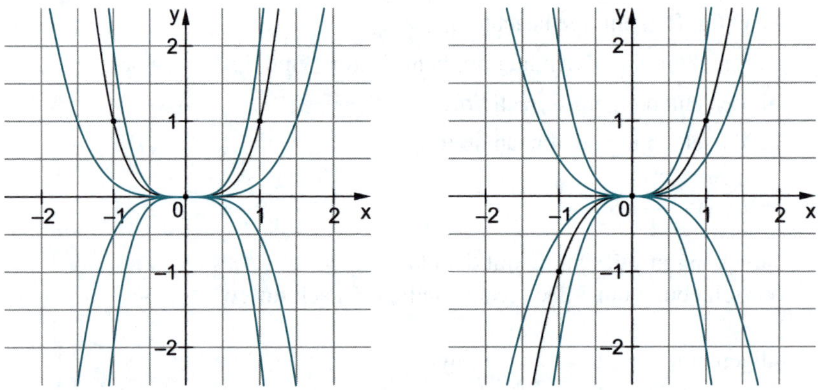

8 a Die Aussage ist **richtig**: Die Potenzfunktion ist ein Spezialfall.

Potenzfunktion f: $x \mapsto ax^n$, $a \in \mathbb{R}$, $n \in \mathbb{N}$

Ganzrationale Funktion: g: $x \mapsto a_n x^n + a_{n-1} x^{n-1} + \ldots + a_1 x + a_0$, $a_n \neq 0$

Für eine Potenzfunktion gilt: $a_{n-1} = \ldots = a_1 = a_0 = 0$

b Die Aussage ist **richtig**.
Der Verlauf einer ganzrationalen Funktion f vom Grad 5 ist für $x \to \pm\infty$ wie der der zugehörigen Potenzfunktion h: $x \mapsto a \cdot x^5$, somit ist $\mathbb{W}_f = \mathbb{W}_h = \mathbb{R}$. Daher wird mindestens einmal die x-Achse geschnitten. Die Funktion f hat höchstens 5 Nullstellen, weil in der Nullstellenform (falls die Maximalzahl erreicht wird) f: $x \mapsto a(x - x_1) \cdot (x - x_2) \cdot (x - x_3) \cdot (x - x_4) \cdot (x - x_5)$ maximal fünf Nullstellen vorkommen können.

c Die Aussage ist **richtig**.
Ein Beispiel ist f: $x \mapsto x^4+7$. Es gilt $f(x) \geq 7$. Der Graph verläuft von links oben nach rechts oben, also ist $\mathbb{W}_f = [7; \infty[$. Somit hat f keine Nullstelle.

9 a $f(x) = 0{,}02 \cdot (x+5)^1 \cdot (x-1)^1 \cdot (x-4)^1$
Drei einfache Nullstellen $x=-5$, $x=1$ und $x=4$.

Ausmultiplizieren ergibt $f(x) = 0{,}02x^3 + r(x)$, wobei der Rest r(x) vom Grad ≤ 2 ist. Die zugehörige Potenzfunktion ist g: $x \mapsto 0{,}02x^3$ mit Verlauf von links unten nach rechts oben, $\mathbb{W}_f = \mathbb{R}$.

b $g(x) = 0{,}01 \cdot (x+5)^2 \cdot (x-1)^1 \cdot (x-4)^1$
Eine doppelte Nullstelle $x=-5$ und **zwei einfache** Nullstellen $x=1$, $x=4$.

Die zugehörige Potenzfunktion ist p: $x \mapsto 0{,}01x^4$ mit Verlauf von links oben nach rechts oben.

c $h(x) = \frac{1}{5} \cdot \underbrace{(x^2+2)}_{>0} \cdot \underbrace{(x^2+3)}_{>0} \Rightarrow$ Keine Nullstellen.

Die zugehörige Potenzfunktion ist p: $x \mapsto \frac{1}{5}x^4$ mit Verlauf von links oben nach rechts oben.
Aus dem Term h(x) kann man $h(-x) = h(x)$ erkennen, daher ist G_h achsensymmetrisch zur y-Achse.

$h(0) = \frac{1}{5} \cdot 2 \cdot 3 = \frac{6}{5} \Rightarrow P(0\,|\,1{,}2)$

d $j(x) = -3x^5 + 2x^2 - x - 1$

Die zugehörige Potenzfunktion ist p: $x \mapsto -3x^5$ mit Verlauf von links unten nach rechts oben.
$j(0) = -1 \Rightarrow P(0\,|\,-1)$
Der Grad von j ist 5, also gibt es maximal 5 Nullstellen.

e $k(x) = -5x^6 + 7x^3 - 4x^2 + x$

Die zugehörige Potenzfunktion ist p: $x \mapsto -5x^6$ mit Verlauf von links unten nach rechts unten.
$k(0)=0$; x lässt sich ausklammern (x^2 nicht), einfache Nullstelle bei $x=0$.

f $m(x) = \frac{1}{400} \cdot (x+5)^3 \cdot (x-2)^2 \cdot (x-4)^1$

Eine dreifache Nullstelle $x=-5$: Der Graph schneidet und berührt die x-Achse, wechselt aber das Vorzeichen.

Eine doppelte Nullstelle $x=2$: Der Graph berührt die x-Achse ohne Vorzeichenwechsel.

Eine einfache Nullstelle $x=4$: Der Graph schneidet die x-Achse.

Die zugehörige Potenzfunktion ist p: $x \mapsto \frac{1}{4}x^6$ mit Verlauf von links oben nach rechts oben.

$m(0) = \frac{1}{400} \cdot 5^3 \cdot (-2)^2 \cdot (-4) < 0$

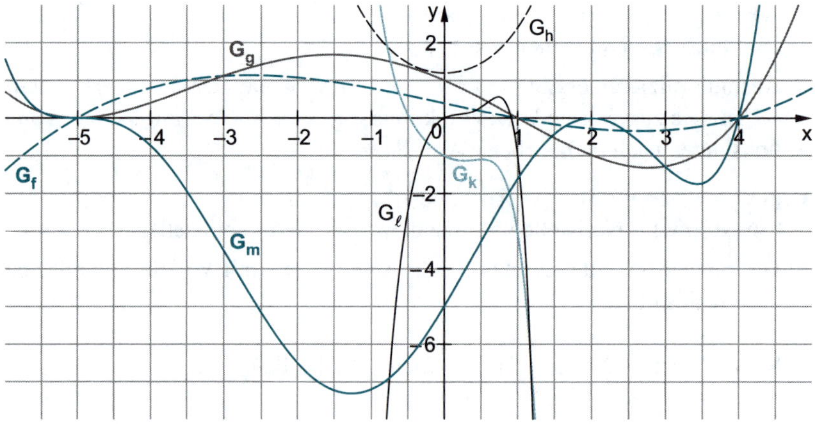

10 a $\mathbb{D}_f = \mathbb{D}_g = \mathbb{R}$ und $\mathbb{W}_f = \mathbb{W}_g = \mathbb{R}^+$

b

x	–3	–2	–1	0	1	2	3
f(x)	0,125	0,25	0,5	1	2	4	8
g(x)	8	4	2	1	0,5	0,25	0,125

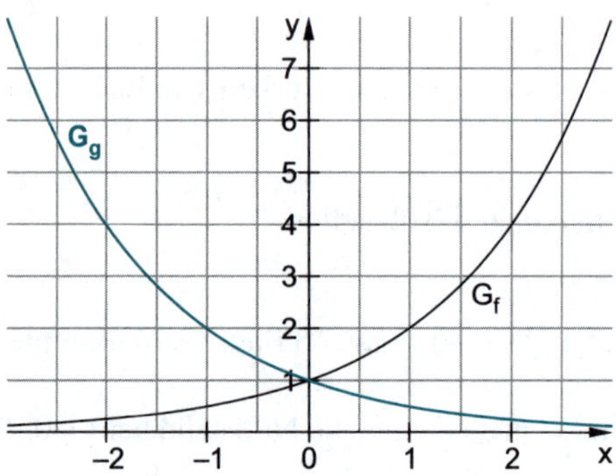

c Waagrechte Asymptote: $y = 0$
Beide Graphen nähern sich der x-Achse an. Bei f gilt dies für $x \to -\infty$, bei g gilt dies für $x \to +\infty$.

f: exponentielle Zunahme
g: exponentielle Abnahme

d h: $m=2, t=1$
k: $m=-2, t=1$

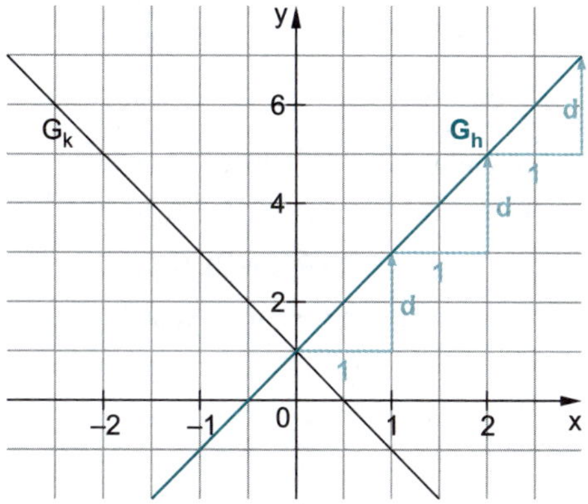

e **Lineares Wachstum**
$m = \text{konstant}$
Bei gleichen Abständen auf der x-Achse ist die absolute Zunahme konstant, Differenz $d = m$
$f(x+1) - f(x) = \text{konstant}$
Abbildung: siehe oben bei Aufgabenteil d

Exponentielles Wachstum
Die relative Zunahme ist konstant, d. h., der Quotient zweier benachbarter Werte ist konstant:
$\frac{f(x+1)}{f(x)} = a = \text{konstant}$

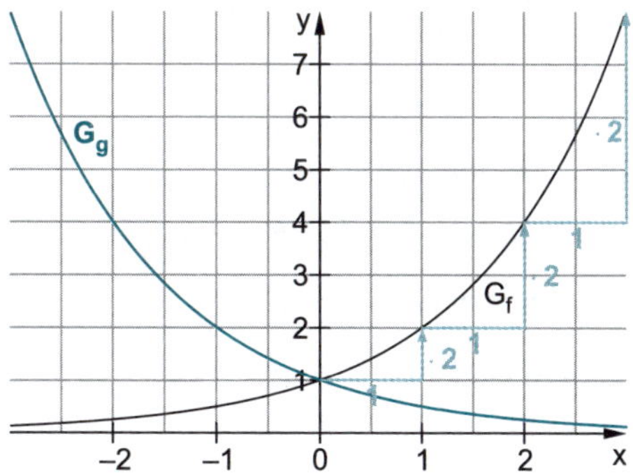

a ist der Wachstumsfaktor, hier $a=2$.
Beides gilt auch für „negatives Wachstum".

11 a $\mathbb{W}_g = \mathbb{W}_k = [-1; 1]$
Periodenlänge für g und k: $p = 2\pi$
G_g: $g(x) = \sin x$

Nullstellen: $x = 0 + k \cdot \frac{p}{2} = k \cdot \frac{2\pi}{2} = k\pi \qquad k \in \mathbb{Z}$

Hochpunkte: $HP\left(\frac{\pi}{2} + k \cdot 2\pi \,\middle|\, 1\right) \qquad k \in \mathbb{Z}$

Tiefpunkte: $TP\left(\frac{3}{2}\pi + k \cdot 2\pi \,\middle|\, -1\right) \qquad k \in \mathbb{Z}$

Punktsymmetrie zum Ursprung

G_k: $k(x) = \cos x$

Nullstellen:	$x = \frac{\pi}{2} + k \cdot \frac{p}{2} = \frac{\pi}{2} + k \cdot \pi$	$k \in \mathbb{Z}$
Hochpunkte:	$HP(0 + k \cdot 2\pi \mid 1)$	$k \in \mathbb{Z}$
Tiefpunkte:	$TP(\pi + k \cdot 2\pi \mid -1)$	$k \in \mathbb{Z}$
	$TP((1+2k) \cdot \pi \mid -1)$	$k \in \mathbb{Z}$

Achsensymmetrie zur y-Achse

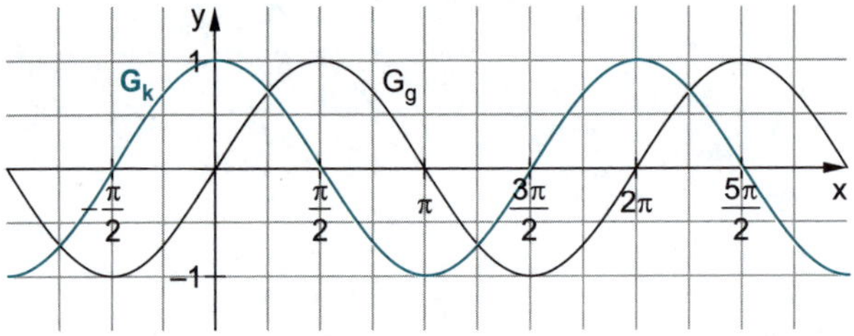

b G_k entsteht aus G_g durch Verschiebung um $\frac{\pi}{2}$ nach **links**: $k(x) = g\left(x + \frac{\pi}{2}\right)$

12 **a** Sinusfunktion

b lineare Funktion, ganzrationale Funktion

c Exponentialfunktion

d gebrochen-rationale Funktion

e ganzrationale Funktion

f lineare Funktion, ganzrationale Funktion

g gebrochen-rationale Funktion

h Potenzfunktion, ganzrationale Funktion

i Exponentialfunktion

k quadratische Funktion, ganzrationale Funktion

l gebrochen-rationale Funktion

m lineare Funktion, ganzrationale Funktion

13 **a** $\lim\limits_{x \to \pm\infty} \left(\frac{2}{x-1} + 3\right) = 3$ wegen $\frac{2}{x-1} \to 0 \Rightarrow$ waagrechte Asymptote: $y = 3$

Für $x \to -\infty$ nähert sich der Graph von unten, für $x \to +\infty$ von oben der waagrechten Asymptote $y = 3$.

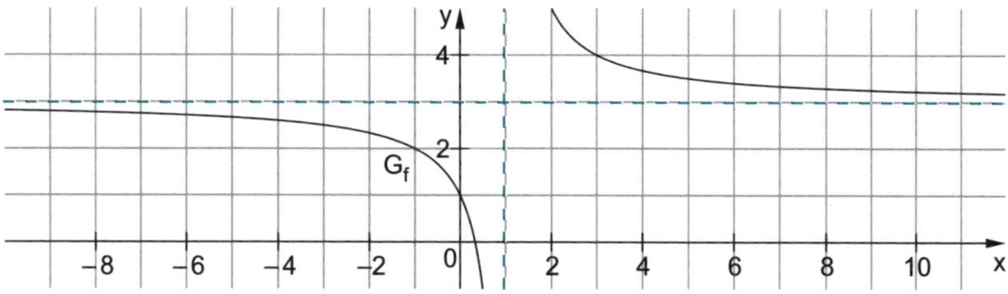

b $\lim\limits_{x \to -\infty} 2^x = 0 \Rightarrow$ waagrechte Asymptote: $y = 0$

Für $x \to -\infty$ konvergiert g gegen null.

$\lim\limits_{x \to +\infty} 2^x = +\infty$

g divergiert für $x \to +\infty$ (bestimmte Divergenz).

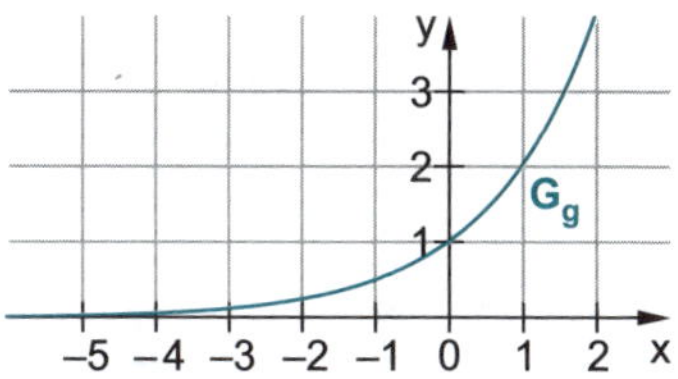

c Die Sinusfunktion oszilliert zwischen $y = -2$ und $y = 2$. Es existiert kein Grenzwert, daher divergiert die Funktion. Es lässt sich aber kein Grenzwert angeben. Dieses Verhalten wird als unbestimmte Divergenz bezeichnet.

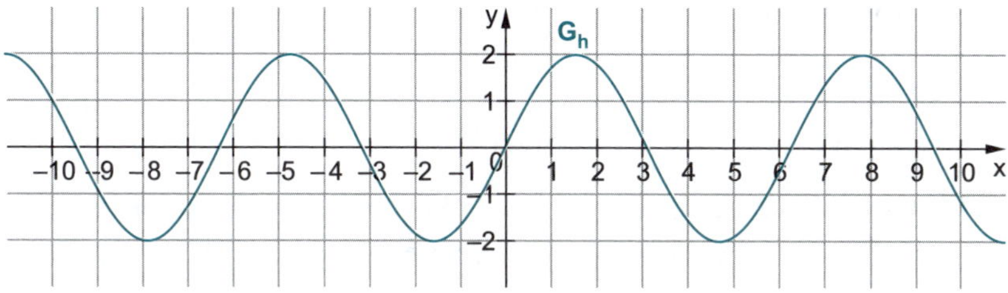

d Die Sinusfunktion oszilliert zwischen $y = -1$ und $y = 1$. Durch den Faktor $\frac{1}{x}$ wird die Amplitude immer kleiner:

$$\lim_{x \to \pm\infty} \frac{1}{x} = 0 \Rightarrow \lim_{x \to \pm\infty} \frac{1}{x} \cdot \sin x = 0 \text{ (wegen } -1 \leq \sin x \leq 1\text{)}$$

Die Funktion konvergiert gegen null; waagrechte Asymptote: $y = 0$

14 a Der Nenner $x - 1$ darf nicht null werden, also: $\mathbb{D}_f = \mathbb{R} \setminus \{1\}$
Senkrechte Asymptote: $x = 1$

$$\lim_{x \to \pm\infty} \left(\frac{6}{x-1} - 4\right) = 0 - 4 = -4 \Rightarrow \text{waagrechte Asymptote: } y = -4$$

b Schnittpunkt mit der y-Achse:

$f(0) = \frac{6}{0-1} - 4 = -6 - 4 = -10 \quad \Rightarrow \quad H(0|-10)$

Schnittpunkte mit der x-Achse:

$$\begin{aligned} f(x) &= 0 \\ \frac{6}{x-1} - 4 &= 0 && |+4 \\ \frac{6}{x-1} &= 4 && |\cdot(x-1) \\ 6 &= 4x - 4 && |+4 \\ 10 &= 4x && |:4 \\ 2{,}5 &= x \end{aligned}$$

$\Rightarrow \quad B(2{,}5|0)$

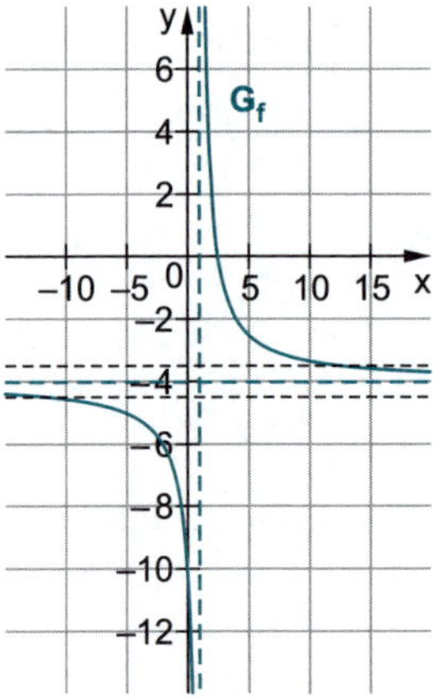

c Streifen um $y = -4$ der Breite 1:

$y = -4 \pm 0{,}5 \quad \Rightarrow \quad y = -3{,}5$ oberer Rand

$y = -4{,}5$ unterer Rand

d $f(12) = \frac{6}{12-1} - 4 \approx -3{,}45 > -3{,}5$ und $f(13) = \frac{6}{13-1} - 4 = -3{,}5$

Bei $x = 13$ liegt G_f auf dem oberen Rand des Streifens.
Für $x > 13$ liegt G_f im 0,5-Streifen um $y = -4$ und verlässt diesen nicht mehr.

e Wenn man den Streifen verkleinert, rutscht die Stelle, ab der die x-Werte innerhalb des Streifens liegen, weiter nach rechts ($x \to +\infty$) bzw. weiter nach links ($x \to -\infty$).

15 a $f(0) = 3 \cdot 0{,}6^0 = 3 \cdot 1 = 3 \quad \Rightarrow \quad A(0|3)$

b Exponentialfunktion mit Basis $a = 0{,}6$, somit exponentielle Abnahme.

$\lim\limits_{x \to +\infty} 3 \cdot \underbrace{0{,}6^x}_{\to 0} = 3 \cdot 0 = 0 \quad \Rightarrow \quad$ waagrechte Asymptote: $y = 0$

$\lim\limits_{x \to -\infty} 3 \cdot \underbrace{0{,}6^x}_{\to +\infty} = +\infty$

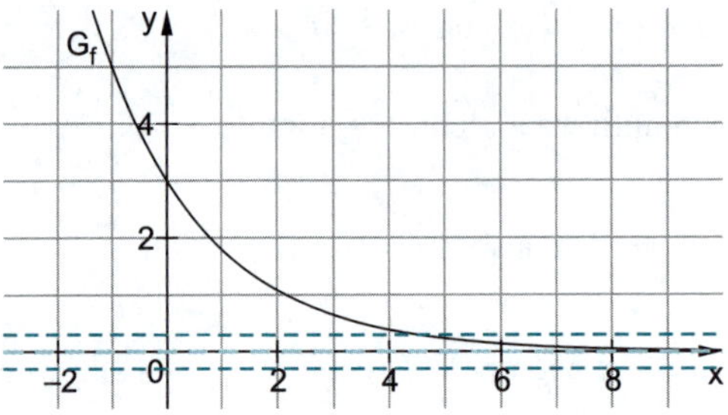

c Aufgrund der Skizze ist zu lösen:
$f(x) - 0 < 0{,}3$

Man berechnet, bei welchem x-Wert G_f die Gerade $y = 0{,}3$ (oberer Rand des Streifens) schneidet:

$$f(x) = 0{,}3$$

$$3 \cdot 0{,}6^x = 0{,}3 \qquad |:3$$

$$0{,}6^x = 0{,}1 \qquad \text{Logarithmus zur Basis } 0{,}6 \text{ bilden } (\log_a a^x = x)$$

$$x = \log_{0,6} 0{,}1$$

Für $x > \log_{0,6} 0{,}1 \approx 4{,}51$ verlässt G_f den Streifen nicht mehr.

16 a Ein solches Rezept lautet:
(1) Ersetze im Funktionsterm x durch –x, bilde also f(–x) und vereinfache diesen Term.
(2) Prüfe, ob $f(-x) = f(x)$.
Wenn ja, dann ist G_f achsensymmetrisch zur y-Achse.
(3) Wenn (2) nicht gilt, prüfe z. B. durch Ausklammern von –1, ob $f(-x) = -f(x)$.
Gilt das, so ist G_f punktsymmetrisch zum Ursprung.
(4) Gilt weder (2) noch (3), so liegt keine (einfache) Symmetrie zum Koordinatensystem vor.

b (1) $f(-x) = \frac{1}{2}(-x)^6 + \frac{1}{3}(-x)^4 + \frac{1}{5}(-x)^2 - 8 = \frac{1}{2}x^6 + \frac{1}{3}x^4 + \frac{1}{5}x^2 - 8 = f(x)$

G_f ist achsensymmetrisch zur y-Achse.

(2) $g(-x) = 2 \cdot (-x)^7 - (-x)^5 + 4 \cdot (-x) = 2 \cdot (-x^7) - (-x^5) - 4x$
$= -2x^7 + x^5 - 4x = -(2x^7 - x^5 + 4x) = -g(x)$

G_g ist punktsymmetrisch zum Ursprung.

(3) $h(-x) = 3(-x)^3 - (-x) + 1 = +3(-x^3) + x + 1 = -3x^2 + x + 1$
$= -(3x^3 - x - 1)$

$\Rightarrow \quad h(-x) \neq h(x) \quad \text{und} \quad h(-x) \neq -h(x)$

G_h ist weder achsensymmetrisch zur y-Achse noch punktsymmetrisch zum Ursprung.

(4) Damit es übersichtlicher wird, wird der Term vereinfacht, bevor –x eingesetzt wird:

$$k(x) = \underbrace{(x-1) \cdot (x+1)}_{\text{Binom}} \cdot \underbrace{(x-4) \cdot (x+4)}_{\text{Binom}} \cdot x = (x^2 - 1) \cdot (x^2 - 16) \cdot x$$

Jetzt wird (–x) eingesetzt:

$$k(-x) = \left((-x)^2 - 1\right) \cdot \left((-x)^2 - 16\right) \cdot (-x) = (x^2 - 1) \cdot (x^2 - 16) \cdot (-x)$$

$$= -\underbrace{(x^2 - 1) \cdot (x^2 - 16) \cdot x}_{k(x)} = -k(x)$$

G_k ist punktsymmetrisch zum Ursprung.

c Oft kann man bei ganzrationalen Funktionen am Funktionsterm erkennen, ob eine Symmetrie zum Koordinatensystem vorliegt. Allerdings muss der Term dazu in der Form $f(x) = a_n x^n + a_{n-1} x^{n-1} + \ldots + a_1 x + a_0$, also der Grundform gegeben sein.
Nur gerade Potenzen von x $\Leftrightarrow$ Achsensymmetrie
Nur ungerade Potenzen von x *und* $a_0 = 0$ $\Leftrightarrow$ Punktsymmetrie

(1) und (2) zeigen dies. (3) zeigt, dass $a_0 \neq 0$ bei Punktsymmetrie zum Ursprung stört. (4) zeigt, dass man in Nullstellenform diese Regel nicht direkt anwenden kann, sondern nur nach Termumformung. Allerdings lässt sich in der Nullstellenform eine fehlende Symmetrie oft leicht erkennen: Liegen die Nullstellen nicht symmetrisch zur Null, so liegt keine Symmetrie vor.

Ja, man kann die Regel erweitern: Treten bei einer ganzrationalen Funktion in Grundform sowohl gerade als auch ungerade Potenzen von x auf, so zeigt der Graph der Funktion keine (einfache) Symmetrie zum Koordinatensystem.

17 Rechnerische Untersuchung auf Symmetrie zum Koordinatensystem.

a $$f(-x) = \frac{-x}{(-x)^2 + 10} = \frac{-x}{x^2 + 10} = -f(x)$$

G_f ist punktsymmetrisch zum Ursprung.

b $$g(-x) = \frac{3(-x)^3 + 5(-x)}{10(-x)^2 + 37} = \frac{-x^3 - 5x}{10x^2 + 37}$$

Man sieht, dass zwar die Nenner von g(x) und g(–x) übereinstimmen, die Zähler jedoch nicht, somit keine Symmetrie zur y-Achse. Außerdem ist:

$$g(-x) = \frac{-x^3 - 5x}{10x^2 + 37} = \frac{-(x^3 + 5x)}{10x^2 + 7} = -\frac{x^3 + 5x}{10x^2 + 7} = -g(x)$$

G_g ist punktsymmetrisch zum Ursprung.

18 a $a_1\colon x \mapsto \frac{1}{3}x$ $\qquad$ $a_2\colon x \mapsto -4x$

Die Graphen der beiden Funktionen sind Ursprungsgeraden, d. h., in der Funktionsgleichung $y = mx + t$ ist $t = 0$.
Allgemein somit: $a\colon x \mapsto m \cdot x,\ m \in \mathbb{R}$

b Die Parabel muss ihren Scheitel auf der y-Achse haben, z. B.:

b_1: $x \mapsto x^2 + 2$

b_2: $x \mapsto -\frac{1}{3}x^2 + 4$

Allgemein: b: $x \mapsto ax^2 + c$; $a \in \mathbb{R} \setminus \{0\}$, $c \in \mathbb{R}$

c f: $x \mapsto \frac{a}{x+b} + c$

f ist punktsymmetrisch zum Ursprung für $b = 0$ (keine Verschiebung in x-Richtung) und $c = 0$ (keine Verschiebung in y-Richtung). Somit lautet die Funktion f: $x \mapsto \frac{a}{x}$.

Der Graph ist eine Hyperbel mit waagrechter Asymptote $y = 0$ und senkrechter Asymptote $x = 0$.

Skizze für $a = 1$ und $a = -1$:

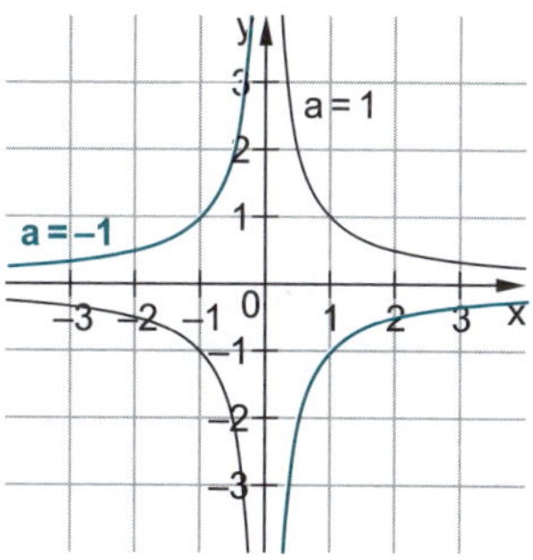

f: $x \mapsto \frac{a}{x}$; $\mathbb{D}_f = \mathbb{R} \setminus \{0\}$, $a \in \mathbb{R} \setminus \{0\}$

$y = \frac{a}{x}$: y und x sind zueinander indirekt proportional.

19 Doppelte Nullstelle bei $x = -5$.
Einfache Nullstelle bei $x = 2$.
Keine Nullstellen bei $x = 5$ und $x = -2$.
Somit ist keine Symmetrie zum Koordinatensystem möglich.

20 Wegen der Achsensymmetrie zur y-Achse und der einfachen Nullstelle bei $x = -5$ gibt es auch eine einfache Nullstelle bei $x = 5$. Dasselbe gilt für die vierfache Nullstelle bei $x = 1$: Auch bei $x = -1$ gibt es eine vierfache Nullstelle.

k(x) in Nullstellenform:

$$k(x) = a \cdot (x+5) \cdot (x-5) \cdot (x-1)^4 \cdot (x+1)^4 \cdot \underset{\substack{\uparrow \\ \text{weiterer} \\ \text{Faktor}}}{p(x)}$$

Da der Grad von k möglichst klein sein soll, ist $p(x)=1$.

a bestimmt man durch Einsetzen von $P(0|5)$:

$$5=a\cdot(0+5)\cdot(0-5)\cdot(0-1)^4\cdot(0+1)^4$$
$$5=a\cdot(-25)\cdot 1\cdot 1$$
$$5=-25a$$
$$-\frac{1}{5}=a$$

Damit ergibt sich insgesamt:

$$k\colon x\mapsto -\frac{1}{5}(x+5)\cdot(x-5)\cdot(x-1)^4\cdot(x+1)^4$$

21 **a** Es werden jeweils die Funktions**terme** betrachtet.

(1) Streckung mit dem Faktor 3 in y-Richtung:
$g_1(x)=\mathbf{3}\sin x$

(2) Streckung mit dem Faktor $\frac{1}{|b|}=\frac{1}{2}$ in x-Richtung:
$g_2(x)=3\sin(\mathbf{2}x)$

(3) Verschiebung in x-Richtung um $-c=-\frac{\pi}{2}$, d. h. nach links:
$g_3(x)=3\sin\left(2\cdot\left(x+\frac{\pi}{2}\right)\right)$

(4) Verschiebung längs der y-Achse um **−4**, d. h. nach **unten**:
$f(x)=g_4(x)=3\sin\left(2\cdot\left(x+\frac{\pi}{2}\right)\right)-4=3\sin(2x+\pi)-4$

b (1) Verschiebung in y-Richtung um 4 nach unten:
$g_1(x)=g(x)-4=\sin x-4$

(2) Streckung in y-Richtung mit Faktor 3:
$g_2(x)=3\cdot g_1(x)=3\cdot(\sin x-4)=3\sin x-12$

(3) Verschiebung um $\frac{\pi}{2}$ nach links:
$g_3(x)=g_2\left(x+\frac{\pi}{2}\right)=3\sin\left(x+\frac{\pi}{2}\right)-12$

(4) Streckung in x-Richtung mit Faktor $\frac{1}{2}$:
$h(x)=g_3(2x)=3\sin\left(2\cdot\left(x+\frac{\pi}{2}\right)\right)-12=3\sin(2x+\pi)-12$

$\Rightarrow$ h: $x\mapsto 3\sin(2x+\pi)-12$

Die Graphen G_f und G_h unterscheiden sich nur durch die Verschiebung in y-Richtung: G_h entsteht aus G_f durch Verschiebung um 8 nach unten.

c Gleichgewichtslage $x=-4$; Amplitude 3 $\Rightarrow$ $W_f=[-4-3;\ -4+3]=[-7;\ -1]$

Periodenlänge $p=\frac{2\pi}{|b|}=\frac{2\pi}{2}=\pi$

Hochpunkt: Die Grundfunktion g: $x \mapsto \sin x$ hat einen Hochpunkt bei $x=\frac{\pi}{2}$.
f: $x \mapsto 3\sin\left(2\left(x+\frac{\pi}{2}\right)\right)-4$ hat einen Hochpunkt, wenn der Sinus den Wert 1 annimmt:

$$\sin\left(2\left(x+\frac{\pi}{2}\right)\right)=1$$

Einen möglichen x-Wert erhält man, wenn das Argument des Sinus $\frac{\pi}{2}$ beträgt:

$$2\left(x+\frac{\pi}{2}\right)=\frac{\pi}{2} \Rightarrow x+\frac{\pi}{2}=\frac{\pi}{4} \Rightarrow x=-\frac{\pi}{4};\quad f\left(-\frac{\pi}{4}\right)=3\cdot 1-4=-1$$

Mit der Periode $p=\pi$ ergeben sich die Hochpunkte: $H\left(-\frac{\pi}{4}+k\cdot\pi \,\middle|\, -1\right)$; $k\in\mathbb{Z}$

Die Grundfunktion hat einen Tiefpunkt, wenn der Sinus den Wert –1 annimmt. Das gilt für $x=\frac{3}{2}\pi$, d. h.:

$$2\left(x+\frac{\pi}{2}\right)=\frac{3}{2}\pi \Rightarrow x+\frac{\pi}{2}=\frac{3}{4}\pi \Rightarrow x=\frac{\pi}{4};\quad f\left(\frac{\pi}{4}\right)=3\cdot(-1)-4=-7$$

$$\Rightarrow \text{ Tiefpunkte } T\left(-\frac{\pi}{4}+k\cdot\pi \,\middle|\, -7\right);\ k\in\mathbb{Z}$$

Gleichgewichtslage: Diese erhält man an den Stellen, an denen die nicht in y-Richtung verschobene Funktion ihre Nullstellen hat. Mit $\sin 0=0$ folgt:

$$3\sin\underbrace{\left(2\left(x+\frac{\pi}{2}\right)\right)}_{0}=0 \Rightarrow x=-\frac{\pi}{2};\quad f\left(-\frac{\pi}{2}\right)=3\cdot 0-4=-4$$

Mit der halben Periode $\frac{\pi}{2}$ ergibt sich: $G\left(-\frac{\pi}{2}+k\cdot\frac{\pi}{2} \,\middle|\, -4\right)$; $k\in\mathbb{Z}$

Eine Kontrolle mithilfe einer Mathematiksoftware geschieht entweder mit Schiebereglern oder durch direkte Eingabe der Terme. Es ist sinnvoll, auf der x-Achse als Einstellung Vielfache von $\frac{\pi}{2}$ zu wählen.

22 **a** (1) Verschiebung um 2 nach rechts liefert den Funktionsterm $f(x)=g(x-2)$. Man ersetzt x im Term von g durch $x-2$ und erhält $f(x)=(x-2)^3$.

(2) Spiegelung an der y-Achse
G_f verläuft (wie G_g) von links unten nach rechts oben, wobei G_g eine dreifache Nullstelle bei $x=0$ hat, G_f bei $x=2$. Der Graph von h muss daher **von links oben nach rechts unten** verlaufen und die Nullstelle bei $x=-2$ haben. Damit ergibt sich:

$h(x)=-(x+2)^3$

(3) Stauchung in y-Richtung mit Faktor $\frac{1}{4}$, somit:

$$i(x) = -\frac{1}{4}(x+2)^3$$

(4) Verschiebung um 16 nach oben, also Addition von 16:

$$k(x) = -\frac{1}{4}(x+2)^3 + 16$$

b Berechnung der Nullstelle von k:

$$\begin{aligned} k(x) &= 0 \\ -\frac{1}{4}(x+2)^3 + 16 &= 0 \qquad \big| -16 \\ -\frac{1}{4}(x+2)^3 &= -16 \qquad \big| \cdot(-4) \\ (x+2)^3 &= 64 \qquad \big| \sqrt[3]{} \\ x+2 &= 4 \qquad \big| -2 \\ x &= 2 \qquad \text{einfache Nullstelle} \end{aligned}$$

c Darstellung des Terms von k in ausmultiplizierter Form:

$$\begin{aligned} k(x) &= -\frac{1}{4}(x+2)^2 \cdot (x+2) + 16 = -\frac{1}{4}(x^2+4x+4) \cdot (x+2) + 16 \\ &= -\frac{1}{4}(x^3+2x^2+4x^2+8x+4x+8) + 16 = -\frac{1}{4}(x^3+6x^2+12x+8) + 16 \\ &= -\frac{1}{4}x^3 - 1{,}5x^2 - 3x - 2 + 16 = -\frac{1}{4}x^3 - 1{,}5x^2 - 3x + 14 = j(x) \end{aligned}$$

Zur Überprüfung lässt man die Graphen von j und k von der Mathematiksoftware zeichnen. Decken sich die beiden, so wurde korrekt gerechnet.

23 a $f(x) = -\frac{1}{6}x^2 + \frac{1}{3}x - 1\frac{5}{6} = -\frac{1}{6}x^2 + \frac{2}{6}x - \frac{11}{6} = -\frac{1}{6}(x^2 - 2x + 11)$

Diskriminante $\mathbf{D} = 4 - 4 \cdot 11 \mathbf{< 0} \Rightarrow$ keine Nullstellen

b Die nach unten geöffnete Parabel wird so nach oben verschoben, dass sie Nullstellen hat; der x-Wert des Scheitels bleibt unverändert. Das bedeutet hier: Verschiebung um $\frac{11}{6}$ nach oben

$$h(x) = -\frac{1}{6}x^2 + \frac{2}{6}x = -\frac{1}{6}x \cdot (x-2)$$

$$x_1 = 0 \text{ und } x_2 = 2 \Rightarrow x_S = 1$$

$$y_S = f(1) = -\frac{1}{6}(1^2 - 2 \cdot 1 + 11) = -\frac{1}{6} \cdot 10 = -\frac{5}{3} = -1\frac{2}{3}$$

$\Rightarrow \quad S\left(1 \,\middle|\, -1\frac{2}{3}\right) \qquad a = -\frac{1}{6}$

$f(x) = -\frac{1}{6}(x-1)^2 - 1\frac{2}{3}$

$\mathbb{W}_f = \left]-\infty; -1\frac{2}{3}\right]$

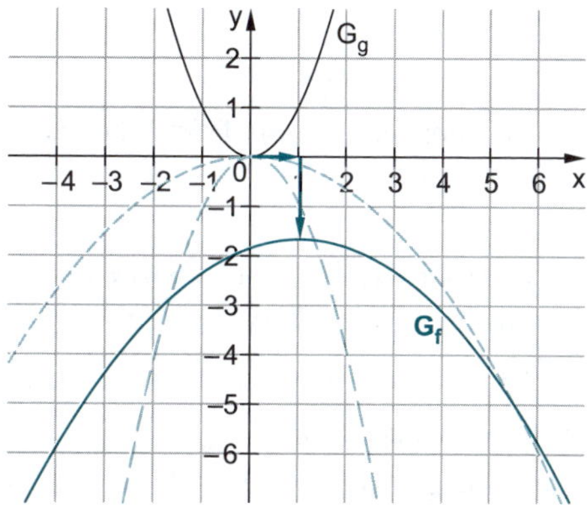

c (1) G_g an der x-Achse spiegeln (a<0)

(2) Stauchen mit Faktor $\frac{1}{6}$ in y-Richtung

(3) Verschieben um 1 nach rechts und $-1\frac{2}{3}$ nach unten

24 a G_f ist achsensymmetrisch zur y-Achse, da $f(-x) = f(x)$.
Der neue Graph soll verschoben werden und achsensymmetrisch bleiben, d. h. Verschiebung nach oben oder unten. Berechne:

$f(5) = \frac{1}{5} \cdot 5^4 - 10 \cdot 5^2 + 195 = 125 - 250 + 195 = -125 + 195 = 70$

$f(-5) = 70$ (Symmetrie)

Wenn G_g um –70 in y-Richtung verschoben wird, also nach unten, werden die Punkte $A(-5\,|\,70)$ und $B(5\,|\,70)$ zu $N_1(-5\,|\,0)$ und $N_2(5\,|\,0)$.

$g(x) = f(x) - 70 = \frac{1}{5}x^4 - 10x^2 + 195 - 70 = \frac{1}{5}x^4 - 10x^2 + 125$

b **1. Weg:** zwei binomische Formeln

$$g(x) = \frac{1}{5}(x^4 - 50x^2 + 625) = \frac{1}{5}(x^4 - 2 \cdot 25x^2 + 25^2) = \frac{1}{5}(x^2 - 25)^2$$
$$= \frac{1}{5}\big((x+5)\cdot(x-5)\big)^2 = \frac{1}{5}(x+5)^2 \cdot (x-5)^2$$

Zwei doppelte Nullstellen: $x_{1/2} = -5;\ x_{3/4} = 5$

2. Weg: Substitution

$g(x) = 0 \quad \Leftrightarrow \quad \frac{1}{5}(x^4 - 50x^2 + 625) = 0 \quad \Leftrightarrow \quad x^4 - 50x^2 + 625 = 0$

Substitution $x^2 = z$:

$z^2 - 50z + 625 = 0$

p-q-Formel:

$z_{1/2} = 25 \pm \sqrt{25^2 - 625} = 25 \pm 0 = 25$ (eine doppelte Nullstelle)

Rücksubstitution:

$x^2 = 25 \quad \Leftrightarrow \quad x = \pm 5$

Da z doppelte Nullstelle ist, sind auch $x_1 = -5$ und $x_2 = 5$ jeweils doppelte Nullstellen.

25 $f(x) = (x+6)\cdot(x^2-1) = (x+6)\cdot(x+1)\cdot(x-1)$

f hat die drei Nullstellen: $x=-6,\ x=-1,\ x=1$

$h(x) = x^3 + 3x^2 - 10x = x\cdot(x^2+3x-10)$

Erste Nullstelle: $x=0$

Die Lösungen von $x^2+3x-10=0$ werden mit der p-q-Formel berechnet:

$$x_{1/2} = -\frac{3}{2} \pm \sqrt{\frac{9}{4}+10} = -\frac{3}{2} \pm \sqrt{\frac{49}{4}} = -\frac{3}{2} \pm \frac{7}{2} \quad \Rightarrow \quad x_1 = -5;\ x_3 = 2$$

h hat also die drei Nullstellen: $\mathbf{x_1 = -5;\ x_2 = 0;\ x_3 = 2}$

$\Rightarrow \quad h(x) = (x+5)\cdot x\cdot(x-2)$

Die Nullstellen von h sind, im Vergleich zu denen von f, jeweils um 1 nach rechts verschoben. Es *könnte* daher sein, dass G_h durch Verschiebung von G_f um 1 nach rechts entsteht. Dies wird geprüft:

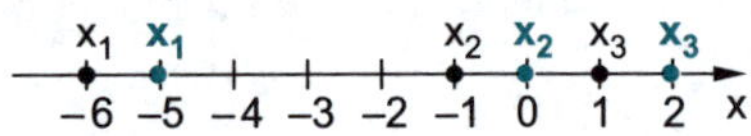

$f(x-1) = (x-1+6)\cdot(x-1+1)\cdot(x-1-1) = (x+5)\cdot x\cdot(x-2) = h(x)$

Damit ist gezeigt, dass G_h aus G_f durch Verschiebung um 1 nach rechts entsteht.

26 a (1) Ganzrationale Funktionen sind in $\mathbb{D}_f = \mathbb{R}$ stetig, die Graphen lassen sich zeichnen, ohne den Stift abzusetzen.

(2) Auch die Exponentialfunktionen sind stetig.

(3) Die Sinus- und Kosinusfunktionen sind stetig.

(1)
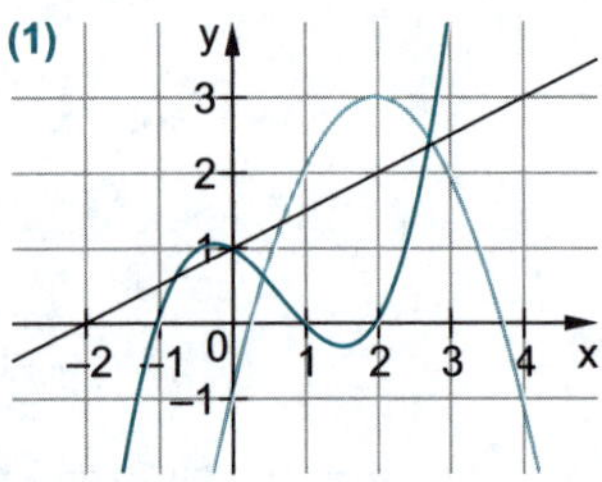

(2)
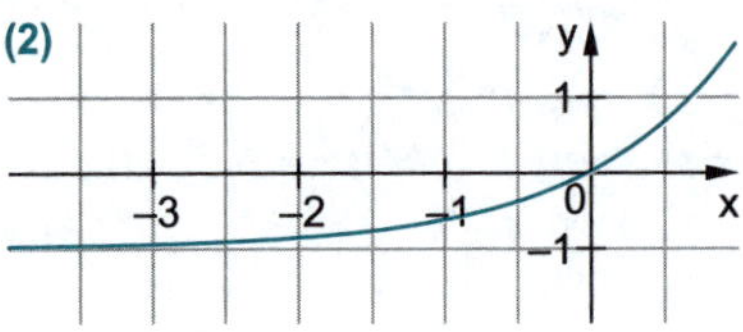

(3)
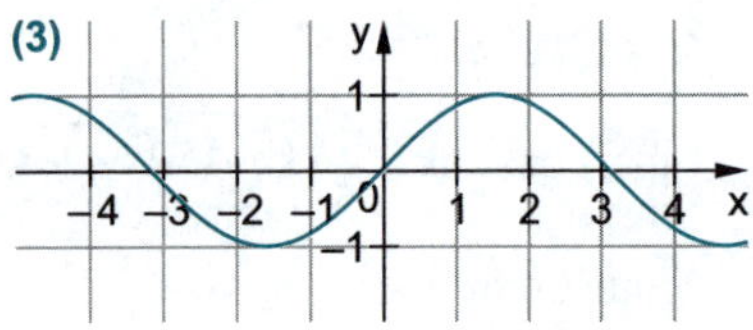

b Für $x<1$ wähle ich eine Parabel, an diese setze ich nahtlos ohne zu Springen für $x \geq 1$ eine Gerade an. Der Knick stört nicht, man kann den Graphen durchzeichnen, ohne den Stift abzusetzen.

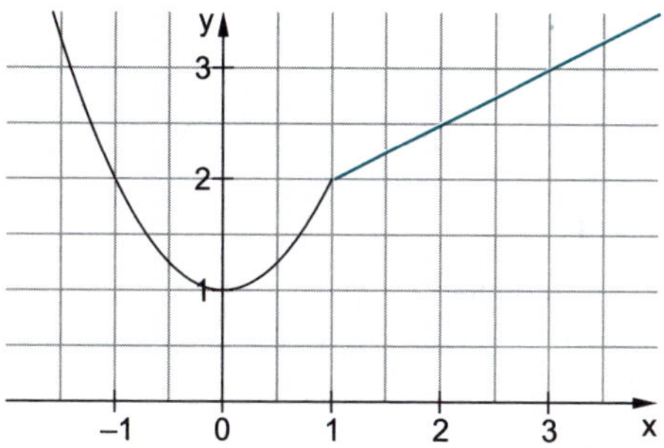

Limitation: Am Graphen allein lässt sich nicht erkennen, ob an der Stelle $x=1$ eine kleine Sprungstelle ist, in der Mathematiksoftware kann man durch Heranzoomen eine solche meist erkennen. Wenn man von links kommend auf dem Graphen der Parabel auf die Stelle mit $x=1$ zuläuft, kommt man im selben Punkt an, wie wenn man von rechts kommend auf der Geraden auf die Stelle bei $x=1$ zuläuft, sofern die Funktion stetig ist.

27 a Gebrochen-rationale Funktionen sind stetig in ihrem Definitionsbereich, z. B.

$f: x \mapsto \frac{1}{x}+1;\ \mathbb{D}_f = \mathbb{R}\setminus\{0\}$

Stetig für $x<0$ sowie für $x>0$.

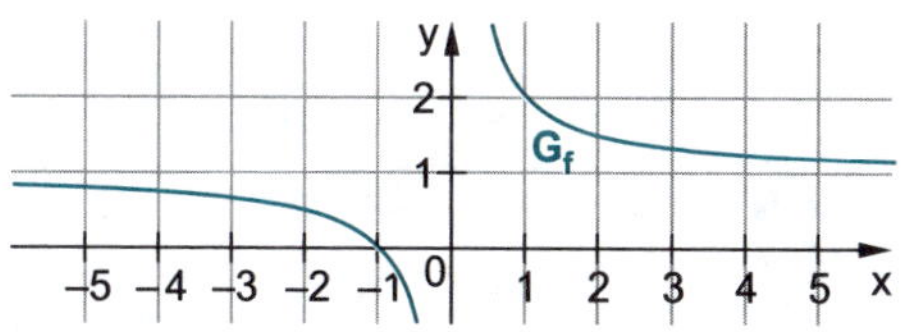

b Abschnittsweise definierte Funktionen mit Sprungstelle sind stetig, sofern sie an dieser Stelle nicht definiert sind, z. B.:

$x<0$: $f: x \mapsto x+1$

$x>0$: $f: x \mapsto 2x+2$

f ist stetig mit $\mathbb{D}_f = \mathbb{R}\setminus\{0\}$.

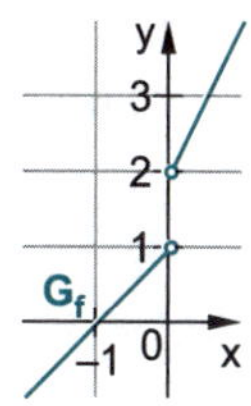

28 a $x \leq 2$: Nach oben geöffnete Parabel mit $S(1\,|-3)$

$x>2$: Gerade mit Steigung und Achsenabschnitt $t=-4$

Läuft man auf G_f **von links** auf die Stelle $x_0=2$ zu, muss man $x=2$ in den Term $\ell(x)=(x-1)^2-3$ einsetzen:

$\ell(2)=(2-1)^2-3=-2$

Läuft man auf G_f **von rechts** kommend auf die Nahtstelle $x_0=2$ zu, setzt man $x=2$ in den Term $r(x)=x-4$ ein:

$r(2)=-2-4=-2$

$\Rightarrow\ \ell(2)=r(2)$, also ist f stetig in $x_0=2$.

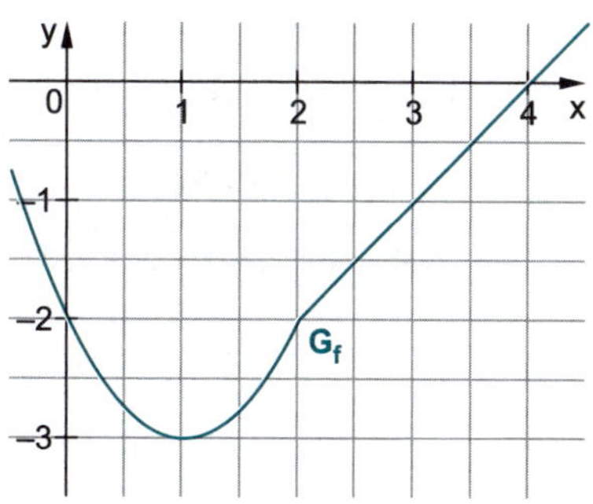

b $x_0 = 0;\ 0 \in \mathbb{D}_g$

Von links kommend auf G_g auf die Nahtstelle $x_0 = 0$ zulaufen bedeutet Einsetzen von $x = 0$ in $\ell(x) = -x^3 - 6$:

$\ell(0) = -6$

Von rechts kommend auf G_g auf $x_0 = 0$ zulaufen, d. h. $x = 0$ in $r(x) = 3x - 6$ einsetzen:

$r(0) = -6$

$\Rightarrow\ \ell(0) = r(0)$, also ist g stetig in $x_0 = 0$.

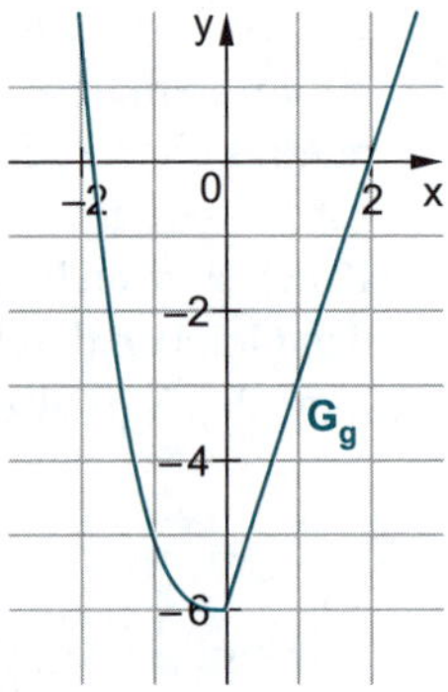

c Von links kommend auf G_h zu $x_0 = 1$ zulaufen bedeutet Einsetzen von $x_0 = 1$ in $\ell(x) = 3 \cdot \left(\frac{1}{2}\right)^x$:

$\ell(1) = 3 \cdot \left(\frac{1}{2}\right)^1 = 1{,}5$

Von rechts kommend $r(x) = x + 0{,}4$:

$r(1) = 1 + 0{,}4 = 1{,}4$

$\Rightarrow\ \ell(1) \neq r(1)$

h ist unstetig in $x_0 = 1$.

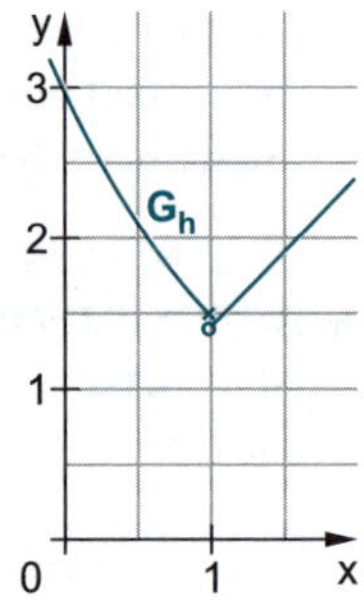

d $x_0 = -1 \in \mathbb{D}_k$

Von links auf G_f auf $x_0 = -1$ zulaufen bedeutet Einsetzen von $x = -1$ in $\ell(x) = -2 \cdot 3^x$:

$\ell(2) = -2 \cdot 3^{-1} = -2 \cdot \frac{1}{3} = -\frac{2}{3}$

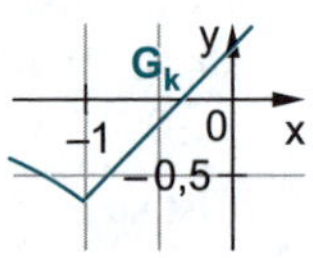

Ferner gilt:

$k(-1) = \frac{-2}{3}$

Von rechts auf G_f auf $x_0 = -1$ zulaufen bedeutet Einsetzen von $x = -1$ in $r(x) = x + \frac{1}{3}$:

$r(-1) = -1 + \frac{1}{3} = -\frac{2}{3}$

$\ell(-1) = k(-1) = r(-1)$

Die Funktion k ist stetig in $x_0 = -1$.

Lösungen zum Test 1

1 **a**

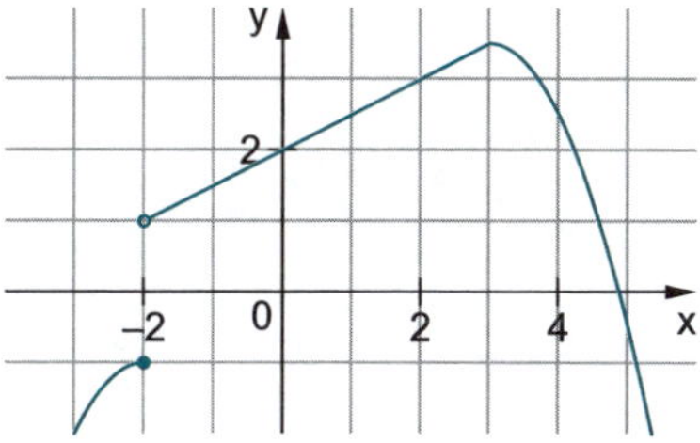

b Beispiel: gebrochen-rationale Funktion $f\colon x \mapsto \frac{2}{x^2+4}+1$

Begründung: Wegen $x^2+4>0$ ist $\mathbb{D}_f=\mathbb{R}$; $y=1$ ist waagrechte Asymptote.

c $g(x)=x^2 \xrightarrow[\text{und 1 nach oben}]{\text{Verschiebung um 3 nach links}} f(x)=(x+3)^2+1$

$\xrightarrow[\text{an der x-Achse}]{\text{Spiegelung}} h(x)=-f(x)=-\big((x+3)^2+1\big)=-(x+3)^2-1$

Scheitelpunkt: $S(-3\,|\,-1)$

2 **a** Die Funktion ist achsensymmetrisch zur y-Achse.

Kurzbegründung: ganzrationale Funktion, die nur gerade Potenzen von x hat

Rechnerisch: $f(-x)=\frac{1}{8}\big((-x)^4-16(-x)^2+48\big)=\frac{1}{8}(x^4-16x^2+48)=f(x)$

b $\lim\limits_{x\to\pm\infty} f(x)=\lim\limits_{x\to\pm\infty}\left(\underbrace{\frac{1}{8}x^4}_{\text{zugehörige Potenzfunktion}}-2x^2+6\right)=+\infty$

c $f(0)=6 \;\Rightarrow\;$ Schnittpunkt mit der y-Achse: $A(0\,|\,6)$

Nullstellen: $f(x)=0 \;\Leftrightarrow\; \frac{1}{8}(x^4-16x^2+48)=0 \;\Leftrightarrow\; x^4-16x^2+48=0$

Mit der Substitution $x^2=z$ ist die Gleichung $z^2-16z+48=0$ zu lösen:

$z_{1/2}=8\pm\sqrt{8^2-48}=8\pm\sqrt{16}=8\pm4 \;\Rightarrow\; z_1=4;\; z_2=12$

Rücksubstitution:

$x^2=12 \;\Rightarrow\; x=\pm\sqrt{12}=\pm2\sqrt{3};\quad x^2=4 \;\Rightarrow\; x=\pm2$

Schnittpunkte mit der x-Achse: $B(-2\sqrt{3}\,|\,0)$; $C(-2\,|\,0)$; $D(2\,|\,0)$; $E(2\sqrt{3}\,|\,0)$

d

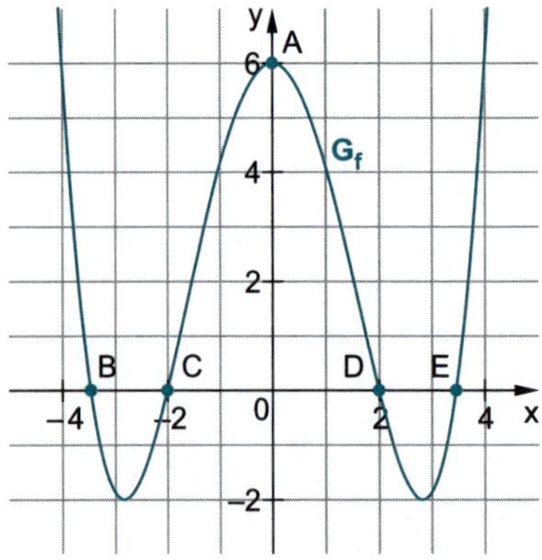

e $g(x) = 0{,}5 \cdot (-1) \cdot f(x) = -\frac{1}{16}(x^4 - 16x^2 + 48) = -\frac{1}{16}x^4 + x^2 - 3$

↗ **Stauchung in y-Richtung** ↖ **Spiegeln an x-Achse**

3 Eine Reproduktionszahl R = 3 bedeutet, dass eine Exponentialfunktion mit der Basis 3 vorliegt.

$f: x \mapsto b \cdot 3^x$ mit Anfangswert (z. B.) $f(0) = b = 1$

Beispielhaft dargestellte Funktionsterme:

$f(x) = 3^x$; $g(x) = 2^x$; $h(x) = 1{,}2^x$; $k(x) = 0{,}8^x$

Für die Funktion f gilt, dass ein Infizierter im Mittel 3 Menschen ansteckt, diese stecken wiederum jeweils 3 an usw. Daraus folgt:

x	**0**	**1**	**2**	**3**
f(x)	1	3	$3^2 = 9$	$3^3 = 27$
g(x)	1	2	4	8
h(x)	1	1,2	1,44	1,78
k(x)	1	0,8	0,64	0,51

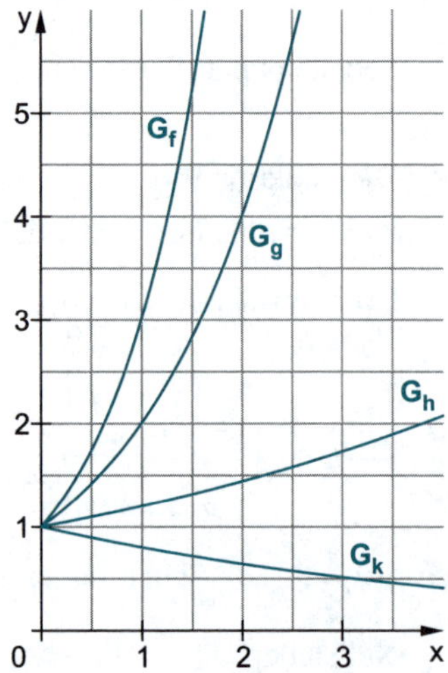

Bei einer Reproduktionszahl von 2 und 1,2 hat man immer noch ein positives exponentielles Wachstum, jedoch ist dieses, je näher man R = 1,0 kommt, verlangsamt. Die Anzahl der Infizierten steigt weiter exponentiell, jedoch weniger stark. Gelingt es, die Reproduktionszahl unter 1,0 zu senken, so steckt ein Infizierter im Mittel *weniger* als eine Person an; was vorher exponentiell gestiegen ist, fällt nun exponentiell. Die Anzahl der Infizierten nimmt exponentiell ab, langfristig gegen null. Die obigen Graphen verdeutlichen dies.

Für die Zuordnung $x \mapsto a^x$ gilt:

$a > 1$: positives exponentielles Wachstum

$0 < a < 1$: negatives exponentielles Wachstum

Lösungen zum Test 2

1 Mit den gegebenen Nullstellen $x_1=-3$ und $x_2=7$ ergibt die Nullstellenform:
$f(x)=a(x-x_1)\cdot(x-x_2)f(x)=a(x+3)\cdot(x-7)$

Aus $\mathbb{W}_f=]-\infty;\,1]$ folgt insbesondere für die y-Koordinate des Scheitelpunkts S:
$y_S=1$

Daher ist noch die x-Koordinate von S zu ermitteln. Diese liegt in der Mitte zwischen den beiden Nullstellen:

$$x_S=\frac{x_1+x_2}{2}=\frac{-3+7}{2}=2$$

Aus $y_S=1$ und $y_S=f(x_S)=f(2)$ erhält man:

$$1=f(2)=a(2+3)\cdot(2-7)=a\cdot5\cdot(-5)=-25a \quad\Rightarrow\quad a=-\frac{1}{25}$$

Ein Funktionsterm für f lautet daher:

$$f(x)=-\frac{1}{25}(x+3)\cdot(x-7)$$

2

$$g(x)=\frac{1}{x}\xrightarrow[\text{um 1 nach links}]{\text{Verschiebung}}f_1(x)=\frac{1}{x+1}\xrightarrow[\text{mit Faktor 3}]{\text{Streckung in y-Richtung}}f_2(x)=\frac{3}{x+1}$$

$$\xrightarrow[\text{an der x-Achse}]{\text{Spiegelung}}f_3(x)=\frac{-3}{x+1}\xrightarrow[\text{um 2 nach unten}]{\text{Verschiebung}}f(x)=\frac{-3}{x+1}-2$$

3 **a** Anfangsfläche g(0): 70 m^2
Wachstumsfaktor: 1,8

b $g(8)=70\cdot1{,}8^8\approx7\,714$
Nach 8 Wochen sind ca. 7 714 m^2, also 77 Ar der Fläche mit Algen bedeckt.

c Für die Verdopplungszeit x gilt $g(x)=2\cdot g(0)$:

$$\begin{aligned}
70\cdot1{,}8^x&=2\cdot70 &&|:70\\
1{,}8^x&=2 &&|\text{ Logarithmieren z.B. zur Basis 10}\\
\log1{,}8^x&=\log2 &&|\text{ Logarithmengesetz}\\
x\cdot\log1{,}8&=\log2 &&|:\log1{,}8\\
x&=\frac{\log2}{\log1{,}8}\\
x&\approx1{,}18
\end{aligned}$$

Nach 1 Woche und etwas mehr als einem Tag hat sich die Algenfläche verdoppelt.

d Der gesamte See hat eine Fläche von A = 3,5 ha = 350 a = 35 000 m². Gesucht ist der Zeitpunkt t, für den g(t) = 35 000 gilt:

$$
\begin{aligned}
70 \cdot 1{,}8^t &= 35\,000 && \mid :70 \\
1{,}8^t &= 500 && \mid \text{Logarithmieren z.B. zur Basis 10} \\
\log 1{,}8^t &= \log 500 && \mid \text{Logarithmengesetz} \\
t \cdot \log 1{,}8 &= \log 500 && \mid : \log 1{,}8 \\
t &= \frac{\log 500}{\log 1{,}8} \\
t &\approx 10{,}57
\end{aligned}
$$

Nach etwas mehr als $10\frac{1}{2}$ Wochen wird der See vollständig mit Algen bedeckt sein.

e Die Modellierung des Algenwachstums mit der Funktion g: $x \mapsto 70 \cdot 1{,}8^x$ beschreibt das Wachstum für eine gewisse Zeit gut. Allerdings divergiert die Funktion gegen unendlich. Das bedeutet: Die Algen würden weiterwachsen, selbst wenn der See längst vollständig bedeckt ist. Man müsste zumindest (nach Teilaufgabe d) die Definitionsmenge einschränken: $x \in [0;\, 10{,}5]$

Da immer weniger freie Fläche zur Verfügung steht, wird sich das Wachstum zudem verlangsamen. Es gibt bessere Modellierungen, sodass der Graph ohne Knick in die „Sättigungskurve“ übergeht:

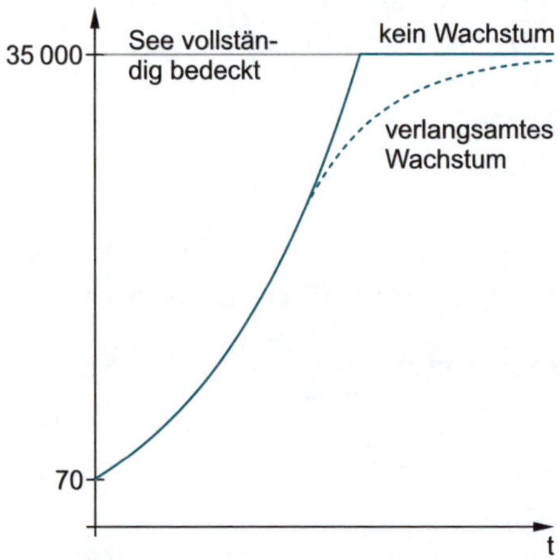

2 Gebrochen-rationale Funktionen

Eine Funktion f heißt **gebrochen-rational**, wenn man sie in der Form

$$f: x \mapsto \frac{z(x)}{n(x)} \quad \text{mit } \mathbb{D}_f = \mathbb{R} \setminus \{x \mid n(x) = 0\}$$

schreiben kann, wobei z(x) und n(x) Polynome, also die Terme ganzrationaler Funktionen sind. Der Grad des Nenners n(x) muss mindestens eins sein, kurz: $\text{Grad}(n) \geq 1$

In der Jahrgangsstufe 11 beschränkt man sich auf solche Funktionen, bei denen der Term in der obigen Darstellung vollständig gekürzt ist sowie $\text{Grad}(z) \leq 2$ und $\text{Grad}(n) \leq 2$ gilt.

Die **Nullstellen von f** findet man durch den Ansatz $f(x) = 0$, in obiger Darstellung ist dazu $z(x) = 0$ äquivalent. Einfache Nullstellen sind Schnittstellen mit der x-Achse, doppelte sind Berührstellen.

Die **Definitionslücken von f** bestimmt man durch den Ansatz $n(x) = 0$, also: $\mathbb{D}_f = \mathbb{R} \setminus \{x \mid n(x) = 0\}$

Verhalten an den Definitionslücken

Eine Nullstelle x_0 des Nenners heißt **Polstelle** oder **Unendlichkeitsstelle**. Ist x_0 eine einfache Nullstelle des Nenners, so handelt es sich um eine Polstelle **mit Vorzeichenwechsel** (kurz: mit VZW) und es gilt

entweder $\lim\limits_{x \to x_0^-} f(x) = -\infty$ und $\lim\limits_{x \to x_0^+} f(x) = +\infty$

oder $\lim\limits_{x \to x_0^-} f(x) = +\infty$ und $\lim\limits_{x \to x_0^+} f(x) = -\infty$.

Ist x_0 eine doppelte Nullstelle des Nenners, so handelt es sich um eine Polstelle **ohne Vorzeichenwechsel** (kurz: ohne VZW) und es gilt

entweder $\lim\limits_{x \to x_0^-} f(x) = \lim\limits_{x \to x_0^+} f(x) = -\infty$ *oder* $\lim\limits_{x \to x_0^-} f(x) = \lim\limits_{x \to x_0^+} f(x) = +\infty$.

Die Gerade $x = x_0$ heißt **senkrechte Asymptote** von G_f.

Verhalten im Unendlichen

Gilt in der gekürzten Darstellung **Grad(z) < Grad(n)**, so heißt f echt gebrochen-rational und konvergiert für $x \to \pm\infty$ gegen 0:

$$\lim_{x \to \pm\infty} f(x) = 0$$

G_f hat die **waagrechte Asymptote** mit der Gleichung $y = 0$.

Gilt in der gekürzten Darstellung **Grad(z) = Grad(n)**, so konvergiert f für $x \to \pm\infty$ gegen einen festen Wert a ($a \neq 0$):

$$\lim_{x \to \pm\infty} f(x) = a$$

G_f hat die **waagrechte Asymptote** mit der Gleichung $y = a$.

Konkret gilt: $a = \lim\limits_{x \to \pm\infty} \frac{a_2x^2 + a_1x + a_0}{b_2x^2 + b_1x + b_0} = \frac{a_2}{b_2}$ oder $a = \lim\limits_{x \to \pm\infty} \frac{a_1x + a_0}{b_1x + b_0} = \frac{a_1}{b_1}$

Gilt in der gekürzten Darstellung **Grad(z) = Grad(n) + 1**, so divergiert f für $x \to \pm\infty$ gegen plus oder minus unendlich und es gilt

entweder $\lim\limits_{x \to -\infty} f(x) = -\infty$ und $\lim\limits_{x \to +\infty} f(x) = +\infty$

oder $\lim\limits_{x \to -\infty} f(x) = +\infty$ und $\lim\limits_{x \to +\infty} f(x) = -\infty$.

G_f hat eine **schräge Asymptote** mit dem Funktionsterm $a(x) = mx + t$ (mit $m \neq 0$).

In diesem Fall bietet sich eine alternative Darstellung des Funktionsterms an:

$$f(x) = \frac{z(x)}{n(x)} = \underbrace{a(x)}_{\substack{\text{Term der}\\ \text{schrägen}\\ \text{Asymptote}}} + \underbrace{r(x)}_{\substack{\text{Rest, echt}\\ \text{gebrochen-}\\ \text{rational}}} \quad \text{mit} \quad \lim_{x \to \pm\infty} r(x) = 0$$

Eigenschaften gebrochen-rationaler Funktionen

Mithilfe des Funktionsterms von f können bestimmt werden:

- Definitionsmenge $\mathbb{D}_f$
- Symmetrieeigenschaften von G_f
- Nullstellen mit Vielfachheit (Schnittpunkte mit der x-Achse)
- Schnittpunkt von G_f mit der y-Achse
- Verhalten an den Rändern des Definitionsbereichs mit den zugehörigen Asymptoten:
  $\lim\limits_{x \to \pm\infty} f(x)$ und $\lim\limits_{x \to x_0} f(x)$ für jede Definitionslücke x_0

Bestimmung der Schnittpunkte der Graphen zweier Funktionen f und g

1) Ansatz: $f(x) = g(x)$
2) Auflösen nach x liefert bis zu vier Stellen x_1, x_2, x_3, x_4
3) Einsetzen in einen der beiden Funktionsterme liefert die zugehörigen y-Werte: $y_1 = f(x_1)$ bzw. $y_1 = g(x_1)$ usw.
4) Schnittpunkte $S_1(x_1 | y_1)$, … notieren

Aufgaben

G 29 Bestimmen Sie die maximal mögliche Definitionsmenge $\mathbb{D}$ (Grundmenge $\mathbb{R}$) und geben Sie die Gleichungen der senkrechten Asymptoten an.

a $f\colon x \mapsto \frac{2x-4}{x+3}-1$

b $g\colon x \mapsto \frac{x+3}{2(x-1)(x-4)}$

c $h\colon x \mapsto \frac{x^2+5x+10}{x-8}$

d $k\colon x \mapsto \frac{3x^2-7x+5}{x^2+2x-15}$

e $\ell\colon x \mapsto \frac{(x-7)^2}{2x^2+4x-30}$

f $m\colon x \mapsto \frac{x-7}{x^2-10x+25}$

G 30 Ermitteln Sie die Nullstellen und deren Vielfachheiten.

a $f\colon x \mapsto \frac{3x-6}{x^2+18}$, $\mathbb{D}_f=\mathbb{R}$

b $g\colon x \mapsto \frac{3(x-2)(x-8)}{x^2+2x-15}$, $\mathbb{D}_g=\mathbb{R}\setminus\{-5; 3\}$

c $h\colon x \mapsto \frac{(x-4)^2}{2x+2}$, $\mathbb{D}_h=\mathbb{R}\setminus\{-1\}$

d $j\colon x \mapsto \frac{x^2+8x+16}{x^2+17}$, $\mathbb{D}_k=\mathbb{R}$

e $k\colon x \mapsto 3+\frac{5}{x+3}$, $\mathbb{D}_\ell=\mathbb{R}\setminus\{-3\}$

f $m\colon x \mapsto 3x+12+\frac{27}{x-2}$, $\mathbb{D}_m=\mathbb{R}\setminus\{2\}$

G 31 Ermitteln Sie jeweils das Verhalten der Funktion für $x \to \pm\infty$, nutzen Sie dabei unterschiedliche Verfahren und bestimmen Sie anschließend die waagrechte bzw. schräge Asymptote.

a $g\colon x \mapsto \frac{3x-8}{x^2-1{,}5x-1}$, $\mathbb{D}_g=\mathbb{R}\setminus\{-0{,}5; 2\}$

b $h\colon x \mapsto 7+\frac{1}{x-8}$, $\mathbb{D}_h=\mathbb{R}\setminus\{8\}$

c $j\colon x \mapsto 5-\frac{3x}{x^2-5x+6}$, $\mathbb{D}_j=\mathbb{R}\setminus\{2; 3\}$

d $k\colon x \mapsto \frac{3x^2+2x+1}{4x^2+4}$, $\mathbb{D}_k=\mathbb{R}$

e $m\colon x \mapsto 2x-3+\frac{4}{3x-7}$, $\mathbb{D}_m=\mathbb{R}\setminus\left\{\frac{7}{3}\right\}$

32 Ermitteln Sie mithilfe des Funktionsterms das Grenzwertverhalten an allen Definitionslücken. Verwenden Sie die Grenzwertschreibweise und geben Sie die Gleichung der zugehörigen senkrechten Asymptote an.

a $f\colon x \mapsto \frac{3x-7}{(x-1)^2}$, $\mathbb{D}_f = \mathbb{R} \setminus \{1\}$

b $g\colon x \mapsto \frac{-2x^2-8x+1}{(x+4)(x-2)}$, $\mathbb{D}_g = \mathbb{R} \setminus \{-4; 2\}$

c $h\colon x \mapsto \frac{3x}{-2x^2+10x-12}$, $\mathbb{D}_h = \mathbb{R} \setminus \{2; 3\}$

33 Gegeben ist die Funktion f mit $f\colon x \mapsto 3+\frac{2}{x^2-6x+5}$ und $\mathbb{D}_f = \mathbb{D}_{max}$.

a Bestimmen Sie die maximale Definitionsmenge $\mathbb{D}_f$ und untersuchen Sie das Verhalten der Funktion an beiden Definitionslücken. Geben Sie die zugehörigen Asymptoten an.

b Geben Sie die waagrechte Asymptote an und begründen Sie, dass der Graph der Funktion diese nicht schneidet.

c Berechnen Sie die Schnittpunkte mit den Koordinatenachsen.

d Skizzieren Sie unter Verwendung aller bisherigen Ergebnisse den Graphen der Funktion f mit seinen Asymptoten.

34 Franziska, die sich in Mathe schwertut, bittet ihre Klassenkameradin Hannah, die in allen Fächern super ist, um Hilfe.
Begeben Sie sich in die Rolle von Hannah, kommunizieren Sie die Überlegungen, die Franziska machen muss, und formulieren Sie auch, was Franziska jeweils aufschreiben muss.

Gegeben ist die Funktion f mit $f\colon x \mapsto 0{,}5-\frac{x+3{,}5}{(x-2)^2}$ und $\mathbb{D}_f = \mathbb{D}_{max}$.

a Geben Sie die Definitionsmenge $\mathbb{D}_f$ an und nennen Sie die Gleichungen aller Asymptoten.

b Entscheiden Sie, ob der Graph der Funktion die waagrechte Asymptote schneidet.

c Berechnen Sie die Schnittpunkte mit den Koordinatenachsen. Geben Sie das Ergebnis auch gerundet an.

35 Gegeben ist der Graph einer gebrochen-rationalen Funktion f sowie deren Asymptoten. Ermitteln Sie einen Term f(x) der Funktion. Dokumentieren Sie Ihren Lösungsweg ausführlich.

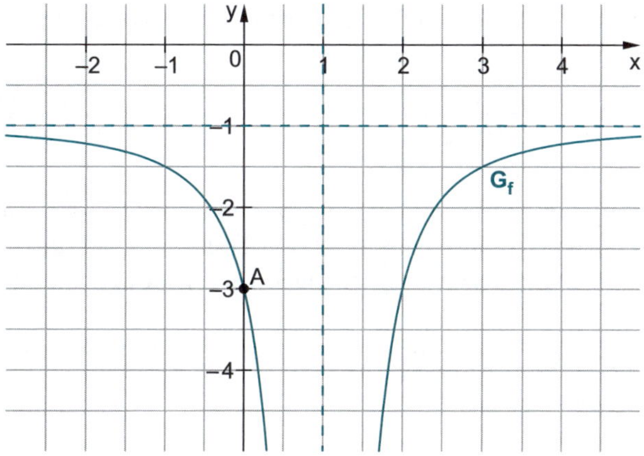

36 Bestimmen Sie einen möglichst einfachen Term einer gebrochen-rationalen Funktion f, die folgende drei Bedingungen erfüllt:

- G_f hat die schräge Asymptote a mit dem Funktionsterm $a(x) = 2x - 1$.
- G_f hat die senkrechte Asymptote $x = -3$.
- G_f hat eine Nullstelle $N(0\,|\,0)$.

Dokumentieren Sie Ihren Lösungsweg.

37 Bestimmen Sie (die Art des Vorgehens ist zu dokumentieren) den Term einer gebrochen-rationalen Funktion f, die folgende Bedingungen erfüllt:

- G_f hat jeweils eine einfache Nullstelle bei $x = -6$ und $x = 3$.
- G_f hat eine Polstelle bei $x = 4$.
- Der Punkt $A(-2\,|\,2)$ liegt auf G_f.

38 Gegeben ist die Funktion f mit $x \mapsto \frac{3 \cdot (x-2) \cdot (x+2)}{6x^2 - 54}$ und $\mathbb{D}_f = \mathbb{D}_{max}$.

a Geben Sie die maximale Definitionsmenge $\mathbb{D}_f$ an.

b Untersuchen Sie f auf Symmetrie zum Koordinatensystem.

c Nennen Sie die Schnittpunkte mit den Koordinatenachsen.

d Geben Sie das Verhalten im Unendlichen sowie die Asymptote an.

e Beurteilen Sie folgende Aussage: Der Graph der Funktion f schneidet die waagrechte Asymptote nicht.

f Skizzieren Sie unter Verwendung aller bisherigen Ergebnisse den Graphen der Funktion f mit seinen Asymptoten.

39 Bestimmen Sie jeweils die Gleichung der waagrechten Asymptote durch Zurückführen auf die Grenzwertregel.

$f\colon x \mapsto \dfrac{2x^2+5x-1}{3x^2-2}$ $g\colon x \mapsto \dfrac{3x-7}{4x^2+5x+1}$

40 Gegeben sind zwei Funktionsgraphen G_f und G_g sowie sechs Terme. Zu jedem Funktionsgraphen passt genau ein Term.
Ordnen Sie jedem Graphen einen Term zu. Begründen Sie Ihren Lösungsweg.

$j\colon x \mapsto \dfrac{1}{3}+\dfrac{7}{(x+4)\cdot(x-4)}$ $k\colon x \mapsto -x+\dfrac{x-1}{(x-2)^2}$

$m\colon x \mapsto -\dfrac{1}{4}x+\dfrac{x-1}{(x-2)^2}$ $n\colon x \mapsto \dfrac{(x+5)^2\cdot(x-8)}{(x+4)\cdot(x-4)}$

$o\colon x \mapsto -\dfrac{1}{4}x+\dfrac{x-1}{x-2}$ $p\colon x \mapsto \dfrac{1}{3}\cdot\dfrac{(x+5)\cdot(x-8)}{x^2-16}$

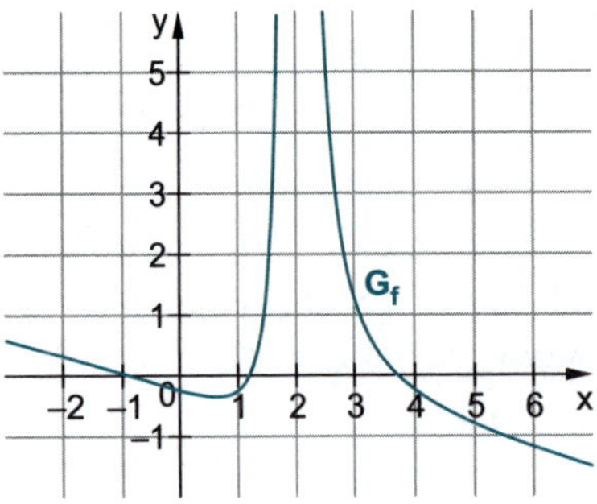

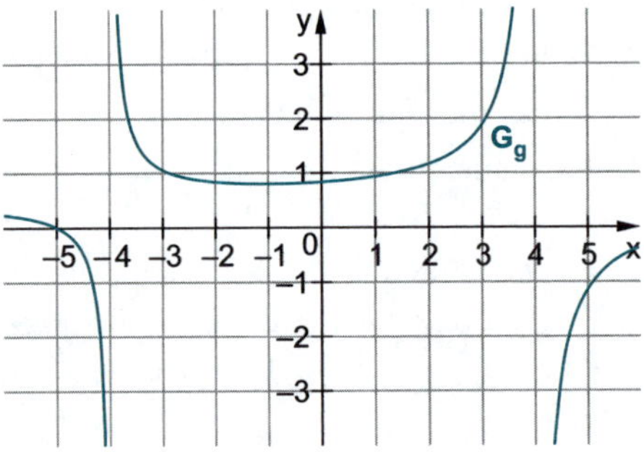

41 Gegeben sind die beiden Funktionen e und f mit
$e\colon x \mapsto 3x-1$ und $\mathbb{D}_e=\mathbb{R}$ sowie $f\colon x \mapsto \frac{8}{3x+1}$ und $\mathbb{D}_f=\mathbb{D}_{max}$.

a Zeichnen Sie den Graphen der Funktion e.
Platzbedarf: $-5 \le x \le 5$ und $-6 \le y \le 10$

b Geben Sie von f an:
Definitionsmenge und Asymptoten sowie den Schnittpunkt mit der y-Achse

c Erklären Sie kurz, wie der Graph von f aus dem Graphen der Grundfunktion $g\colon x \mapsto \frac{1}{x}$ entsteht.

d Berechnen Sie die Schnittpunkte der Graphen von e und f.

e Skizzieren Sie den Graphen von f unter Verwendung der Aufgabenteile b und d im Koordinatensystem von Aufgabenteil a.

42 Gegeben sind die beiden Funktionen e und f mit
e: $x \mapsto 0{,}5x - 0{,}5$ und $\mathbb{D}_e = \mathbb{R}$ sowie f: $x \mapsto \frac{3}{2x-2} + 1$ und $\mathbb{D}_f = \mathbb{R} \setminus \{1\}$.

a Zeichnen Sie den Graphen der Funktion e.
Platzbedarf: $-5 \le x \le 6$ und $-4 \le y \le 5$

b Untersuchen Sie die Funktion f folgendermaßen:
- Ermitteln Sie das Verhalten an den Rändern des Definitionsbereichs. Dies beinhaltet die Bestimmung der Asymptoten.
- Berechnen Sie die Schnittpunkte mit den Koordinatenachsen.
- Entwickeln Sie f aus der Grundfunktion g: $x \mapsto \frac{1}{x}$ mit $\mathbb{D}_g = \mathbb{R} \setminus \{0\}$.

c Berechnen Sie die Schnittpunkte von e und f.

d Skizzieren Sie den Graphen von f unter Verwendung der Aufgabenteile b und c im Koordinatensystem von Aufgabenteil a.

E 43 Gegeben sind für $d > 0$ die beiden Funktionenscharen
f_d: $x \mapsto \frac{x^2 - 25}{d}$ mit $\mathbb{D}_{f_d} = \mathbb{R}$ und g_d: $x \mapsto \frac{d}{x^2 - 25}$ mit $\mathbb{D}_{g_d} = \mathbb{D}_{max}$.

a Geben Sie die Schnittpunkte der Graphen G_{f_d} mit den Koordinatenachsen an. Bestimmen Sie die Wertemenge $\mathbb{W}_{f_d}$. Bestimmen und interpretieren Sie folgenden Grenzwert: $\lim\limits_{d \to \infty} \frac{-25}{d}$

b Bestimmen Sie die Definitionsmenge sowie das Verhalten der Funktionenschar g_d an den Rändern des Definitionsbereichs.

c Bestimmen Sie in Abhängigkeit vom Parameter d die Anzahl der Schnittpunkte der Graphen von f_d und g_d. Geben Sie die zugehörigen x-Werte an. Notieren Sie auch, ob es sich um Berührstellen handelt.

Sie können Ihre Ergebnisse mithilfe einer Mathematiksoftware (z. B. mit Verwendung eines Schiebereglers) kontrollieren.

Test 3

Inhalte: Funktionsterm aufstellen, Graph zuordnen, Polstelle, Schnittpunkt, Symmetrie

Zeitbedarf: 25 Minuten

1 Geben Sie den Term einer gebrochen-rationalen Funktion mit folgenden Eigenschaften an:

- $x = -2$ und $x = 7$ sind Polstellen mit Vorzeichenwechsel.
- Der Graph berührt bei $x = 5$ die x-Achse.
- Es gibt keine weiteren Nullstellen und Polstellen.
- $y = -3$ ist die waagrechte Asymptote. 2 Punkte

2 Begründen Sie, welche der drei Funktionen zum dargestellten Funktionsgraphen passen kann.

$$f\colon x \mapsto -\frac{1}{2}x - 1 - \frac{2}{(x-2)^2}$$

$$g\colon x \mapsto -\frac{1}{3}x - 1 - \frac{3}{x-2}$$

$$h\colon x \mapsto -\frac{1}{3}x - 1 - \frac{9}{(x-2)^2}$$

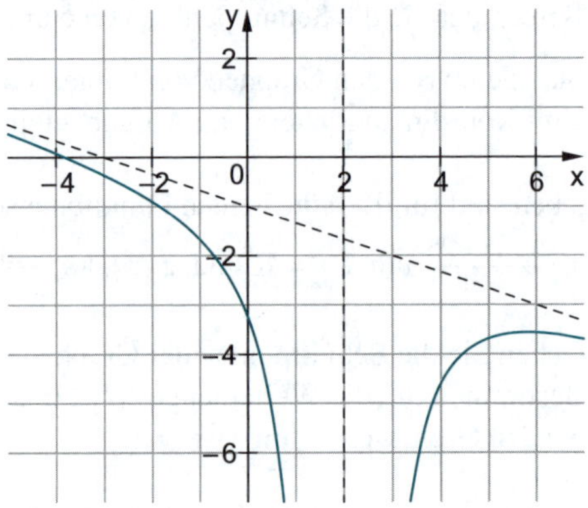

3 Punkte

3 Sind folgende Behauptungen wahr oder falsch? Kurzbegründung genügt.

a Für die Funktion $f\colon x \mapsto \frac{x+6}{x^2}$ mit $\mathbb{D}_f = \mathbb{R}$ gilt:

$$\lim_{x \to 0^-} f(x) = -\infty \quad \text{und} \quad \lim_{x \to 0^+} f(x) = +\infty$$

1 Punkt

b Jede auf ganz $\mathbb{R}$ definierte gebrochen-rationale Funktion k, die durch einen vollständig gekürzten Term, in dem Zähler und Nenner jeweils den Grad 2 besitzen, darstellbar ist, hat mit jeder linearen, nicht konstanten Funktion mindestens einen Schnittpunkt. 3 Punkte

4 Gegeben sind die Funktionen k und m mit $\mathbb{D}_k = \mathbb{D}_m = \mathbb{R}$ und:

$$k\colon x \mapsto \frac{x^2 + 4x + 10}{x^2 + 2x + 2} \qquad m\colon x \mapsto \frac{x^2 + 5}{x^2 + 1}$$

a Bestimmen Sie den Schnittpunkt A des Graphen G_k von k und der waagrechten Asymptoten von k. 2 Punkte

b Geben Sie das Symmetrieverhalten und die Asymptote von m an. 1 Punkt

c Berechnen Sie die Schnittpunkte der Graphen G_k und G_m. 8 Punkte

20 Punkte

Note	1	2	3	4	5	6
Punkte	20–18	17–15	14–12	11–9	8–5	4–0

Test 4

Inhalte: Symmetrie, Nullstellen, Asymptoten

Zeitbedarf: 30 Minuten

1 Gegeben ist die Funktion $f\colon x \mapsto \frac{9-4x^2}{3x}$ mit $\mathbb{D}_f = \mathbb{R} \setminus \{0\}$.
Untersuchen Sie die Funktion nach den folgenden Kriterien:

a Symmetrie zum Koordinatensystem — 1 Punkt

b Verhalten an den Rändern des Definitionsbereichs einschließlich Asymptoten; gehen Sie auch darauf ein, ob sich im Unendlichen der Graph von oben oder von unten der Asymptote nähert. — 4 Punkte

c Nullstellen — 1 Punkt

d Skizzieren Sie den Graphen G_f einschließlich seiner Asymptoten. — 2 Punkte

2 Die Mathelehrerin hat die Klasse 11 a in Gruppen aufgeteilt, für die jeweils ein Frage-Antwort-Forum in der schulischen Lernplattform eingerichtet ist. Alle sollen mindestens eine Frage stellen, wenn vorhanden mit einer Teillösung. Die Frage soll von den Gruppenmitgliedern beantwortet werden. Notieren Sie Ihre Antwort so vollständig, wie es Ihnen möglich ist.

Antonia schreibt: „Ich habe über Darstellungsformen gebrochen-rationaler Funktionen nachgedacht, die eine schräge Asymptote haben. Ich kenne nur die Darstellung $f(x) = a(x) + r(x)$. Dabei stellt $a(x)$ den Term für die schräge Asymptote dar und $r(x)$ ist der Rest. Und selbst da sind schon wieder Fragen.

a Wie sehen $a(x)$ und $r(x)$ aus? Könnt Ihr mir Beispiele als Antwort schicken bitte?

b Es gibt wohl noch andere Darstellungen, aus denen man auch erkennen kann, dass der Graph eine schräge Asymptote haben muss. Welche Darstellung ist das? Beispiele? Und warum ist das so? Wie kann man die beiden Darstellungen ineinander umformen? Geht das überhaupt?" — 4 Punkte

Beantworten Sie die Fragen von Antonia. — 4 Punkte

3 Sind folgende Behauptungen wahr oder falsch? Kurzbegründung genügt.

a Die Funktion $g\colon x \mapsto 3 - x - \frac{8}{x-3}$ besitzt keine Nullstelle. — 2 Punkte

b Die Funktion $h\colon x \mapsto 2 + \frac{x+3}{x+8}$ besitzt die waagrechte Asymptote $y = 1$. — 2 Punkte

20 Punkte

Note	1	2	3	4	5	6
Punkte	20–18	17–15	14–12	11–9	8–5	4–0

Hinweise zu den Aufgaben

29 Bestimmen Sie die Nullstellen des Nenners. Dort sind die Definitionslücken und die senkrechten Asymptoten.

a Setzen Sie den Nenner null und lösen Sie anschließend die entstehende Gleichung nach x auf.

b Ein Produkt ist genau dann null, wenn einer der Faktoren null ist.

d Lösungsformel für quadratische Gleichungen („p-q-Formel“).

f Rechnen Sie vorteilhaft und nutzen Sie eine binomische Formel „rückwärts“:
$a^2 - 2 \cdot a \cdot b + b^2 = (a - b)^2$

30 Ein Bruch ist null, wenn der Zähler null ist (und der Nenner nicht).

b Ein Produkt ist genau dann null, wenn einer der Faktoren null ist.

d Rechnen Sie vorteilhaft und nutzen Sie eine binomische Formel „rückwärts“:
$a^2 - 2 \cdot a \cdot b + b^2 = (a - b)^2$

e Lösen Sie die Bruchgleichung, indem Sie mit dem Hauptnenner durchmultiplizieren.

31 Beachten Sie den Grad von Zähler- und Nennerfunktion.

a Kürzen Sie geeignet und verwenden Sie die Formel:

$$\lim_{x \to \pm\infty} \frac{a}{x^n} = 0 \text{ für } a \in \mathbb{R} \text{ und } n \in \mathbb{N} \setminus \{0\}$$

36 Lösungsansatz: $f(x) = a(x) + r(x)$; r(x) echt gebrochen-rationaler Anteil

37 Die Grenzwertregel lautet:

$$\lim_{x \to \pm\infty} \frac{a}{x^n} = 0 \text{ für } a \in \mathbb{R} \text{ und } n \in \mathbb{N} \setminus \{0\}$$

Klammern Sie jeweils die höchste im Nenner vorkommende Potenz von x aus.

38 **d** Vergleichen Sie Zähler- und Nennergrad.

40 Schließen Sie zunächst einige Term aus. Grenzen Sie dann genauer ein.

Lösungen zu den Aufgaben

29 **a** $x+3=0 \iff x=-3$, also: $\mathbb{D}_f=\mathbb{R}\setminus\{-3\}$
Senkrechte Asymptote: **x = –3**

b $2(x-1)(x-4)=0$

$$x-1=0 \quad |+1 \qquad \text{oder} \qquad x-4=0 \quad |+4$$
$$x_1=1 \qquad\qquad\qquad x_2=4$$

$\mathbb{D}_g=\mathbb{R}\setminus\{1;4\}$
Senkrechte Asymptoten: **x = 1** und **x = 4**

c $x-8=0 \iff x=8$, also: $\mathbb{D}_h=\mathbb{R}\setminus\{8\}$
Senkrechte Asymptote: **x = 8**

d $x^2+2x-15=0$

Mit der Lösungsformel für quadratische Gleichungen („p-q-Formel") folgt:

$$x_{1/2}=-\frac{2}{2}\pm\sqrt{\left(\frac{2}{2}\right)^2-(-15)}=-1\pm\sqrt{1+15}=-1\pm\sqrt{16}=-1\pm4$$

$\Rightarrow \; x_1=-5; \; x_2=3$, also: $\mathbb{D}_k=\mathbb{R}\setminus\{-5;3\}$
Senkrechte Asymptoten: **x = –5** und **x = 3**

e $2x^2+4x-30=0 \iff 2\cdot(x^2+2x-15)=0 \iff x^2+2x-15=0$
Diese Gleichung wird in Teilaufgabe d gelöst.
$x_1=-5; \; x_2=3$, also: $\mathbb{D}_\ell=\mathbb{R}\setminus\{-5;3\}$
Senkrechte Asymptoten: **x = –5** und **x = 3**

f Mit der Lösungsformel (bzw. einer binomischen Formel „rückwärts") folgt:
$x^2-10x+25=0 \iff (x-5)^2=0 \iff x=5$, also: $\mathbb{D}_m=\mathbb{R}\setminus\{5\}$
Senkrechte Asymptote: **x = 5**

30 **a** $f(x)=0 \iff 3x-6=0 \iff 3x=6 \iff x=2$
Es handelt sich um eine **einfache** Nullstelle, weil der Zählerterm linear ist.

b $g(x)=0 \iff 3\cdot(x-2)\cdot(x-8)=0 \iff x_1=2; \; x_2=8$
Es handelt sich um zwei **einfache** Nullstellen, weil der Zählerterm quadratisch mit zwei (verschiedenen) Nullstellen ist.

c $h(x)=0 \iff (x-4)^2=0 \iff x=4$
Es handelt sich um eine **doppelte** Nullstelle, weil der Zählerterm quadratisch (mit nur einer Nullstelle) ist.

d $j(x)=0 \quad\Leftrightarrow\quad x^2+8x+16=0 \quad\Leftrightarrow\quad (x+4)^2=0 \quad\Leftrightarrow\quad x=-4$

Es handelt sich um eine **doppelte** Nullstelle, weil der Zählerterm quadratisch (mit nur einer Nullstelle) ist.

Alternativ: Die p-q-Formel liefert nur eine Nullstelle für die quadratische Gleichung. Daher handelt es sich um eine doppelte Nullstelle.

e $k(x)=0 \quad\Leftrightarrow$

$$\begin{aligned} 3+\frac{5}{x+3}&=0 \qquad |\cdot(x+3)\\ 3\cdot(x+3)+5&=0\\ 3x+14&=0 \qquad |-14\\ 3x&=-14\\ x&=-\frac{14}{3}=-4\frac{2}{3} \end{aligned}$$

Es handelt sich um eine **einfache** Nullstelle, weil am Ende eine lineare Gleichung gelöst werden musste.

f $m(x)=0 \quad\Leftrightarrow$

$$\begin{aligned} 3x+12+\frac{27}{x-2}&=0 \qquad |\cdot(x-2)\\ (3x+12)\cdot(x-2)+27&=0\\ 3x^2+6x+3&=0\\ 3\cdot(x^2+2x+1)&=0\\ 3\cdot(x+1)^2&=0\\ x&=-1 \end{aligned}$$

Es handelt sich um eine **doppelte** Nullstelle, weil am Ende eine quadratische Gleichung mit genau einer Lösung entstand.

31 a $g(x)=\dfrac{3x-8}{x^2-1{,}5x-1},\quad \mathbb{D}_g=\mathbb{R}\setminus\{-0{,}5;\,2\}$

Lösungsmöglichkeit 1: Zurückführen auf die Grenzwertregel
Man klammert im Zähler und im Nenner die höchste im Nenner vorkommende Potenz von x aus, hier also x^2. Diese kann anschließend gekürzt werden:

$$g(x)=\frac{3x-8}{x^2-1{,}5x-1}=\frac{\mathbf{x^2}\cdot\left(\frac{3x}{x^2}-\frac{8}{x^2}\right)}{\mathbf{x^2}\cdot\left(1-\frac{1{,}5x}{x^2}-\frac{1}{x^2}\right)}=\frac{\frac{3}{x}-\frac{8}{x^2}}{1-\frac{1{,}5}{x}-\frac{1}{x^2}}$$

$$\Rightarrow\quad \lim_{x\to\pm\infty} g(x)=\lim_{x\to\pm\infty}\frac{\overbrace{\tfrac{3}{x}}^{\to 0}-\overbrace{\tfrac{8}{x^2}}^{\to 0}}{1-\underbrace{\tfrac{1{,}5}{x}}_{\to 0}-\underbrace{\tfrac{1}{x^2}}_{\to 0}}=\frac{0-0}{1-0-0}=\frac{0}{1}=0$$

Waagrechte Asymptote: $\mathbf{y=0}$

Lösungsmöglichkeit 2: Begründung über den Grad von Zähler und Nenner
Der Grad des Zählers z ist kleiner als der Grad des Nenners n, somit gilt:
„Nenner gewinnt"

$$g(x)=\frac{3x^{1}-8}{x^{2}-1{,}5x-1} \quad \Rightarrow \quad \text{Grad}(z)=1;\; \text{Grad}(n)=2$$

Wegen Grad(z) < Grad(n) gilt:

$$\lim_{x \to \pm\infty} g(x)=0$$

b $h(x)=7+\underbrace{\frac{1}{x-8}}_{\to 0}, \quad \mathbb{D}_h=\mathbb{R}\setminus\{8\}$

Der echt gebrochen-rationale Anteil geht gegen 0, der ganzrationale Anteil bleibt übrig:

$$\lim_{x \to \pm\infty} h(x)=7+0=7$$

Waagrechte Asymptote: **y = 7**

c $j(x)=5-\underbrace{\frac{3x}{x^{2}-5x+6}}_{\to 0}, \quad \mathbb{D}_j=\mathbb{R}\setminus\{2;3\}$

Der echt gebrochen-rationale Anteil geht wegen Grad(z) < Grad(n) gegen 0, der ganzrationale Anteil bleibt übrig:

$$\lim_{x \to \pm\infty} j(x)=5+0=5$$

Waagrechte Asymptote: **y = 5**

d $k(x)=\frac{3x^{2}+2x+1}{4x^{2}+4}, \quad \mathbb{D}_k=\mathbb{R}$

Wegen Grad(z) = Grad(n) = 2 gilt: $\lim\limits_{x \to \pm\infty} k(x)=\lim\limits_{x \to \pm\infty} \frac{\mathbf{3}x^{2}+2x+1}{\mathbf{4}x^{2}+4}=\frac{3}{4}$

Waagrechte Asymptote: $\mathbf{y=\frac{3}{4}}$

e $m(x)=\underbrace{2x-3}_{\substack{\text{schräge}\\ \text{Asymptote}}}+\underbrace{\frac{4}{3x-7}}_{\to 0}, \quad \mathbb{D}_m=\mathbb{R}\setminus\left\{\frac{7}{3}\right\}$

Die schräge Asymptote mit dem Term $a(x)=2x-3$, der sich der Graph von m für $x \to \pm\infty$ annähert, ist eine steigende Gerade.

$$\lim_{x \to +\infty} m(x)=+\infty \quad \text{und} \quad \lim_{x \to -\infty} m(x)=-\infty$$

Schräge Asymptote: **y = 2x − 3**

32 **a** $f(x) = \frac{3x-7}{(x-1)^2}$, $\mathbb{D}_f = \mathbb{R} \setminus \{1\}$

Die Definitionslücke liegt bei $x_0 = 1$. Es handelt sich um eine doppelte Nullstelle des Nenners, Somit hat G_f dort eine Polstelle (Unendlichkeitsstelle) ohne Vorzeichenwechsel.

Der Graph von $n(x) = (x-1)^2$ ist eine nach oben geöffnete Normalparabel. In einer Umgebung von $x_0 = 1$ ist n(x) positiv. Man betrachtet den Zählerterm $z(x) = 3x - 7$. An der Stelle $x_0 = 1$ gilt:
$z(1) = 3 \cdot 1 - 7 = -4 < 0$

In einer Umgebung von $x_0 = 1$ ist z(x) also negativ. Daher folgt:

$$\lim_{x \to 1^\pm} f(x) = \lim_{x \to 1^\pm} \frac{\overbrace{3x-7}^{\to -4}}{\underbrace{(x-1)^2}_{\to 0^+}} = „\frac{-4}{0^+}" = -\infty$$

Senkrechte Asymptote: **x = 1**

b $g(x) = \frac{-2x^2 - 8x + 1}{(x+4)(x-2)}$, $\mathbb{D}_g = \mathbb{R} \setminus \{-4; 2\}$

Die beiden Stellen $x = -4$ und $x = 2$ sind einfache Nullstellen des Nenners (und keine Nullstellen des Zählers), also Polstellen mit Vorzeichenwechsel.

Man betrachtet den Nenner $n(x) = (x+4)(x-2)$ und den zugehörigen Graphen G_n. Dieser ist eine nach oben geöffnete Parabel mit den Nullstellen $x = -4$ und $x = 2$. Nun wertet man den Zähler z(x) an diesen beiden Stellen aus:

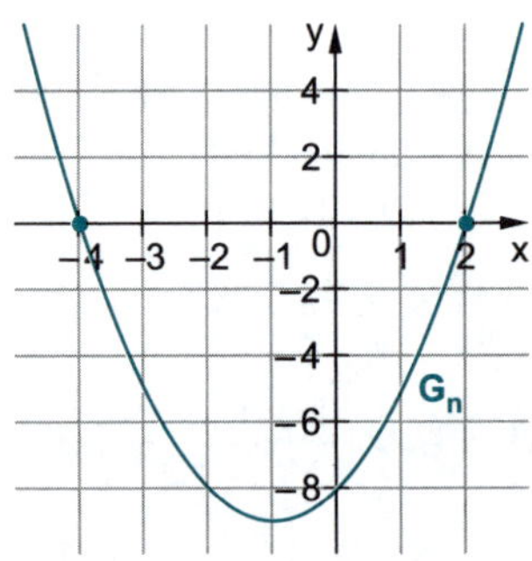

$z(x) = -2x^2 - 8x + 1$

$z(-4) = -2 \cdot (-4)^2 - 8 \cdot (-4) + 1 = 1 > 0$

$z(2) = -2 \cdot 2^2 - 8 \cdot 2 + 1 = -23 < 0$

Es folgt: In einer Umgebung von $x = -4$ ist der Zähler positiv, in einer Umgebung von $x = 2$ negativ.

$$\lim_{x \to -4^-} g(x) = „\frac{+}{+}\infty" = +\infty \quad \text{und} \quad \lim_{x \to -4^+} g(x) = -\infty \text{ (wegen VZW)}$$

$$\lim_{x \to 2^-} g(x) = „\frac{-}{-}\infty" = +\infty \quad \text{und} \quad \lim_{x \to 2^+} g(x) = -\infty \text{ (wegen VZW)}$$

Senkrechte Asymptoten: **x = –4** und **x = 2**

c $h(x)=\frac{3x}{-2x^2+10x-12}$, $\mathbb{D}_h=\mathbb{R}\setminus\{2;3\}$

Da die (maximale) Definitionsmenge angegeben ist, kennt man die Nullstellen x_1 und x_2 des Nenners. Der Term $n(x)=\mathbf{-2}x^2+10x-12$ lässt sich in die Nullstellenform umformen:

$n(x)=ax^2+bx+c=a\cdot(x-x_1)\cdot(x-x_2)$

Mit $a=\mathbf{-2}$, $x_1=2$, $x_2=3$ folgt:
$n(x)=\mathbf{-2}\cdot(x-2)\cdot(x-3)$

$$\Rightarrow\quad h(x)=\frac{3x}{-2(x-2)(x-3)}$$

Man betrachtet den Nenner $n(x)=-2(x-2)(x-3)$ und den zugehörigen Graphen G_n. Dieser ist eine nach unten geöffnete Parabel mit den Nullstellen $x=2$ und $x=3$. Nun wertet man den Zähler $z(x)=3x$ an diesen beiden Stellen aus: $z(2)=6$ und $z(3)=9$. Daher ist der Zähler jeweils in einer Umgebung positiv.

$$\lim_{x\to 2^-} h(x)=\text{„}\frac{+}{-}\infty\text{“}=-\infty$$

$$\lim_{x\to 2^+} h(x)=+\infty \qquad \lim_{x\to 3^-} h(x)=+\infty \qquad \lim_{x\to 3^+} h(x)=-\infty$$

Senkrechte Asymptoten: $\mathbf{x=2}$ und $\mathbf{x=3}$

33 a $f(x)=3+\frac{2}{x^2-6x+5}$

Bestimmung der Nullstellen des Nenners:

$x^2\mathbf{-6}x+5=0$

$$x_{1/2}=-\frac{\mathbf{-6}}{2}\pm\sqrt{\left(\frac{\mathbf{-6}}{2}\right)^2-5}=3\pm\sqrt{9-5}=3\pm\sqrt{4}=3\pm 2\quad\Rightarrow\quad x_1=1;\quad x_2=5$$

$\mathbb{D}_f=\mathbb{R}\setminus\{1;5\}$

Senkrechte Asymptoten: $\mathbf{x=1}$ und $\mathbf{x=5}$

Beides sind einfache Nullstellen des Nenners. Somit handelt es sich um Polstellen mit Vorzeichenwechsel.

Der Nenner lässt sich darstellen als:
$n(x)=(x-1)\cdot(x-5)$

Damit folgt:

$$f(x)=3+\frac{2}{(x-1)\cdot(x-5)}$$

Da der Zähler positiv ist, wird das Vorzeichen des Bruches durch den Nenner bestimmt. Folglich ist:

$$\lim_{x\to 1^-} f(x)=+\infty;\quad \lim_{x\to 1^+} f(x)=-\infty;\quad \lim_{x\to 5^-} f(x)=-\infty;\quad \lim_{x\to 5^+} f(x)=+\infty$$

b Waagrechte Asymptote: **$y=3$**, also $a(x)=3$
Schnittpunkt mit der waagrechten Asymptote bedeutet, dass die Gleichung $f(x)=a(x)$ zu lösen ist. Es gilt jedoch $f(x)=a(x)+r(x)$ mit einem „Rest“ $r(x)$, der für $x\to\pm\infty$ zwar gegen null geht, aber keine Nullstelle hat. Deswegen gibt es keinen Schnittpunkt des Funktionsgraphen mit der waagrechten Asymptote.

c Schnittpunkt mit der y-Achse:

$$f(0)=3+\frac{2}{5}=3{,}4 \quad\Rightarrow\quad P(0\,|\,3{,}4)$$

Schnittpunkt mit der x-Achse:

$$f(x)=0 \quad\Rightarrow\quad 3+\frac{2}{x^2-6x+5}=0 \qquad |\cdot(x^2-6x+5)$$

$$3\cdot(x^2-6x+5)+2=0$$

$$3x^2-18x+15+2=0$$

$$3x^2-18x+17=0 \qquad |:3$$

$$x^2-6x+\frac{17}{3}=0$$

$$x_{1/2}=3\pm\sqrt{3^2-\frac{17}{3}}=3\pm\sqrt{\frac{10}{3}}$$

$$N_1\left(3-\sqrt{\frac{10}{3}}\,\middle|\,0\right);\quad N_2\left(3+\sqrt{\frac{10}{3}}\,\middle|\,0\right)$$

d siehe Lösung von Aufgabe 29d

34 **a** Du stellst zuerst fest, dass der Funktionsterm aus zwei Summanden besteht: Der erste Summand ist eine Konstante, der zweite Summand echt gebrochen-rational, da der Grad des Zählers kleiner als der Grad des Nenners ist:

$$f(x)=\underbrace{0{,}5}_{=a(x)}-\underbrace{\frac{x+3{,}5}{(x-2)^2}}_{=r(x)}$$

Der ganzrationale Anteil liefert die waagrechte Asymptote mit dem Term $a(x)=0{,}5$ bzw. der Gleichung $y=0{,}5$. Der Rest $r(x)$ kann für $x\to\pm\infty$ vernachlässigt werden, da $\lim\limits_{x\to\pm\infty} r(x)=0$.
Die Definitionslücken findest Du bei den Nullstellen des Nenners. Hier sind senkrechte Asymptoten. Wegen „angeben, nennen“ schreibst du nur auf:
$\mathbb{D}_f=\mathbb{R}\setminus\{2\}$

Senkrechte Asymptote: **$x=2$**
Waagrechte Asymptote: **$y=0{,}5$**

b Für die Entscheidung schaust du dir den Term $f(x)=a(x)+r(x)$ an. Einen Schnittpunkt mit der waagrechten Asymptote kann es nur geben, wenn die Gleichung $f(x)=a(x)$ mindestens eine Lösung hat. Das ist der Fall, wenn $r(x)=0$ eine Lösung hat. Du musst somit nur schauen, ob der echt gebrochen-rationale Teil eine Nullstelle hat. Das ist hier für $x=-3{,}5$ der Fall. Wegen „entscheiden Sie" musst du keinen Grund angeben. Du notierst:
Der Graph schneidet die waagrechte Asymptote.

c Den Schnittpunkt mit der y-Achse bekommst du durch Ausrechnen von $f(0)$. Er ist $S_y(0\,|\,f(0))$.

Die x-Werte der Schnittpunkte mit der x-Achse bekommst du durch Lösen der Gleichung $f(x)=0$. Hier musst du meist mit dem Hauptnenner multiplizieren und in die Lösungsformel für quadratische Gleichungen einsetzen. Wegen „Berechnen Sie" gehört der Rechenweg dazu.

Du schreibst auf:

$$f(0)=0{,}5-\frac{0+3{,}5}{(0-2)^2}=0{,}5-\frac{3{,}5}{4}=-\frac{3}{8} \quad\Rightarrow\quad S_y(0\,|\,-0{,}375)$$

Nullstellen:

$$f(x)=0 \quad\Rightarrow\quad 0{,}5-\frac{x+3{,}5}{(x-2)^2}=0 \qquad |\cdot(x-2)^2$$

$$0{,}5\cdot(x-2)^2-(x+3{,}5)=0$$

$$0{,}5\cdot(x^2-4x+4)-x-3{,}5=0$$

$$0{,}5x^2-2x+2-x-3{,}5=0$$

$$0{,}5x^2-3x-1{,}5=0 \qquad |\cdot 2$$

$$x^2-6x-3=0$$

$$x_{1/2}=3\pm\sqrt{3^2-(-3)}=3\pm\sqrt{12}=3\pm 2\sqrt{3}$$

$N_1(3-2\sqrt{3}\,|\,0)$; $N_2(3+2\sqrt{3}\,|\,0)$
$N_1(-0{,}464\,|\,0)$; $N_2(6{,}464\,|\,0)$

35 Wahl der Darstellung:

$$f(x)=\underbrace{a(x)}_{\substack{\text{waagrechte}\\\text{Asymptote}}}+\underbrace{r(x)}_{\substack{\text{Rest}\\\text{Grad}(z)<\text{Grad}(n)}}$$

(1) Waagrechte Asymptote $y=-1$
$\Rightarrow\ a(x)=-1$

(2) Senkrechte Asymptote $x=1$, Polstelle ohne Vorzeichenwechsel

$$\Rightarrow\quad r(x)=\frac{z(x)}{(x-1)^2}$$

(3) Der Graph G_f schneidet die waagrechte Asymptote nicht.

$\Rightarrow$ r(x) hat keine Nullstelle, also $r(x)=\frac{b}{(x-1)^2}$ und somit: $f(x)=-1+\frac{b}{(x-1)^2}$

(4) Der Graph G_f schneidet die y-Achse im Punkt A(0|–3).

$$f(0)=-3$$
$$-1+\frac{b}{(0-1)^2}=-3$$
$$-1+b=-3 \quad |+1$$
$$b=-2$$

$\Rightarrow \ f(x)=-1+\frac{-2}{(x-1)^2}=-1-\frac{2}{(x-1)^2} \qquad D_f=\mathbb{R}\setminus\{1\}$

36 Eine gebrochen-rationale Funktion mit schräger Asymptote lässt sich folgendermaßen darstellen: $f(x)=a(x)+r(x)$. Dabei stellt a(x) den Term der schrägen Asymptote und r(x) einen echt gebrochen-rationalen Term dar.

An der Nullstelle des Nenners von r(x) besitzt der Graph von f eine senkrechte Asymptote.

Mit den Angaben folgt:

$$f(x)=\underbrace{2x-1}_{\text{schräge Asymptote}}+\underbrace{\frac{b}{x+3}}_{\text{echt gebrochenrationaler Anteil}}$$

$x=-3$ ist Nullstelle des Nenners.

Der Parameter b wird nun so bestimmt, dass $f(0)=0$ gilt:

$f(0)=-1+\frac{b}{3}=0 \quad \Leftrightarrow \quad b=3$

$\Rightarrow \ f(x)=2x-1+\frac{3}{x+3} \qquad D_f=\mathbb{R}\setminus\{-3\}$

37 Da die beiden Nullstellen gegeben sind, muss man von folgender Darstellung ausgehen:

$$f(x)=\frac{z(x)}{n(x)}$$

(1) Einfache Nullstellen bei $x=-6$ und $x=3$

$\Rightarrow \ z(x)=a\cdot(x+6)\cdot(x-3)$

(2) Polstelle bei $x=4$ bedeutet, dass der Nenner $x-4$ oder $(x-4)^2$ lauten könnte. Da bekannt ist, dass G_f eine schräge Asymptote hat, muss der Grad des Zählers um 1 größer als der Grad des Nenners sein.

$\Rightarrow \ n(x)=x-4$ und somit: $f(x)=\frac{a\cdot(x+6)\cdot(x-3)}{x-4}$

(3) Aus $A(-2|2) \in G_f$ lässt sich a bestimmen:

$$f(-2) = 2$$

$$\frac{a \cdot (-2+6) \cdot (-2-3)}{-2-4} = 2$$

$$\frac{a \cdot 4 \cdot (-5)}{-6} = 2$$

$$a \cdot \frac{10}{3} = 2$$

$$a = \frac{3}{5}$$

$$\Rightarrow \quad f(x) = \frac{\frac{3}{5} \cdot (x+6) \cdot (x-3)}{x-4} = \frac{3 \cdot (x+6) \cdot (x-3)}{5x-20}$$

38 a $\mathbb{D}_f = \mathbb{R} \setminus \{\pm 3\}$ (Angabe genügt)

Lösungsfindung:

$6x^2 - 54 = 6 \cdot (x^2 - 9) = 6 \cdot (x-3) \cdot (x+3)$ oder

$6x^2 = 54 \quad \Leftrightarrow \quad x^2 = 9 \quad \Leftrightarrow \quad x = \pm 3$

b Ausmultiplizieren des Terms:

$$f(x) = \frac{3 \cdot (x-2) \cdot (x+2)}{6x^2 - 54} = \frac{3 \cdot (x^2 - 4)}{6 \cdot (x^2 - 9)} = \frac{1}{2} \cdot \frac{x^2 - 4}{x^2 - 9}$$

Man sieht, dass G_f achsensymmetrisch zur y-Achse ist, da im Zähler und im Nenner nur gerade Exponenten von x auftreten, d. h. $f(-x) = f(x)$.

Alternativ:

$$f(-x) = \frac{1}{2} \cdot \frac{(-x)^2 - 4}{(-x)^2 - 9} = \frac{1}{2} \cdot \frac{x^2 - 4}{x^2 - 9} = f(x)$$

$\Rightarrow$ Achsensymmetrie zur y-Achse

c Schnittpunkt mit der y-Achse: $A\left(0 \,\middle|\, \frac{2}{9}\right)$

Schnittpunkte mit der x-Achse: $N_1(-2|0)$; $N_2(2|0)$

d $$\lim_{x \to \pm\infty} f(x) = \lim_{x \to \pm\infty} \frac{1}{2} \cdot \frac{x^2 - 4}{x^2 - 9} = \frac{1}{2}$$

Waagrechte Asymptote mit dem Term: $a(x) = \frac{1}{2}$

e „Beurteilen“ bedeutet, sich zu entscheiden und die Entscheidung zu begründen.

f hat eine waagrechte Asymptote mit dem Term a(x), also:

$$f(x) = a(x) + r(x) \quad \text{mit } a(x) = \frac{1}{2} \text{ und } r(x) = \frac{z(x)}{x^2 - 9}, \text{ wobei Grad}(z) < 2$$

Weil G_f achsensymmetrisch zur y-Achse ist, darf im Zähler keine ungerade Potenz von x auftreten, somit ist z(x) konstant:

$$f(x) = \frac{1}{2} + \underbrace{\frac{b}{x^2 - 9}}_{= r(x)} \quad \text{mit } b \neq 0$$

Der Rest r(x) wird nie null, somit hat die Gleichung $f(x) = a(x)$ keine Lösung.
Es folgt: G_f schneidet die waagrechte Asymptote nicht. Die Aussage ist wahr.

f Skizze mithilfe der obigen Ergebnisse:

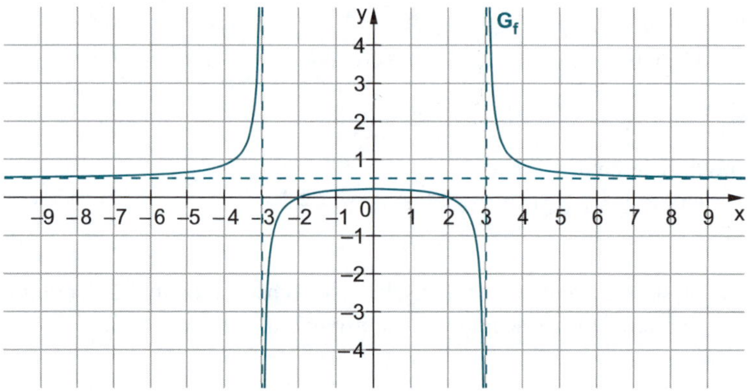

39 $f(x) = \frac{2x^2 + 5x - 1}{3x^2 - 2} = \frac{x^2 \cdot \left(2 + \frac{5x}{x^2} - \frac{1}{x^2}\right)}{x^2 \cdot \left(3 - \frac{2}{x^2}\right)} = \frac{2 + \frac{5}{x} - \frac{1}{x^2}}{3 - \frac{2}{x^2}}$

$$\lim_{x \to \pm\infty} \frac{5}{x} = 0; \quad \lim_{x \to \pm\infty} \frac{1}{x^2} = 0; \quad \lim_{x \to \pm\infty} \frac{2}{x^2} = 0$$

$$\Rightarrow \lim_{x \to \pm\infty} f(x) = \lim_{x \to \pm\infty} \frac{2 + \frac{5}{x} - \frac{1}{x^2}}{3 - \frac{2}{x^2}} = \frac{2 + 0 - 0}{3 - 0} = \frac{2}{3}$$

Waagrechte Asymptote: $y = \frac{2}{3}$

$$g(x) = \frac{3x - 7}{4x^2 + 5x + 1} = \frac{x^2 \cdot \left(\frac{3}{x} - \frac{7}{x^2}\right)}{x^2 \cdot \left(4 + \frac{5}{x} + \frac{1}{x^2}\right)} = \frac{\frac{3}{x} - \frac{7}{x^2}}{4 + \frac{5}{x} + \frac{1}{x^2}}$$

$$\lim_{x\to\pm\infty}\frac{3}{x}=0;\quad \lim_{x\to\pm\infty}\frac{7}{x^2}=0;\quad \lim_{x\to\pm\infty}\frac{5}{x}=0;\quad \lim_{x\to\pm\infty}\frac{1}{x^2}=0$$

$$\Rightarrow \lim_{x\to\pm\infty} g(x)=\lim_{x\to\pm\infty}\frac{\frac{3}{x}-\frac{7}{x^2}}{4+\frac{5}{x}+\frac{1}{x^2}}=\frac{0-0}{4+0+0}=0$$

Waagrechte Asymptote: $y=0$

40 G_f hat bei $x=2$ eine Polstelle. Somit hat die Funktion f bei $x=2$ eine Definitionslücke. Es kommen daher für f nur k, m und o infrage.

G_g hat bei $x=-4$ und bei $x=4$ Polstellen. Somit hat die Funktion g bei $x=-4$ und bei $x=4$ Definitionslücken. Es kommen daher für g nur j, n und p infrage.

Funktion f

$x=2$ ist Polstelle ohne Vorzeichenwechsel. $\Rightarrow$ Die Funktion o scheidet aus. Die Terme der schrägen Asymptoten der Funktionen k bzw. m sind $a(x)=-x$ bzw. $a(x)=-\frac{1}{4}x$. Am Graphen der Funktion f ist zu erkennen, dass die Steigung der schrägen Asymptoten betragsmäßig kleiner als 1 ist. Damit scheidet k aus. Es muss also m sein.

Funktion g

Alle drei Funktionsterme haben bei $x=\pm 4$ Polstellen mit Vorzeichenwechsel. Am Graphen von g kann man eine einfache Nullstelle bei $x=-5$ ablesen. Die Funktion n hat dort eine doppelte Nullstelle, kann also ausgeschlossen werden. Wegen $j(-5)=\frac{1}{3}+\frac{7}{9}=1\frac{1}{9}\neq 0$ kommt nur p infrage.

41 **a** Gerade im Koordinatensystem (siehe Aufgabenteil e)

b $\mathbb{D}_f=\mathbb{R}\setminus\left\{-\frac{1}{3}\right\}$

$f(0)=8 \Rightarrow A(0\,|\,8)$

Senkrechte Asymptote: $x=-\frac{1}{3}$

Waagrechte Asymptote: $y=0$

c $f\colon x\mapsto \frac{8}{3x+1}=\frac{8}{3\cdot\left(x+\frac{1}{3}\right)}=\frac{8}{3}\cdot\frac{1}{x+\frac{1}{3}}$

g um $\frac{1}{3}$ nach links verschieben: $g_1\colon x\mapsto\frac{1}{x+\frac{1}{3}}$

g_1 mit Faktor $\frac{8}{3}$ in y-Richtung strecken: $f\colon x\mapsto\frac{8}{3}\cdot\frac{1}{x+\frac{1}{3}}$

d Schnittpunkte:

$$e(x) = f(x)$$

$$3x - 1 = \frac{8}{3x+1} \quad |\cdot(3x+1)$$

$$(3x-1)\cdot(3x+1) = 8 \quad \text{Binomische Formel}$$

$$9x^2 - 1 = 8$$

$$9x^2 = 9$$

$$x^2 = 1$$

$$x = \pm 1$$

$e(-1) = -4;\ \ e(1) = 2 \ \Rightarrow\ B(-1\,|\,-4);\ \ C(1\,|\,2)$

e

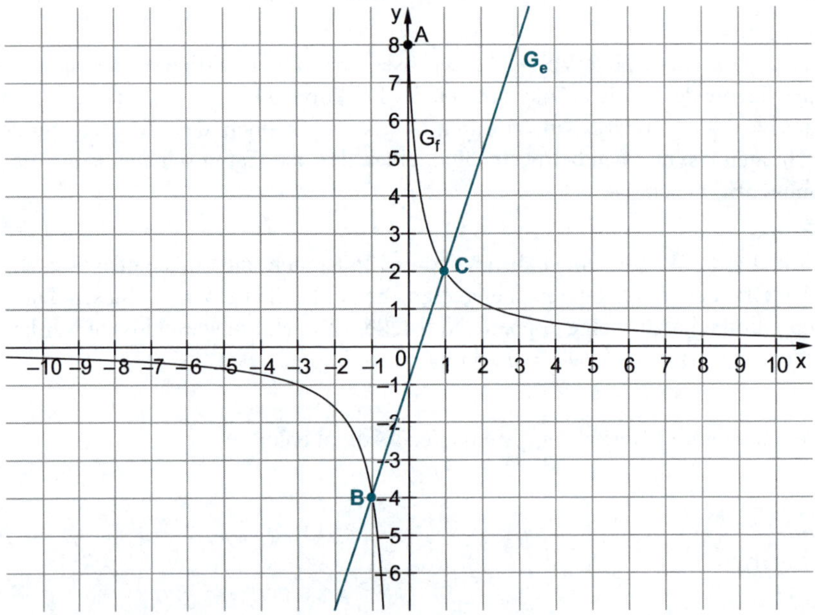

42 **a** Gerade im Koordinatensystem (siehe Aufgabenteil d)

b $f(x) = \frac{3}{2x-2} + 1 = \frac{3}{2\cdot(x-1)} + 1 = \frac{1{,}5}{x-1} + 1$

$\mathbb{D}_f = \mathbb{R} \setminus \{1\}$

Senkrechte Asymptote: $x = 1$

$x = 1$ ist eine einfache Nullstelle des Nenners, somit Polstelle mit Vorzeichenwechsel.

Verhalten an den Rändern:

$$\lim_{x \to 1^-} f(x) = \lim_{x \to 1^-} \underbrace{\frac{\overbrace{1{,}5}^{>0}}{\underbrace{x-1}_{\to 0^-}}}_{\to -\infty} + 1 = -\infty; \quad \lim_{x \to 1^+} f(x) = +\infty$$

$$\lim_{x \to \pm\infty} f(x) = \lim_{x \to \pm\infty} \left(1 + \frac{1{,}5}{x-1}\right) = 1 \text{ (Rest r(x) geht gegen 0)}$$

Waagrechte Asymptote: $a(x) = 1$

Schnittpunkt mit der y-Achse:

$$f(0) = 1 + \frac{1{,}5}{0-1} = 1 - 1{,}5 = -0{,}5 \quad \Rightarrow \quad A(0\,|\,-0{,}5)$$

Schnittpunkt mit der x-Achse:

$$\begin{aligned} f(x) &= 0 \\ 1 + \frac{1{,}5}{x-1} &= 0 \\ \frac{1{,}5}{x-1} &= -1 \\ 1{,}5 &= -(x-1) \\ 1{,}5 &= -x + 1 \\ x + 1{,}5 &= 1 \\ x &= -0{,}5 \quad \Rightarrow \quad B(-0{,}5\,|\,0) \end{aligned}$$

Entwicklung von f aus g:

g um 1 nach rechts verschieben: $g_1\colon x \mapsto \frac{1}{x-1}$

g_1 mit Faktor 1,5 in y-Richtung strecken: $g_2\colon x \mapsto \frac{1{,}5}{x-1}$

g_2 um 1 nach oben verschieben: $f\colon x \mapsto 1 + \frac{1{,}5}{x-1}$

Die ersten beiden Schritte können vertauscht werden.

c Schnittpunkte:

$$e(x) = f(x)$$
$$0{,}5x - 0{,}5 = \frac{3}{2x-2} + 1$$
$$0{,}5x - 1{,}5 = \frac{3}{2x-2}$$
$$(0{,}5x - 1{,}5) \cdot (2x - 2) = 3$$
$$x^2 - x - 3x + 3 = 3$$
$$x^2 - 4x = 0$$
$$x \cdot (x - 4) = 0$$
$$x = 0 \lor x = 4$$

$e(0) = -0{,}5;\quad e(4) = 1{,}5 \quad \Rightarrow \quad B(0\,|-0{,}5);\quad C(4\,|\,1{,}5)$

d

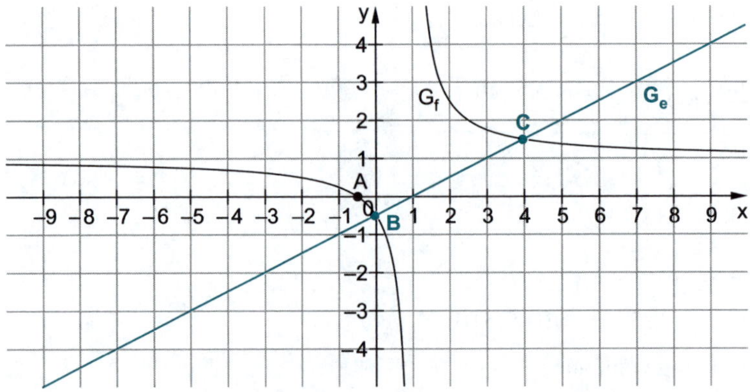

43 **a** Schnittpunkte mit der x-Achse: $A(-5\,|\,0)$; $B(5\,|\,0)$

Schnittpunkt mit der y-Achse: $C\left(0 \,\middle|\, -\frac{25}{d}\right)$

Wertemenge:

$$f_d(x) = \frac{x^2 - 25}{d} = \frac{1}{d}x^2 - \frac{25}{d}$$

Wegen $d > 0$ ist auch $\frac{1}{d} > 0$ und der Graph von f_d daher eine nach oben geöffnete Parabel. Der Punkt C ist der Scheitelpunkt und somit der tiefste Punkt.

$$W_d = \left[-\frac{25}{d}; +\infty\right[$$

Ferner gilt:

$$\lim_{d \to \infty} \frac{-25}{d} = 0$$

Das bedeutet: Der Scheitel wandert, wenn d größer wird, auf der y-Achse von unten kommend auf den Koordinatenursprung zu.

b Der Nenner n(x) von g_d hat die Gleichung $n(x)=x^2-25$. Damit gilt:
$n(x)=0 \;\Leftrightarrow\; x^2-25=0 \;\Leftrightarrow\; x^2=25 \;\Leftrightarrow\; x=\pm 5$
Also gilt:
$\mathbb{D}_{g_d}=\mathbb{R}\setminus\{-5;5\}$

Senkrechte Asymptoten: $x=-5$ und $x=5$

Beides sind Polstellen mit Vorzeichenwechsel. Ferner ist der Graph von g_d achsensymmetrisch zur y-Achse.

Verhalten an den Rändern:

$$\lim_{x\to -5^-} g_d(x) = \lim_{x\to -5^-} \underbrace{\frac{\overbrace{d}^{>0}}{\underbrace{x^2-25}_{\to 0^+}}}_{\to +\infty} + 1 = +\infty; \qquad \lim_{x\to -5^+} g_d(x) = -\infty$$

$$\lim_{x\to 5^-} g_d(x) = -\infty; \qquad \lim_{x\to 5^+} g_d(x) = +\infty$$

$$\lim_{x\to \pm\infty} g_d(x) = 0$$

Waagrechte Asymptote: $y=0$

c Schnittpunkte:

$$f_d(x) = g_d(x)$$
$$\frac{x^2-25}{d} = \frac{d}{x^2-25}$$
$$(x^2-25)^2 = d^2 \qquad |\,d>0$$
$$x^2-25 = \pm d$$
$$x^2 = 25 \pm d$$

Um die Wurzel ziehen zu können, muss $25 \pm d \geq 0$ gelten.
Wegen $d>0$ ist $25+d \geq 0$ immer erfüllt; $25-d \geq 0$ gilt nur für $d \leq 25$.

Damit folgt:

$x_{1/2} = \pm\sqrt{25+d}$ für $d>0$

$x_{3/4} = \pm\sqrt{25-d}$ für $0<d\leq 25$

Zusammenfassung:
Für $0<d<25$ gibt es **4** Schnittpunkte: $x_{1/2}=\pm\sqrt{25+d}$ und $x_{3/4}=\pm\sqrt{25-d}$
Für $d=25$ gibt es **3** Schnittpunkte: $x_{1/2}=\pm\sqrt{50}$ und $x_3=0$ (Berührstelle)
Für $d>25$ gibt es **2** Schnittpunkte: $x_{1/2}=\pm\sqrt{25+d}$

Lösungen zum Test 3

1 $f(x) = \frac{-3(x-5)^2}{(x+2)\cdot(x-7)}$

2 Die schräge Asymptote a(x) hat den y-Achsenabschnitt $t = -1$ und die Steigung $m = \frac{\Delta y}{\Delta x} = -\frac{1}{3}$ (z. B. Steigungsdreieck einzeichnen), also ist $a(x) = -\frac{1}{3}x - 1$.
Daher kann die Funktion f nicht passen; nur g und h kommen infrage.

Der gegebene Graph hat die senkrechte Asymptote $x = 2$. Weil es sich um eine Polstelle ohne Vorzeichenwechsel handelt, muss im Nenner der Term $(x-2)^2$ stehen. Also kann nur **h** zum Graphen gehören.

3 **a** Wegen $z(0) = 6 > 0$ ist $x = 0$ eine Polstelle ohne Vorzeichenwechsel und es gilt:
$\lim\limits_{x \to 0^-} f(x) = \lim\limits_{x \to 0^+} f(x) = +\infty$

Die Behauptung ist also **falsch**.

b Gemäß der Aufgabenstellung hat die Funktion k die Darstellung:
$k(x) = \frac{z(x)}{n(x)}$ mit $\mathbb{D}_k = \mathbb{R}$ und Grad(z) = Grad(n) = 2

Die lineare Funktion h kann folgendermaßen geschrieben werden:
$h(x) = mx + t$ mit $m \neq 0$

Der Ansatz $k(x) = h(x)$ zur Bestimmung von Schnittpunkten liefert:
$\frac{z(x)}{n(x)} = h(x) \Leftrightarrow z(x) = h(x)\cdot n(x) \Leftrightarrow 0 = h(x)\cdot n(x) - z(x) \quad (*)$

Weil h den Grad 1 und n den Grad 2 hat, hat das Produkt $h \cdot n$ den Grad 3. Die entstandene Gleichung (∗) ist somit eine Gleichung 3. Grades. Diese hat in $\mathbb{R}$ immer mindestens eine Lösung.
Die Behauptung ist also **wahr**.

4 **a** Die Asymptote ist $a(x) = 1$, sodass folgende Gleichung zu lösen ist:

$$\frac{x^2+4x+10}{x^2+2x+2} = 1 \qquad |\cdot(x^2+2x+2)$$

$$x^2+4x+10 = x^2+2x+2 \qquad |-x^2-2x-10$$

$$2x = -8 \qquad |:2$$

$$x = -4 \qquad \Rightarrow \mathbf{A(-4\,|\,1)}$$

b $m(-x)=m(x) \Rightarrow$ Achsensymmetrie zur y-Achse
Waagrechte Asymptote: $y=1$

c Schnittpunkte: $k(x)=m(x)$

$$\frac{x^2+4x+10}{x^2+2x+2}=\frac{x^2+5}{x^2+1} \qquad |\cdot(x^2+2x+2)\cdot(x^2+1)$$

$$(x^2+4x+10)\cdot(x^2+1)=(x^2+5)\cdot(x^2+2x+2)$$

$$x^4+x^2+4x^3+4x+10x^2+10=x^4+2x^3+2x^2+5x^2+10x+10$$

$$x^4+4x^3+11x^2+4x+10=x^4+2x^3+7x^2+10x+10$$

$$2x^3+4x^2-6x=0$$

$$2x\cdot(x^2+2x-3)=0$$

Eine Lösung dieser Gleichung ist $x_1=0$. Für weitere Lösungen gilt:

$x^2+2x-3=0 \Rightarrow x_{2/3}=-1\pm\sqrt{1-(-3)}=-1\pm 2 \Rightarrow x_2=-3;\ x_3=1$

Die y-Werte erhält man durch Einsetzen der x-Werte in den Funktionsterm von k(x) oder – einfacher – von m(x):

$m(0)=5;\quad m(-3)=\frac{9+5}{10}=\frac{7}{5}=1{,}4;\quad m(1)=\frac{6}{2}=3$

$\Rightarrow$ **E(–3 | 1,4); F(0 | 5); G(1 | 3)**

Lösungen zum Test 4

1 **a** $f(-x)=\frac{9-4(-x)^2}{3\cdot(-x)}=\frac{9-4x^2}{-3x}=-\frac{9-4x^2}{3x}=-f(x)$

$\Rightarrow$ G_f ist punktsymmetrisch zum Ursprung.

b **Verhalten an der Definitionslücke**
Senkrechte Asymptote: $x=0$ (Polstelle mit Vorzeichenwechsel)

$\lim\limits_{x\to 0^+} f(x)=\lim\limits_{x\to 0^+}\frac{9-4x^2}{3x}=+\infty$ (wegen $z(0)=9>0$)

$\lim\limits_{x\to 0^-} f(x)=-\infty$ (wegen Symmetrie bzw. Vorzeichenwechsel)

Verhalten im Unendlichen

$f(x)=\frac{9-4x^2}{3x}=\frac{9}{3x}-\frac{4x^2}{3x}=\frac{3}{x}-\frac{4}{3}x$

$\Rightarrow$ schräge Asymptote $a(x)=-\frac{4}{3}x$ und Rest $r(x)=\frac{3}{x}$, wobei: $\lim\limits_{x\to\pm\infty}\frac{3}{x}=0$

Aus dem Verlauf der Asymptote (streng monoton fallend) folgt:

$$\lim_{x \to +\infty} f(x) = -\infty$$

Für $x > 0$ ist $r(x) > 0$, also erfolgt die Annäherung von G_f an die Asymptote für $x \to +\infty$ von oben.

Aufgrund der Symmetrie erfolgt die Annäherung von G_f an die Asymptote für $x \to -\infty$ von unten und es gilt:

$$\lim_{x \to -\infty} f(x) = +\infty$$

c Nullstellen: $f(x) = 0$

$$\frac{9-4x^2}{3x} = 0 \Rightarrow 9-4x^2 = 0 \Rightarrow \frac{9}{4} = x^2 \Rightarrow x = \pm\frac{3}{2}$$

d

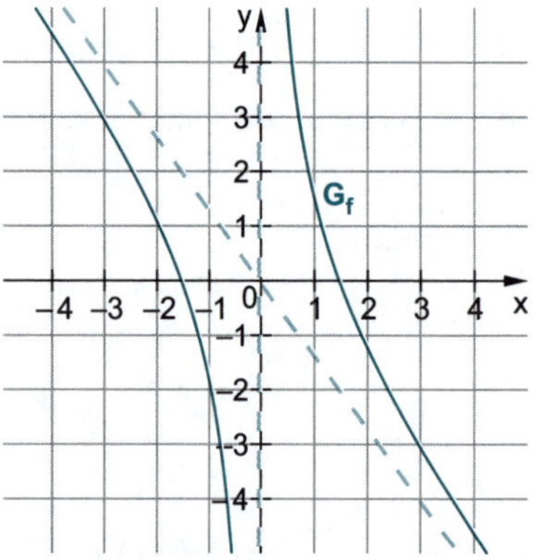

2 a Der Term a(x) hat die Form $a(x) = mx + t$ mit $m \neq 0$. Der Graph stellt eine Gerade dar, die die schräge Asymptote ist.

Der Rest r(x) ist der Term einer echt gebrochen-rationalen Funktion mit Zähler z(x) und Nenner n(x), wobei der Grad von z kleiner als der Grad von n ist. Es gilt somit:

$$\lim_{x \to \pm\infty} r(x) = 0$$

Mögliche Funktionen sind:

$$f\colon x \mapsto 2x - 1 + \frac{3}{x^2+7} \quad \text{mit } \mathbb{D}_f = \mathbb{R}$$

$$g\colon x \mapsto -\frac{1}{4}x + \frac{2x-1}{(x-3)^2} \quad \text{mit } \mathbb{D}_g = \mathbb{R}\setminus\{3\}$$

b Eine andere Darstellung lautet:

$$f(x)=\frac{z(x)}{n(x)} \quad \text{mit Polynomen n und z}$$

Der Graph von f hat eine schräge Asymptote, falls der Grad von z um genau 1 größer ist als der Grad von n.

Beispiel:

$$f\colon\ x \mapsto \frac{3x^2+7x+1}{x} \quad \text{mit } \mathbb{D}_f=\mathbb{R}\setminus\{0\}$$

Der Term f(x) lässt sich umformen:

$$f(x)=\frac{3x^2}{x}+\frac{7x}{x}+\frac{1}{x}=\underbrace{3x+7}_{a(x)}+\underbrace{\frac{1}{x}}_{r(x)}$$

Bei den meisten Termen ist die Umformung schwieriger und mit den (bisher) bekannten Mitteln nicht möglich (Stichwort: Polynomdivision).

Ein Beispiel in umgekehrter Richtung:

$$g\colon\ x \mapsto 2x+1+\frac{3}{x-2} \quad \text{mit } \mathbb{D}_g=\mathbb{R}\setminus\{2\}$$

Durch Bildung des Hauptnenners lässt sich g(x) umformen:

$$g(x)=2x+1+\frac{3}{x-2}=\frac{(2x+1)\cdot(x-2)}{x-2}+\frac{3}{x-2}$$
$$=\frac{2x^2-4x+x-2+3}{x-2}=\frac{2x^2-3x+1}{x-2}$$

Dabei ist der Grad des Zählers 2 und der Grad des Nenners ist 1, also ist die oben genannte Bedingung erfüllt.

3 a Aus der Bedingung $g(x)=0$ für Nullstellen folgt:

$$3-x-\frac{8}{x-3}=0 \;\Rightarrow\; 3-x=\frac{8}{x-3} \;\Rightarrow\; -(x-3)=\frac{8}{x-3} \;\Rightarrow\; -(x-3)^2=8$$

Diese Gleichung hat keine Lösung, weil die rechte Seite positiv, die linke aber immer ≤ 0 ist. Die Funktion hat daher keine Nullstelle.

Die Behauptung ist also **wahr**.

b Die Funktion h hat die waagrechte Asymptote $y=3$. Begründung:

$$\lim_{x\to\pm\infty}\frac{x+3}{x+8}=1 \;\Rightarrow\; \lim_{x\to\pm\infty} h(x)=\lim_{x\to\pm\infty} 2+\frac{x+3}{x+8}=2+1=3$$

Die Behauptung ist also **falsch**.

3 Bedingte Wahrscheinlichkeit und stochastische Unabhängigkeit

Bedingte Wahrscheinlichkeit

Sind A und B Ereignisse eines Zufallsexperiments mit $P(A) \neq 0$, so versteht man unter der **bedingten Wahrscheinlichkeit $P_A(B)$** die Wahrscheinlichkeit für das Eintreten von B unter der Bedingung, dass A eingetreten ist. Es gilt:

$P_A(B) = \frac{P(A \cap B)}{P(A)}$ bzw.

$P_A(B) = \frac{|A \cap B|}{|A|}$

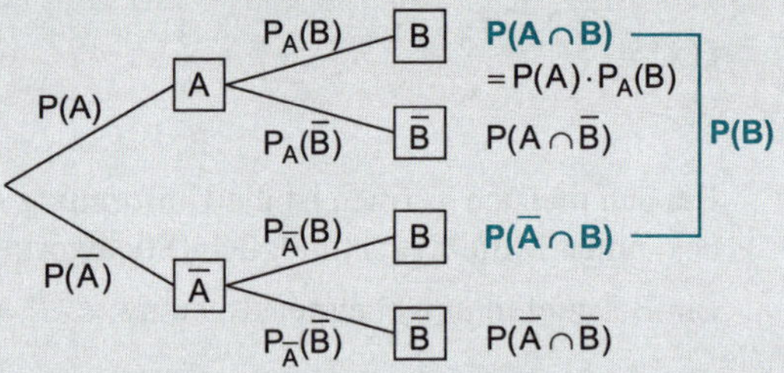

Beim **Baumdiagramm** stehen die bedingten Wahrscheinlichkeiten an den Ästen der zweiten Stufe.

Die **Vierfeldertafel** kann mit absoluten Häufigkeiten (links), relativen Häufigkeiten oder Wahrscheinlichkeiten (rechts) gebildet werden. Sie enthält *keine* bedingten Wahrscheinlichkeiten:

	B	$\bar{B}$	
A	$\lvert A \cap B \rvert$	$\lvert A \cap \bar{B} \rvert$	$\lvert A \rvert$
$\bar{A}$	$\lvert \bar{A} \cap B \rvert$	$\lvert \bar{A} \cap \bar{B} \rvert$	$\lvert \bar{A} \rvert$
	$\lvert B \rvert$	$\lvert \bar{B} \rvert$	n

	B	$\bar{B}$	
A	$P(A \cap B)$	$P(A \cap \bar{B})$	$P(A)$
$\bar{A}$	$P(\bar{A} \cap B)$	$P(\bar{A} \cap \bar{B})$	$P(\bar{A})$
	$P(B)$	$P(\bar{B})$	1

Mithilfe des Baumdiagramms oder der Vierfeldertafel lässt sich auch die bedingte Wahrscheinlichkeit $P_B(A)$ (für $P(B) \neq 0$) bestimmen und damit das zugehörige **inverse Baumdiagramm**.

Stochastische Unabhängigkeit zweier Ereignisse

Zwei Ereignisse A und B heißen **stochastisch unabhängig**, wenn gilt:
$P(A \cap B) = P(A) \cdot P(B)$

Damit gleichbedeutend ist:
$P_A(B) = P_{\bar{A}}(B) = P(B)$ und $P_B(A) = P_{\bar{B}}(A) = P(A)$

Andernfalls heißen A und B **stochastisch abhängig**.

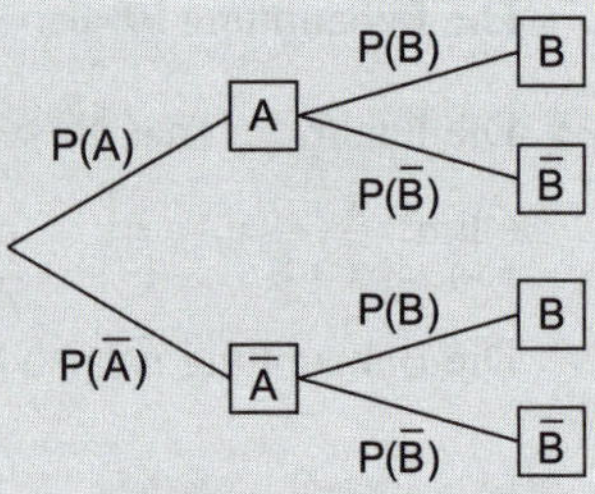

Sind die Ereignisse A und B stochastisch unabhängig, so vereinfacht sich das Baumdiagramm an der zweiten Stufe deutlich. Es ist daher dort direkt erkennbar, ob stochastische Unabhängigkeit vorliegt.

Aufgaben

W 44 **Unterstützung der 8. Klasse durch eine Projektgruppe aus der 11. Klasse**

In einer 8. Klasse hat jedes Schüler*innenpaar zwei Tetraeder, die jeweils mit den Ziffern 1 bis 4 beschriftet sind, bekommen. Die Aufträge lauten:

(1) Werft beide Tetraeder gleichzeitig und füllt die Tabelle aus:

Augensumme	2	3	4	5	6	7	8
Anzahl bei 80 Würfen							
Relative Häufigkeit bei 80 Würfen							

(2) Gebt anschließend eure Anzahlen für die jeweilige Augensumme in der schulischen Lernplattform ein. Sobald ihr abgegeben habt, werden euch die Ergebnisse der anderen Gruppen angezeigt.

(3) Im Forum solltet ihr mindestens einen Beitrag abgeben. Dies kann ein eigener Beitrag sein oder eine Antwort oder ein Kommentar zu Beiträgen eurer Mitschüler*innen.

Aufgaben für die 11. Klasse:

a Sie sollen das Forum moderieren, dazu müssen Sie genügend Fachwissen haben und auf Sachebene argumentieren und kommunizieren können. Wiederholen Sie daher selbstständig das Thema.

b Geben Sie den Schüler*innen der 8. Klasse kurz Anregungen, ohne gleich alle Details zu verraten.

1. Thread:

Hendrik: Es gibt keine einzige Gruppe, die die gleichen Ergebnisse hat wie ich, da stimmt was nicht bei den anderen. Ich weiß, dass ich alles richtig gemacht habe.

Thomas: Wir könnten mal schauen, wer meiner Gruppe am nächsten kommt. Man muss sich das Ganze einfach etwas länger anschauen.

2. Thread:

Christian: Mir fällt auf, dass wir niemals die Augensumme 2 haben und die Augensumme 8 nur zweimal. Alle anderen Augensummen treten öfter auf.

Melanie: Wir sollten mal alle Jungs in eine Gruppe und die Mädchen in eine andere Gruppe nehmen und die Gesamtergebnisse veröffentlichen.

3. Thread:

Sandra: Die Augensummen in der Mitte treten häufiger auf.

Cornelia: Ich glaube, die Gruppen, bei denen überall die Anzahl 9, 10 oder 11 steht, haben gemogelt. Deshalb müssen wir die Lösung finden.

Alena: Ich habe schon den Ansatz, aber wir machen erstmal eine private Gruppe und dann veröffentlichen wir gemeinsam.

4. Thread:

Michael: Ich werfe das Tetraeder heute Abend mit meiner Oma weiter und dann sage ich euch, zu welchem Ergebnis wir nach 1 600 Würfen kommen.
Viola: Gute Idee! Ich werde auch Oma und Opa einspannen.
Michael: Ich bin mir sicher, damit können wir Ergebnisse gut vorhersagen.
Viola: Vielleicht können wir mit einer Tabellenkalkulation uns dann das Werfen der Tetraeder ersparen. Aber darüber können wir morgen weiter denken.

G 45 Gegeben ist das nebenstehende Baumdiagramm, das mit Wahrscheinlichkeiten beschriftet ist. Dabei bedeuten A, dass das Ereignis A eintritt, und B, dass das Ereignis B eintritt.

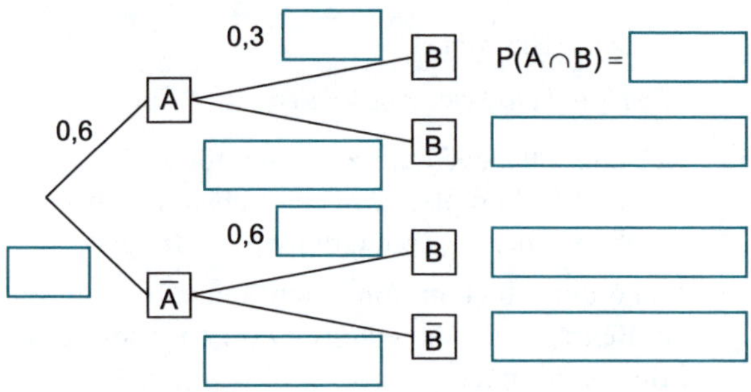

a Vervollständigen Sie das Baumdiagramm und erstellen Sie anschließend eine Vierfeldertafel mit Wahrscheinlichkeiten.

b Entnehmen Sie dem Baumdiagramm alle ablesbaren bedingten Wahrscheinlichkeiten und berechnen Sie die vier weiteren bedingten Wahrscheinlichkeiten. Kommunizieren Sie Ihr Vorgehen.

c Geben Sie das zugehörige inverse Baumdiagramm an.

46 Gegeben ist das nebenstehende Baumdiagramm mit absoluten Häufigkeiten.

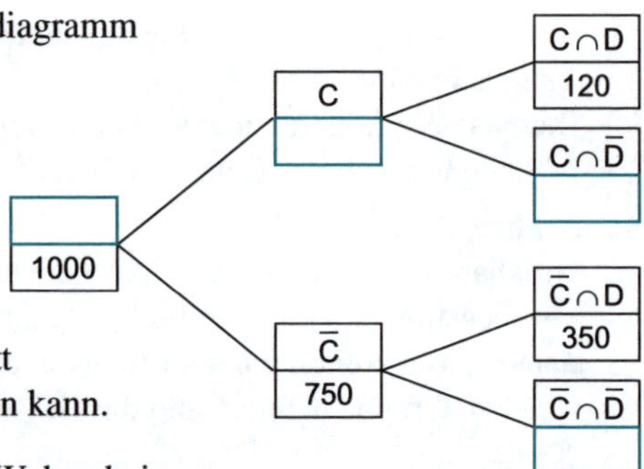

a Erstellen Sie je eine Vierfeldertafel mit absoluten und mit relativen Häufigkeiten.

b Geben Sie kurz an, warum man von Wahrscheinlichkeiten statt von relativen Häufigkeiten sprechen kann.

c Bestimmen Sie die vier bedingten Wahrscheinlichkeiten, die im Diagramm auftreten, und notieren Sie diese unter Verwendung der mathematischen Fachsprache. Zeichnen Sie das mit Wahrscheinlichkeiten beschriftete Baumdiagramm.

d Ermitteln Sie die für das inverse Baumdiagramm benötigten Wahrscheinlichkeiten und zeichnen Sie das zugehörige Baumdiagramm.

47 Nach verschiedenen Vorkommnissen hat eine Oppositionspartei den Rücktritt einer Ministerin gefordert. In einer Telefonumfrage (Festnetz und Mobiltelefon berücksichtigt) bei ungefähr 1300 Befragungen ergab sich folgendes Bild:

- 60 % der wahlberechtigten Befragten unterstützen diese Forderung, während 25 % gegen den Rücktritt sind.
- Von den Anhängern ihrer Partei, das sind ca. 22 % der Befragten, sind 50 % für den Rücktritt, 12 % haben keine eindeutige Meinung dazu.

a Berechnen Sie jeweils in der Gruppe, die eine eindeutige Meinung beziehen, den prozentualen Anteil derjenigen, die für den Rücktritt sind. Kommunizieren Sie Ihren Lösungsweg im Sachkontext.

b Beschreiben Sie mögliche Limitationen für die Aussagekraft der Ergebnisse.

48 Eine groß angelegte Umfrage auf die folgenden beiden Fragen wird durchgeführt:

(1) Prüfen und warten Sie Ihren Rauchmelder jährlich? W bezeichnet das Ereignis, dass mit „Ja" geantwortet wird.

(2) Hat Ihr Rauchmelder schon einmal „plötzlich losgeschrien" (z. B. weil die Batterie leer ist)? S bezeichnet das Ereignis, dass mit „Ja" geantwortet wird.

Das zugehörige Baumdiagramm sieht so aus:

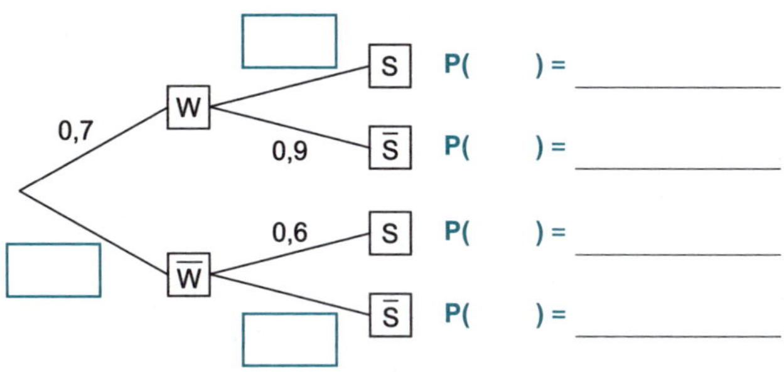

a Füllen Sie die Lücken im Baumdiagramm.

b Ermitteln Sie die Wahrscheinlichkeit für das Ereignis S.

c Wo finden Sie im Baumdiagramm die Wahrscheinlichkeit $P_W(S)$? Was beträgt sie in Prozent? Wie lautet die Formulierung in Worten?

d Vergleichen Sie $P_W(S)$ und $P_{\overline{W}}(S)$ und erläutern Sie, was dies im Sachkontext bedeutet.

e Es wurden 1000 Personen befragt. Stellen Sie eine Vierfeldertafel mit den absoluten Häufigkeiten auf.

49 Die Ereignisse C und D sind stochastisch unabhängig.

a Vervollständigen Sie die Vierfeldertafel. Dokumentieren Sie kurz Ihren Lösungsweg.

	C	$\overline{C}$	
D	0,4		
$\overline{D}$	0,1		
			1

b Zeichnen Sie ein Baumdiagramm. Erklären Sie kurz Ihr Vorgehen. Warum braucht man kein inverses Baumdiagramm?

50 Die Ereignisse A und B sind stochastisch unabhängig.

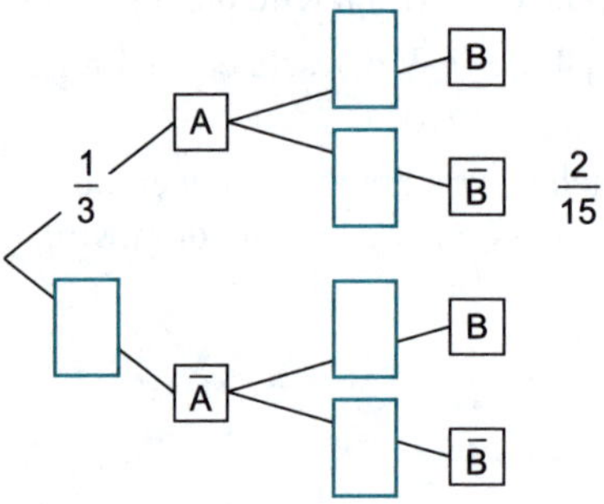

Ermitteln Sie die fehlenden Wahrscheinlichkeiten.
Dokumentieren Sie Ihren Lösungsweg.

51 Über die schulische Lernplattform werden den Schülerinnen und Schülern der 11. Jahrgangsstufe als Vorbereitung auf die Wissenschaftswoche, in der interdisziplinär gearbeitet wird, zum Thema „Pandemie-Nachlese“ Impulse gegeben, wobei im Folgenden primär auf die zur Mathematik eingegangen wird.

„Sie können mehr Mathe, als Sie denken! Notieren Sie mindestens zwei, höchstens zehn Stichworte oder auch Fragen, die Sie mit Pandemie und Mathe verbinden. Mögliches Motto: Wie kann ich mit Mathe manches verstehen oder später erklären, dass es im Rückblick falsch gewesen ist? Notieren Sie Ihre Punkte im Kurs-Forum. Sobald Sie eine Antwort abgegeben haben, können Sie auch die Posts Ihrer Klasse sehen.“

Notieren Sie Punkte zum Thema, versuchen Sie in Austausch mit Mitschülerinnen und Mitschülern zu treten.

52 **Corona-Test in der Schule (Teil 1)**

Das Paul-Ehrlich-Institut (PEI) hat Mindestkriterien für die Schnelltests festgelegt:

- Die **Sensitivität** muss mindestens 80 % betragen. Mit Sensitivität wird die Wahrscheinlichkeit bezeichnet, mit der ein Test eine vorliegende Infektion erkennt.
- Die **Spezifität** muss mindestens 97 % betragen. Spezifität bedeutet, dass der Test negativ ausfällt, wenn die Person nicht infiziert ist.

Es werden folgende Bezeichnungen gewählt:
I = „Die Person ist infiziert."
T = „Der Test fällt positiv aus."

a Formulieren Sie die Sensitivität und Spezifität unter Verwendung obiger Bezeichnungen.

b Grundsätzlich gibt es zwei Möglichkeiten, ein Baumdiagramm aufzubauen. Zeichnen Sie die beiden vollständig beschrifteten Baumdiagramme (ohne Zahlenwerte). Begründen Sie, welches Baumdiagramm sich eignet, wenn darin die Sensitivität und die Spezifität auftauchen sollen.

c Formulieren Sie in Worten und mit den gewählten Bezeichnungen, welche Fehler (optimales und sorgfältiges Abstreichen und Auswerten im Rahmen der Tests vorausgesetzt) auftreten.

d Nehmen Sie nun an, dass die an der Schule verwendeten Tests nur die Mindeststandards erfüllen (siehe Teilaufgabe a) und dass 1 % der Schülerinnen und Schüler infiziert sind. Zeichnen Sie das vollständig (auch mit Zahlen) beschriftete Baumdiagramm. Folgern Sie hieraus das zugehörige inverse Baumdiagramm. Kommunizieren Sie Ihr Vorgehen genau.

e In Teilaufgabe c haben Sie die Fehler für „falsch-negative" und „falsch-positive" Tests formuliert. Geben Sie nun diese Fehler mithilfe von Teilaufgabe d in Prozent an. Interpretieren Sie kurz im Sachkontext.

53 **Corona-Test in der Schule (Teil 2)**

Es ist sinnvoll, vorher Aufgabe 52 bearbeitet zu haben.

„Diskutieren Sie im Forum Ihres Kurses in der schulischen Lernplattform das Thema falsch-positiver Tests im Sachkontext und im mathematischen Modell in Ihren Gruppen. Fassen Sie die Gedanken zusammen. Gute Beiträge werden von der Lehrkraft für die anderen Gruppen zur Diskussion veröffentlicht."

a Notieren Sie einige Punkte, die Ihnen zum Thema einfallen.

b Die Gruppe von Norina (Gruppensprecherin) ist überzeugt, dass es weit mehr aktive Fälle gibt, weil die 7-Tage-Inzidenz in ihrer Altersgruppe so hoch ist und manche weit länger als zwei Wochen krank und ansteckend sind. Sie schlägt vor, dass mit 5 % Infizierten gerechnet wird bei den gleichen Tests, die nur den Mindestanforderungen (siehe Aufgabe 52) genügen.
Führen Sie den Vorschlag von Norina durch, bestimmen Sie die „Falsch-positiv Rate". Stellen Sie zuerst einen Term auf.
Ändern Sie dann den Term auf 10 % ab und berechnen Sie damit erneut die „Falsch-positiv Rate".

c Bezeichnen Sie den Anteil der aktiven Fälle (in Teilaufgabe b: 0,05 sowie 0,10) mit x und stellen Sie den Term f(x) für die „Falsch-positiv-Rate" in Abhängigkeit von x auf.

d Berechnen Sie für einen Test mit einer Sensitivität von 95,5 % und einer Spezifität von 99,7 % in Abhängigkeit von x die Wahrscheinlichkeit, ein „falsch-positives Testergebnis" zu erhalten. Zeichnen Sie ein vollständig beschriftetes Baumdiagramm.
Berechnen Sie nun die Werte für $x = 0{,}01$, $x = 0{,}05$ und $x = 0{,}10$.
Interpretieren Sie das Ergebnis kurz im Sachkontext. Eine ausführliche Diskussion erfolgt in der sich anschließenden Aufgabe.

54 Corona und Schule – Argumentieren und Kommunizieren

Ausgehend vom Brainstorming in der „Corona-Nachlese" werden einige Themen aufgenommen.

Antworten Sie auf die Postings im Forum, besonders mit Bezug zur Mathematik, aber natürlich im Sachkontext und passend auf die emotionale Situation eingehend. Argumentieren Sie unter Verwendung der Fachsprache.

Wenn Sie die Pandemie wegen Ihres damaligen Alters noch nicht bewusst wahrgenommen haben, können Sie auch nur die Fragen und die Lösungen durchlesen, weil Sie diese vermutlich ohne Recherche nicht beantworten können.

a Anja hat geschrieben: Mich hat psychisch gestresst, als ich einen positiven Schnelltest ohne Symptome hatte; ich war die erste in unserer 10. Klasse und in meiner Familie war auch nichts. Wie war das bei euch? Ich bin mir sicher, es hätte mir geholfen, wenn ich erklärt bekommen hätte, dass das „ein Fehler in der Sache" ist.
Dann hätte ich das alles „mathematischer" (weniger emotional) sehen können? Können wir die Kernaussagen mathematisch zusammenfassen ohne die ganzen Rechnungen?

b Angelika schreibt: Ich bin nur wegen der Romfahrt unserer Schule zum Impfen gegangen, weil man sonst nicht nach Italien durfte. Und dann haben wir uns auch noch testen müssen am Tag davor. Zum Glück war ich negativ, ich habe mich ein ganzes Schuljahr darauf gefreut. Ich weiß nicht, ob das mit dem Testen eine gute Idee war, so kurz vorher. Ich mag mir gar nicht vorstellen, was ich gemacht hätte, wenn ich positiv gewesen wäre. Hätte man hier etwas optimieren können und was könnte man in Zukunft beachten?

55 Corona-Schnelltests vor dem 85. Geburtstag?

Renate lässt fragen: Wie ist das nun eigentlich mit den „falsch-negativen Tests“: Ihr habt nachgerechnet, dass die Wahrscheinlichkeit dafür 0,21 % beträgt, auch bei den schlechteren Tests bei 1 % infektiösen Fällen in der Bevölkerung. Aber ich weiß nicht, was es für den Alltag bedeutet. Wir wollen den 85. Geburtstag meines Vaters mit der Verwandtschaft feiern (maximal 100 Leute). Ich weiß nicht, ob es zu riskant ist. Wie sollen wir vorgehen? Ich möchte die hochaltrigen Leute nicht zu sehr verängstigen, aber es kommen auch viele jüngere. Und wenn Tests, wann testen?

Hinweis: Die Feier sollte im Februar 2023 stattfinden, es herrschte eine insgesamt hohe Infektionsdynamik, sodass die 1 % als Mindestrate stimmt. Die Schnelltests genügten den zu diesem Zeitpunkt gültigen Standards.

Kommunizieren Sie adressatengerecht eine Strategie für eine (relativ) sichere Geburtstagsfeier. Gehen Sie auch auf das Thema „verängstigen“ ein.

56 Eine Universität bietet vor dem Beginn des Studiums für das „Lehramt an Grundschulen in Bayern“ allen Interessierten einen Test an, um die Eignung für das Studienfach und den Beruf herauszufinden.

Folgende Werte sind empirisch gewonnen (Erfahrungswerte):

- 75 % der Interessierten sind geeignet.
- 80 % der geeigneten Personen bestehen den Test.
- 65 % aller teilnehmenden Personen bestehen den Test.

Es werden folgende Bezeichnungen eingeführt:
I = Die Person ist interessiert.
E = Die Person ist geeignet.
T = Die Person besteht den Test.

a Begründen Sie im Sachkontext kurz, welche der drei Variablen sowohl bei der Vierfeldertafel als auch beim Baumdiagramm *nicht* benötigt wird.

b Notieren Sie die gegebenen Wahrscheinlichkeiten mit den angegebenen Bezeichnungen.

c Zeichnen Sie das zu den gegebenen Wahrscheinlichkeiten passende vollständig beschriftete Baumdiagramm sowie die Vierfeldertafel, beschriftet mit Wahrscheinlichkeiten. Benennen Sie die wichtigsten Gedankengänge. Argumentieren Sie unter Verwendung der Fachsprache.

d Sie interessieren sich dafür, „Lehramt an Grundschulen“ zu studieren, nehmen am Test teil und haben auch bestanden. Wie groß ist, ausgehend von den gegebenen Annahmen, die Wahrscheinlichkeit für die Eignung? Geben Sie das Ergebnis in Prozent an. Kommunizieren Sie Ihren Gedankengang im Sachkontext.

e Erweitern Sie Ihre Argumentation der vorherigen Aufgabe durch Einbeziehung weiterer Wahrscheinlichkeiten, die die Sicherheit der Eignung bestärkt, und kommunizieren Sie dies unter Verwendung der Fachsprache.

f Benennen Sie im Sachkontext Limitationen der Aussagekraft der bisherigen Ergebnisse (offene Aufgabenstellung).

57 Ein neues Heuschnupfenmittel wird in einer Phase-3-Studie an 100 000 Teilnehmer*innen getestet, die durch Symptome wie Schnupfen, tränende Augen stark beeinträchtigt sind. Ein Teil der Patient*innen nimmt zusätzlich öffnende und abschwellende Sprays, letzterer Aspekt fließt in die erste Untersuchung nicht ein.

Die Gruppe wird aufgeteilt in 50 000 Proband*innen, die das neue Medikament nehmen, und 50 000 Proband*innen, die die ältere Version nehmen. Einen Monat später werden Fragen gestellt und anteilig ärztlich untersucht mit dem Ziel: „Haben Sie deutlich weniger Symptome als vor der Einnahme?“

S = weniger Symptome als vor der Einnahme
E = Einnahme des neuen Medikamentes (und nicht des älteren)

Die absoluten Häufigkeiten werden in der folgenden Vierfeldertafel zusammengefasst:

	E	$\overline{E}$	
S	44 000	24 000	68 000
$\overline{S}$	6 000	26 000	32 000
	50 000	50 000	100 000

a Begründen Sie: Von der Vierfeldertafel der absoluten Häufigkeiten kommt man auf eine Tabelle der relativen Häufigkeiten. Diese lassen sich aber als Wahrscheinlichkeiten interpretieren.

b Geben Sie die Tabelle mit Wahrscheinlichkeiten an.

c Zeichnen Sie die beiden vollständig beschrifteten Baumdiagramme. Dokumentieren Sie wesentliche Schritte Ihres Lösungsweges.

d Welche Wahrscheinlichkeiten interessieren die heuschnupfen-geplagten Patient*innen? Warum?

e Ein Proband hat festgestellt, das P(S) der Mittelwert aus $P_E(S)$ und $P_{\overline{E}}(S)$ ist. Hat er sich verrechnet? Gilt diese Beziehung immer? Und wenn ja, warum, und wenn nein, warum nicht? Argumentieren Sie unter Verwendung der Fachsprache.

f Welche Limitationen der an sich sehr guten Studie sehen Sie? Erstellen Sie eine kurze Liste, zwei Punke genügen.

58 Für Personen ab 60 Jahren (Altersgruppe 60+) wird in Deutschland die jährliche Influenza-Impfung empfohlen, da dieser Personenkreis im Falle der Erkrankung ein höheres Risiko für einen schweren Verlauf oder gar den Tod hat. In Deutschland beträgt die durchschnittliche Impfbereitschaft in dieser Altersgruppe 47 %.

Ferner ist bekannt, dass altersunabhängig (d. h. auch in der Altersgruppe 60+) gilt:

- In der Gruppe der Geimpften infizieren sich im Schnitt 6 % mit dem Virus.
- In der Gruppe der Ungeimpften infizieren sich im Schnitt 10 % mit dem Virus.

In der Altersgruppe 60+ bedeutet „Infektion“ in der Regel auch „Erkranken“. Jüngere Menschen können auch ohne stärkere Symptome erkranken, sie können das Virus jedoch weitergeben.

Es werden folgende Abkürzungen verwendet:
I = Die Person ist geimpft.
E = Die Person erkrankt (dies schließt eine symptomlose Infektion ein).

a Notieren Sie die gegebenen Wahrscheinlichkeiten formal unter Verwendung obiger Abkürzungen.

b Zeichnen Sie die beiden vollständig beschrifteten Baumdiagramme. Dokumentieren Sie die wesentlichen Schritte Ihres Lösungsweges.

E 59 Simpson-Paradoxon (Teil 1)

a Im Unterricht haben Sie vermutlich kurz als eine Anwendung bedingter Wahrscheinlichkeiten das **Simpson-Paradoxon** kennen gelernt. Fassen Sie es in ein bis zwei Sätzen zusammen.

b Simpson-Paradoxon und die Diskriminierungsklage gegen die Universität von Berkeley im Jahr 1973 ist ein viel zitiertes Beispiel. Der Begriff „Bewerber“ schließt (1973) „Bewerberinnen“ mit ein.

(1) Lesen Sie auf Wikipedia den Abschnitt durch und erstellen Sie mit den genannten Zahlen eine Vierfeldertafel in der gewohnten Form mit absoluten Häufigkeiten. Dokumentieren Sie Ihren Lösungsweg genau.

(2) Begründen Sie, dass man statt von relativen Häufigkeiten von Wahrscheinlichkeiten sprechen kann.

(3) Legen Sie die zugehörige Vierfeldertafel mit Wahrscheinlichkeiten an; dokumentieren Sie kurz Ihr Vorgehen.
(4) Im Wikipedia-Artikel tauchen 44 % und 35 % auf, diese finden sich nicht in der Vierfeldertafel mit den Wahrscheinlichkeiten. Warum ist das so? Argumentieren Sie unter Verwendung der Fachsprache.
(5) Benennen Sie, welchen Zusammenhang man untersuchen müsste und welche Daten man bräuchte, um die Diskriminierung der Frauen zu widerlegen. Worauf ist zu achten? Es lässt sich anteilig aus dem Wikipedia-Artikel herauslesen. Kommunizieren Sie im Sachkontext.
(6) Stephan sagt „Ich habe bislang alles kapiert, aber ich weiß noch immer nicht, warum genau dieses sogenannte *Artefakt der Statistik* auftritt. Kurzantwort erbeten.“

E 60 Simpson-Paradoxon (Teil 2)

Es werden zwei Fächergruppen betrachtet, die an der Universität studiert werden können.
A = Fachbereich moderne Fremdsprachen
B = Fachbereich Mathematik, Informatik, Physik
Z = zugelassen
M = Mann
F = Frau

Fach A:

	Z	$\overline{Z}$	
Männer	40	160	200
Frauen	200	400	600
	240	560	800

Fach B:

	Z	$\overline{Z}$	
Männer	730		
Frauen		20	
	1 010	190	1 200

a Berechnen Sie im Fach A jeweils die Wahrscheinlichkeit der Zulassung in der Gruppe der Männer und in der der Frauen. Welches Geschlecht wird somit „bevorzugt“?

b Vervollständigen Sie die Vierfeldertafel für Fach B mit absoluten Häufigkeiten und legen Sie dann eine Vierfeldertafel mit Wahrscheinlichkeiten an. Achten Sie dabei darauf, nicht zu stark zu runden. Dokumentieren Sie Ihren Lösungsweg kurz. Ermitteln Sie anschließend die bedingten Wahrscheinlichkeiten wie in Teilaufgabe a inklusive Folgerung.

c Fassen Sie die beiden Fachgruppen A und B zusammen in einer Vierfeldertafel mit absoluten Häufigkeiten. Bestimmen Sie anschließend wie in den Teilaufgaben a und b die bedingten Wahrscheinlichkeiten und folgern Sie passend.

d Oft fällt im Zusammenhang mit dem Simpson-Paradoxon der Begriff „Chancenquotient" oder „Chancenverhältnis". Im vorliegenden Beispiel ist dies das Verhältnis der Chance auf eine Zulassung bei Frauen und bei Männern. Ermitteln Sie diesen Wert jeweils für Fach A, für Fach B und insgesamt. Was bedeutet ein Chancenverhältnis größer, kleiner oder gleich 1?

e Untersuchen Sie auf mögliche Einflussfaktoren, die in den Teilgruppen ein anderes Bild ergeben als in der Zusammenfassung. Benennen Sie auch Faktoren, die wohl keine Wirkung haben.

Kriterien:
(1) Umfang der Stichprobe
(2) Zulassungsquoten in den einzelnen Fachbereichen
(3) Anteil der männlichen und weiblichen Bewerber*innen in den Fachbereichen
(4) Ziehen Sie Folgerungen aus (2) und (3).

f Nehmen Sie, im Sachkontext begründet, Stellung zu den beiden Aussagen „Frauen wurden bevorzugt" und „Männer wurden bevorzugt"

g Formulieren Sie abschließend ein paar allgemein gültige Ratschläge für die Auswertung und Interpretation von Statistiken und Daten.

Test 5

Inhalte: Stochastische Abhängigkeit, Vierfeldertafel, Baumdiagramm

Zeitbedarf: 25 Minuten

1 Wie erkennen Sie an einem beschrifteten Baumdiagramm „auf einen Blick“, dass zwei Ereignisse A und B voneinander abhängig sind? 2 Punkte

2 In einem Neubaugebiet entstehen 2 000 Wohnungen, von denen 80 % an die Fernwärme angeschlossen werden (Ereignis F). Für 1 280 Wohnungen gibt es je einen Tiefgaragenstellplatz mit E-Ladestation (Ereignis E). Jede vierte Wohnung ohne Fernwärmeanschluss hat keinen Tiefgaragenstellplatz mit E-Ladestation.

a Erstellen Sie je eine vollständig ausgefüllte Vierfeldertafel mit absoluten Häufigkeiten und mit Wahrscheinlichkeiten. Dokumentieren Sie Ihren Gedankengang kurz. 7 Punkte

b Bestimmen Sie die Wahrscheinlichkeit, dass eine zufällig ausgewählte Wohnung ohne E-Ladestation nicht mit Fernwärme beheizt wird. Geben Sie das Ergebnis in Prozent auf zwei Dezimalen gerundet an. 3 Punkte

c Zeichnen Sie ein vollständig beschriftetes Baumdiagramm, bei dem die erste Stufe die Fernwärme ist. Dokumentieren Sie Ihren Lösungsweg. 5 Punkte

d Interpretieren Sie $P_F(\overline{E})$. Für welche*n Eigentümer*in oder junge*n Mieter*in könnte solch eine Wohnung dennoch vorteilhaft sein?
(Offene Frage und Antwort) 3 Punkte

20 Punkte

Note	1	2	3	4	5	6
Punkte	20–18	17–15	14–12	11–9	8–5	4–0

Test 6

Inhalte: Stochastische Abhängigkeit, Vierfeldertafel, Baumdiagramm

Zeitbedarf: 25 Minuten

1 Sie bekamen das folgende Gespräch am Abend eines langen, warmen und relativ windstillen Sonnentages am Strand in Wenningstedt auf Sylt im August mit:

- Hella: Heute haben fast alle Kinder, die Eis essen, einen beginnenden Sonnenbrand gehabt. Man könnte meinen, Eisessen verursacht einen Sonnenbrand.
- Hannes ergänzt: Bei den Erwachsenen gibt es vielleicht auch einen Zusammenhang zwischen der Menge an Wein, Fisch und Sonnenbrand, die eine Person im Laufe des Nachmittags konsumiert haben.
- Reinhard: Menschen, die Eis essen …, komm, gieß mein Glas nochmal ein …

Offenkundig sind die drei schon beim Entspannen. Kommunizieren Sie unter Verwendung der Fachsprache den Inhalt der Unterhaltung im Sachkontext unter Verwendung der Worte: Stochastische Abhängigkeit, Korrelation, Kausalität. Gerne können Sie Ihre Aussage erweitern. 7 Punkte

2 Die Supermarktkette „Cheap" verkauft Halogen-Reflektorlampen, die wesentlich günstiger als beim Markenhändler sind. Es treten allerdings auch mehr Ausfälle auf als bei den teureren Lampen. Folgende zwei Hauptfehler werden genannt:

C: Die Leistung der Lampe weicht um bis zu 20 % vom aufgedruckten Wert ab.

D: Die Dicke des Sockels weicht minimal vom richtigen Wert ab.

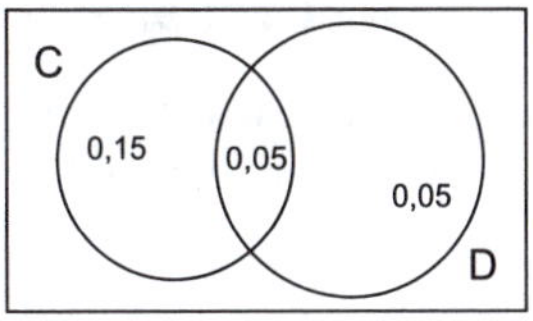

Wahrscheinlichkeiten: siehe Diagramm rechts.

a Fertigen Sie eine vollständig beschriftete Vierfeldertafel an. 3 Punkte

b Zeigen Sie, dass die beiden Ereignisse C und D stochastisch abhängig sind. 1 Punkt

c Entwickeln Sie aus der Vierfeldertafel ein vollständig mit Wahrscheinlichkeiten beschriftetes Baumdiagramm. Beginnen Sie dabei mit dem Ereignis C. Wie kann man auch hieraus gut erkennen, dass die beiden Ereignisse C und D stochastisch abhängig sind? Begründen Sie in Worten. Erklären Sie Ihre Beobachtung anhand von mindestens zwei Merkmalen aus dem Baumdiagramm. 6 Punkte

d Die Wahrscheinlichkeiten für die beiden Fehler C und D seien unverändert. Jedoch wird das Produktionsverfahren der Halogen-Reflektorlampen abgeändert. Es kann nun gewährleistet werden, dass die Fehler unabhängig voneinander auftreten. Berechnen Sie unter dieser Voraussetzung die Wahrscheinlichkeiten für folgende Ereignisse:

E: Es treten beide Fehler auf. F: Es tritt mindestens ein Fehler auf. 3 Punkte

20 Punkte

Note	1	2	3	4	5	6
Punkte	20–18	17–15	14–12	11–9	8–5	4–0

Hinweise zu den Aufgaben

45 b Beachten Sie die 1. Pfadregel: Bei einem mehrstufigen Zufallsexperiment multipliziert man längs des zugehörigen Pfades.

46 a Tragen Sie zuerst die Werte ein, die im Baumdiagramm stehen.

47 Achten Sie darauf, ob es sich um bedingte Wahrscheinlichkeiten handelt.

52 a Gesucht sind bedingte Wahrscheinlichkeiten.

d Erschrecken Sie nicht: Es kommen keine „schönen Zahlen" heraus.

54 Achten Sie besonders auf die Kompetenzen „Argumentieren, Kommunizieren" auf Basis der fachlichen Grundlagen.

55 Beachten Sie die Hinweise zu Aufgabe 54.

56 d Es wird nach einer bedingten Wahrscheinlichkeit gefragt.

f Nutzen Sie offene Aufgabenstellungen, um, basierend auf mathematischen Aussagen, passend zu kommunizieren.

57 e Vertauschen Sie zur Probe die Rollen von E und S.

59 b Die Wahrscheinlichkeiten müssen immer auf $|\Omega|$ bezogen werden.

Lösungen zu den Aufgaben

44 a Einige Stichworte zur Wiederholung: Zufallsexperiment, Ereignis, absolute und relative Häufigkeit mit dem Zusammenhang $h(A) = \frac{H(A)}{n}$

Empirisches Gesetz der großen Zahlen: Die relative Häufigkeit eines Ereignisses A stabilisiert sich mit zunehmender Versuchszahl um einen festen Wert, der Wahrscheinlichkeit des Ereignisses A genannt wird, kurz P(A); dieser Wert liegt zwischen 0 und 1.

Laplace Wahrscheinlichkeit: Zufallsexperimente, bei denen alle Ergebnisse gleichwahrscheinlich sind, heißen Laplace-Experimente. Hat ein Laplace-Experiment n Ergebnisse, dann beträgt die Wahrscheinlichkeit für jedes Ergebnis $\frac{1}{n}$.

Für Laplace-Experimente gilt: Die Wahrscheinlichkeit P(A) eines Ereignisses A erhält man, indem man die Anzahl der für A günstigen Ereignisse durch die Gesamtzahl der möglichen Ergebnisse teilt $P(A) = \frac{|A|}{|\Omega|}$.

Im betrachteten Zufallsexperiment sind die Augensummen nicht gleichwahrscheinlich, daher ist es nicht sinnvoll, $\Omega = \{2; 3; 4; 5; 6; 7; 8\}$ zu wählen. Wählt man jedoch $\Omega = \{(1; 1); (1; 2); \dots; (4; 3); (4; 4)\}$, so hat man 16 gleichwahrscheinliche Ergebnisse. Diese ordnet man den Augensummen zu, z. B. führt $A = \{(1; 4); (4; 1); (2; 3); (3; 2)\}$ zu Augensumme fünf und man erhält:

$$P(A) = \frac{|A|}{|\Omega|} = \frac{4}{16} = \frac{1}{4} = 25\ \%$$

b **1. Thread:**

- Hendrik, ob Du alles richtig gemacht hast… Deine Ergebnisse sehen nicht besser und nicht schlechter als die der meisten Gruppen aus.
- Thomas, es liegen bereits mehr als 1 000 Daten vor.
- Denkt nochmal gemeinsam nach.

2. Thread:

- Überlegt mal gemeinsam, warum manche Augensummen nicht so oft vorkommen.
- Gesamtergebnisse zu betrachten, ist eine sehr gute Idee. Überlegt einmal, warum.

3. Thread:

Ihr seid auf einem guten Weg, alle Ideen stimmen, nun müsst ihr sie nur noch zusammenführen.

4. Thread:

Ihr arbeitet gut als Team zusammen. Eine Erhöhung der Wurfanzahl ist eine sehr gute Idee. Simulationen mithilfe des Computers sind geeignet, vorausgesetzt ihr findet die richtigen Befehle.

45 **a** Mit der Pfadregel ergibt sich beispielsweise:

$P(A \cap B) = 0{,}6 \cdot 0{,}3 = 0{,}18$ und $P(A \cap \overline{B}) = 0{,}6 \cdot 0{,}7 = 0{,}42$

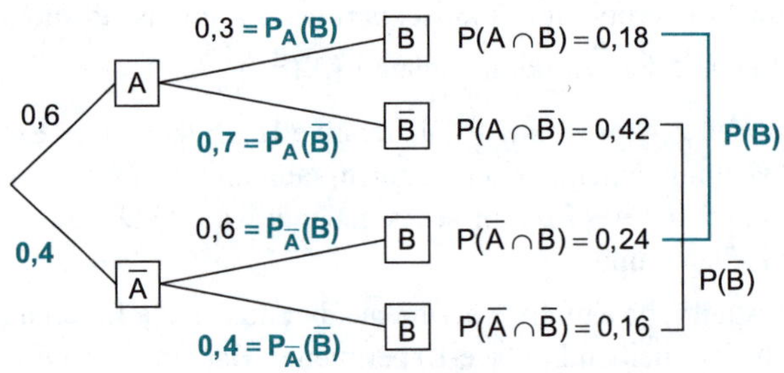

	A	$\overline{A}$	
B	$P(A \cap B) = 0{,}18$	$P(\overline{A} \cap B) = 0{,}24$	$P(B) = 0{,}42$
$\overline{B}$	$P(A \cap \overline{B}) = 0{,}42$	$P(\overline{A} \cap \overline{B}) = 0{,}16$	$P(\overline{B}) = 0{,}58$
	$P(A) = 0{,}6$	$P(\overline{A}) = 0{,}4$	1

b Aus dem Baumdiagramm in Teilaufgabe a liest man ab:

$\mathbf{P_A(B) = 0{,}3;} \quad \mathbf{P_A(\overline{B}) = 0{,}7;} \quad \mathbf{P_{\overline{A}}(B) = 0{,}6;} \quad \mathbf{P_{\overline{A}}(\overline{B}) = 0{,}4}$

Aus der Pfadregel folgt allgemein:

$$P_B(A) = \frac{P(A \cap B)}{P(B)}$$

Damit ergibt sich aus der Vierfeldertafel aus Teilaufgabe a:

$$P_B(A) = \frac{P(A \cap B)}{P(B)} = \frac{0{,}18}{0{,}42} = \frac{3}{7} \qquad P_B(\overline{A}) = \frac{P(\overline{A} \cap B)}{P(B)} = \frac{0{,}24}{0{,}42} = \frac{4}{7}$$

$$P_{\overline{B}}(A) = \frac{P(A \cap \overline{B})}{P(\overline{B})} = \frac{0{,}42}{0{,}58} = \frac{21}{29} \qquad P_{\overline{B}}(\overline{A}) = 1 - P_{\overline{B}}(A) = \frac{8}{29}$$

c

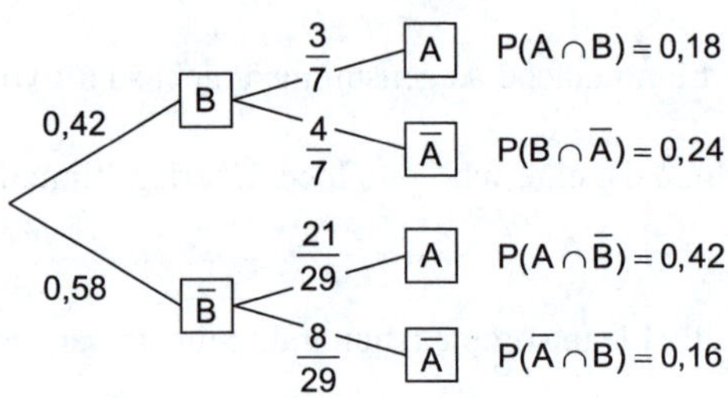

46 a Vierfeldertafel (mit $|\Omega| = 1000$): Vier Werte können aus dem Baumdiagramm abgelesen werden. Danach ermittelt man zuerst die drei fett gedruckten Werte (Summe bzw. Differenz) und dann die beiden blau gedruckten.

	C	$\overline{C}$	
D	120	350	**470**
$\overline{D}$	**130**	**400**	**530**
	250	750	1 000

	C	$\overline{C}$	
D	0,12	0,35	0,47
$\overline{D}$	0,13	0,40	0,53
	0,25	0,75	1

Beispielrechnung: $P(C \cap D) = \dfrac{|C \cap D|}{|\Omega|} = \dfrac{120}{1\,000} = 0{,}12$

b „Empirisches Gesetz der großen Zahl“: $n = 1\,000$ ist ziemlich groß.

c $P_C(D) = \dfrac{P(C \cap D)}{P(C)}$ bzw. $P_C(D) = \dfrac{|C \cap D|}{|C|}$

$P_C(D) = \dfrac{0{,}12}{0{,}25} = \dfrac{12}{25}$ und $P_C(\overline{D}) = \dfrac{P(C \cap \overline{D})}{P(C)} = \dfrac{13}{25}$

Alternative Berechnung: mittels $P_C(\overline{D}) = 1 - P_C(D)$

$$P_{\overline{C}}(D) = \frac{P(\overline{C} \cap D)}{P(\overline{C})} = \frac{0{,}35}{0{,}75} = \frac{7}{15}$$

$$P_{\overline{C}}(\overline{D}) = 1 - P_{\overline{C}}(D) = 1 - \frac{7}{15} = \frac{8}{15}$$

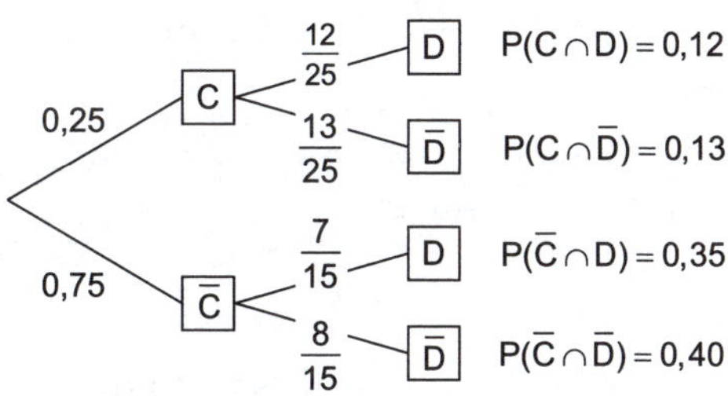

d $P_D(C) = \dfrac{P(C \cap D)}{P(D)} = \dfrac{0{,}12}{0{,}47} = \dfrac{12}{47}$

$P_{\overline{D}}(C) = 1 - \dfrac{12}{47} = \dfrac{13}{53}$

$P_{\overline{D}}(\overline{C}) = 1 - \dfrac{13}{53} = \dfrac{40}{53}$

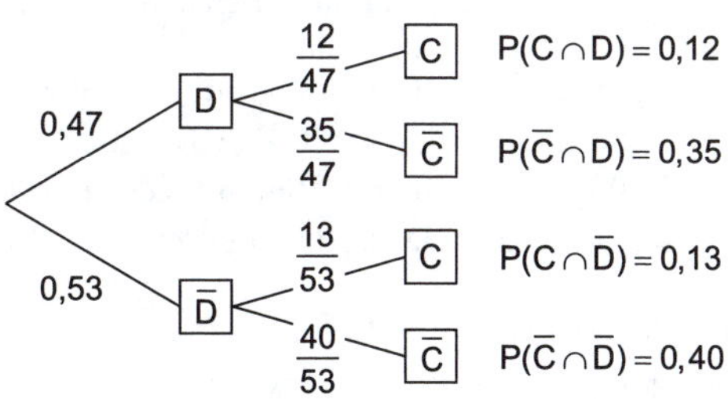

47 a Gruppe aller wahlberechtigten Befragten

Eine eindeutige Meinung dazu haben 60 % + 25 % = 85 % der Wahlberechtigten, die teilgenommen haben. R = „für Rücktritt"; E = „eindeutige Meinung"

$$P_E(R) = \frac{P(R \cap E)}{P(E)} = \frac{60\,\%}{85\,\%} = \frac{12}{17} \approx 70{,}6\,\%$$

70,6 % der Befragten mit eindeutiger Meinung sind für den Rücktritt.

Anhänger der Partei der Ministerin

$P(\overline{E}) = 12\,\% = 0{,}12 \quad \Rightarrow \quad P(E) = 1 - P(\overline{E}) = 88\,\% = 0{,}88$

$P(R \cap E) = 50\,\% = 0{,}5$

$$P_E(R) = \frac{P(R \cap E)}{P(E)} = \frac{50\,\%}{88\,\%} = \frac{50}{88} \approx 56{,}8\,\%$$

Unter den Anhängern der eigenen Partei sind „nur" 56,8 % der Befragten für den Rücktritt.

b
- Die Auswahl der Personen, die bei einer Telefonumfrage mitmachen, liefert nur eine bestimmte Klientel bezüglich Alter, z. B. mehr Menschen im Ruhestand als Arbeitende. Letztere reagieren während der Arbeitszeit bei einer ihnen unbekannten Nummer eher selten auf einen Anruf.
- Die Anzahl der Anhänger ihrer eigenen Partei, die befragt wurden, beträgt nur 286 Personen (22 % von 1300, also 0,22 · 1300 = 286). Die geringere Anzahl könnte das Ergebnis verzerren.

48 a

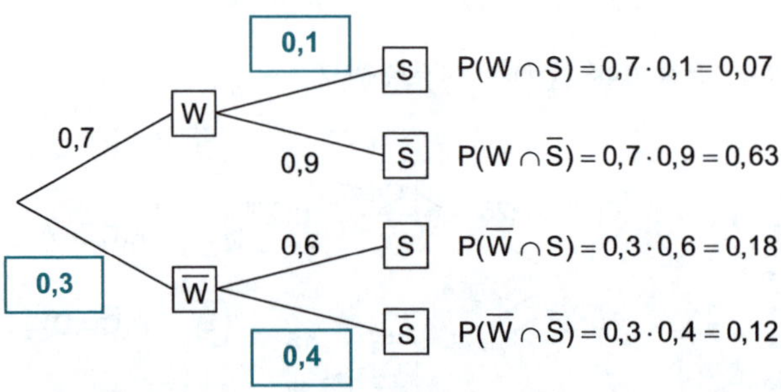

b $P(S) = P(W \cap S) + P(\overline{W} \cap S) = 0{,}07 + 0{,}18 = 0{,}25 = 25\,\%$

Mit einer Wahrscheinlichkeit von 25 % „schreit der Rauchmelder plötzlich".

c $P_W(S)$ steht im Baumdiagramm auf der 2. Stufe des zweistufigen Zufallsexperiments und es gilt: $P_W(S) = 10\,\%$

In Worten: Wenn der Rauchmelder jährlich gewartet wird, beträgt die Wahrscheinlichkeit dafür, dass der Rauchmelder „plötzlich losschreit", 10 %.

d $P_W(S) = 10\,\%$ und $P_{\overline{W}}(S) = 60\,\%$

Bei den nicht jährlich gewarteten Rauchmeldern beträgt die Wahrscheinlichkeit, dass er „losschreit", das 6-Fache der gewarteten Rauchmelder.

e

	W	$\overline{W}$	
S	70	180	250
$\overline{S}$	630	120	750
	700	300	1 000

49 **a**

	C	$\overline{C}$	
D	0,4 = **P(C ∩ D)**	**0,4**	**0,8 = P(D)**
$\overline{D}$	0,1	**0,1**	**0,2**
	0,4 + 0,1 = **0,5 = P(C)**	1 − 0,5 = **0,5**	1

Die Werte P(C) und P($\overline{C}$) ergeben sich als Summe bzw. Differenz. Danach berechnet man P(D) mithilfe der vorausgesetzten Unabhängigkeit:

$$P(C \cap D) = P(C) \cdot P(D) \quad \Rightarrow \quad P(D) = \frac{P(C \cap D)}{P(C)} = \frac{0,4}{0,5} = 0,8$$

Der Rest ergibt sich wieder durch Differenzbildungen.

b Für das Baumdiagramm (links) ist zu beachten, dass wegen der stochastischen Unabhängigkeit von C und D gilt:
$P(D) = P_C(D) = P_{\overline{C}}(D)$

Das inverse Baumdiagramm (rechts) benötigt man nicht, da auch gilt:
$P(C) = P_D(C) = P_{\overline{D}}(C)$

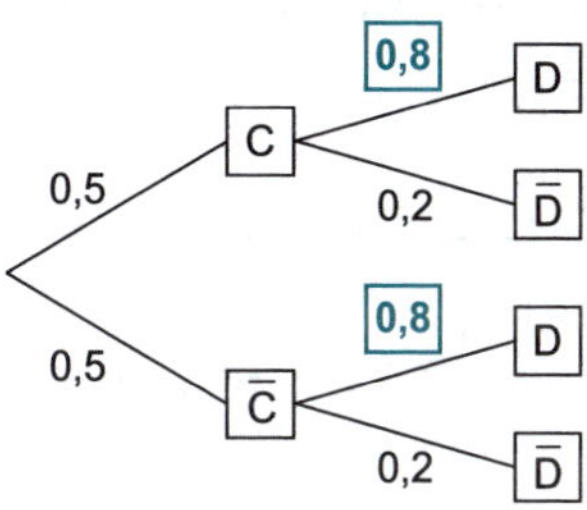

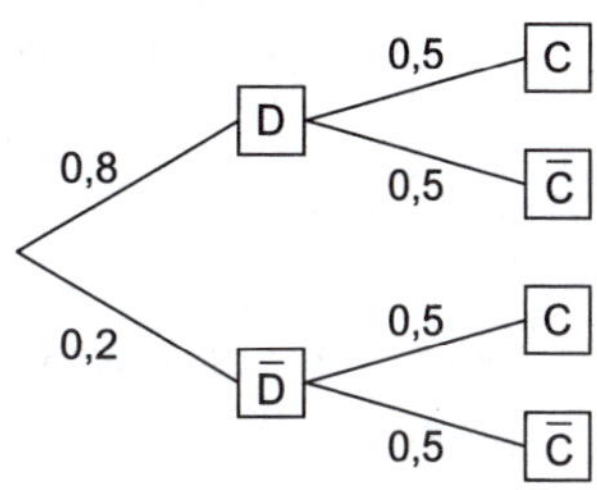

50 $P(A) = \frac{1}{3} \quad \Rightarrow \quad P(\overline{A}) = 1 - P(A) = 1 - \frac{1}{3} = \frac{2}{3}$

$P(A \cap \overline{B}) = P(A) \cdot P_A(\overline{B})$

$$\Rightarrow \quad P_A(\overline{B}) = \frac{P(A \cap \overline{B})}{P(A)} = \frac{\frac{2}{15}}{\frac{1}{3}} = \frac{2}{15} \cdot \frac{3}{1} = \frac{2}{5}$$

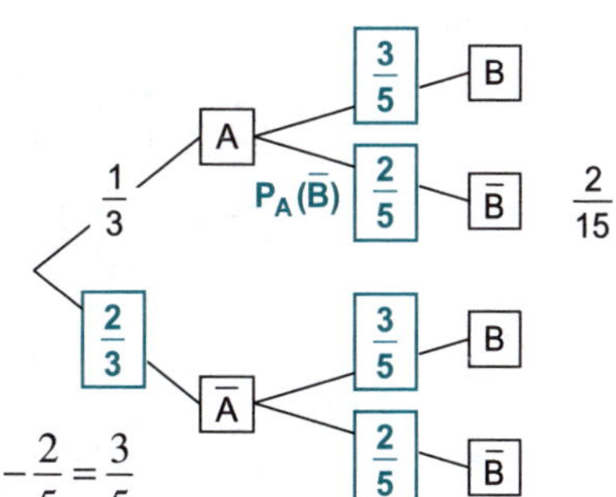

Wegen der Unabhängigkeit folgt außerdem:

$$P_A(\overline{B}) = P_{\overline{A}}(\overline{B}) = \frac{2}{5} \quad \Rightarrow \quad P_A(B) = P_{\overline{A}}(B) = 1 - \frac{2}{5} = \frac{3}{5}$$

51 Mögliche Antworten:

- Prozent (pro 100) und Promille (pro 1 000) wurde auf Inzidenz (pro 100 000) erweitert
- Exponentielles Wachstum
- R-Wert
- 7-Tage-Inzidenz und Fallzahlen. Warum sagt die 7-Tage-Inzidenz mehr oder anderes aus als der R-Wert?
- Schnelltests manchmal unzuverlässig, meiner war positiv und ich hatte gar kein Corona gehabt. Aber ob das oft vorkam, würde mich sehr interessieren und warum.
- Artefakt der Statistik
- Sensitivität von Tests
- Spezifität von Tests
- Baumdiagramm und inverses Baumdiagramm
- Ich würde mal gerne wissen, wer Herr oder Frau Simpson waren, das tauchte mal auf, soll mit Mathe zu tun haben. Gibt so ein Simpson-Paradoxon.
- In Deutschland gibt es viel mehr ältere Menschen als in vielen afrikanischen Ländern. Das hatte wohl Einfluss darauf, wie viele schwer erkranken.
- Es hat mit Mathe zu tun, dass ich mich vor den Treffen mit meiner Oma täglich getestet habe und nicht nur kurz davor. Aber verstanden habe ich das noch nicht.
- Vierfeldertafeln
- Wenn es mit positiven Tests in meiner Klasse los ging, dann wurden es mehr oder weniger explosionsartig mehr positive Fälle, dann war wieder eine Zeitlang Ruhe. Das hat sicher mit Mathe auch was zu tun.

52 **a** Sensitivität: P(„Test ist positiv“) unter der Bedingung „Person ist infiziert“
$P_I(T) \geq 0{,}80$

Spezifität: P(„Test ist negativ“) unter der Bedingung „Person ist nicht infiziert“
$P_{\overline{I}}(\overline{T}) \geq 0{,}97$

b Baumdiagramm 1:

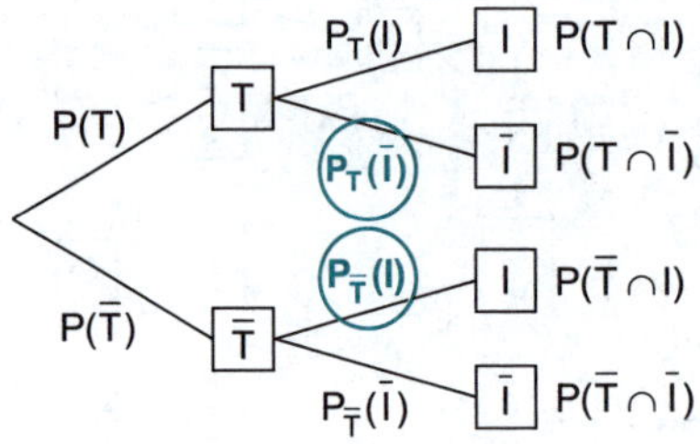

Baumdiagramm 2:

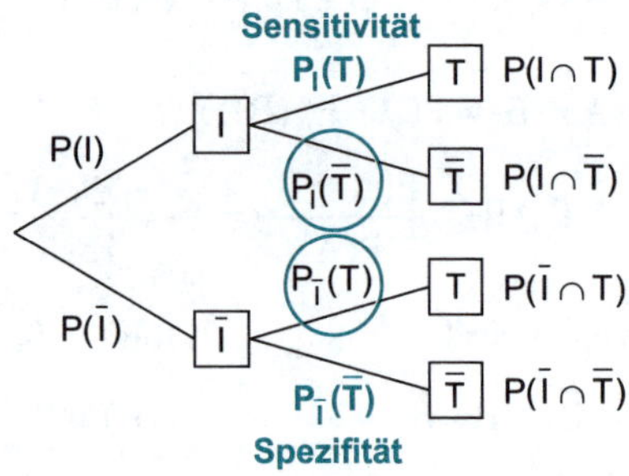

Somit eignet sich Baumdiagramm 2 (rechts).

c Die möglichen Fehler sind in den Diagrammen mit ○ gekennzeichnet.

Diagramm 1

$P_T(\bar{I})$ bezeichnet die Wahrscheinlichkeit, dass die Person nicht infiziert ist, obwohl der Test positiv ist; das sind die sogenannten falsch-positiven Testergebnisse.

$P_{\bar{T}}(I)$ bezeichnet die Wahrscheinlichkeit, dass die Person infiziert ist, obwohl der Test negativ ist; das sind die sogenannten falsch-negativen Testergebnisse.

Diagramm 2

$P_I(\bar{T})$: Die Person erhält ein negatives Testergebnis, obwohl sie infiziert ist.

$P_{\bar{I}}(T)$: Die Person erhält ein positives Testergebnis, obwohl sie nicht infiziert ist.

d Diagramm 2 aus Teilaufgabe b wird mit den Zahlenwerten beschriftet.

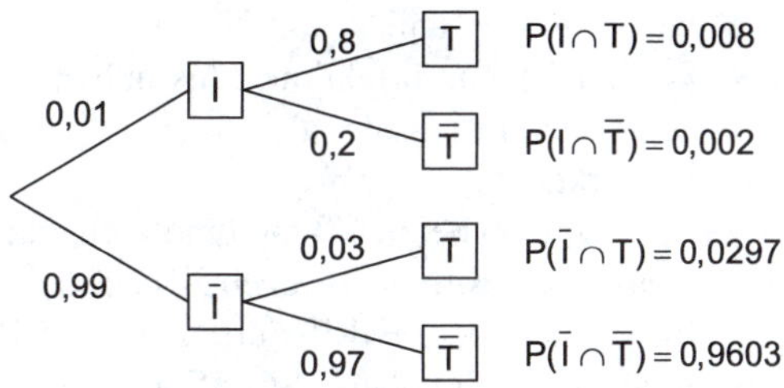

Für das **inverse Baumdiagramm** benötigt man die Wahrscheinlichkeit P(T), die man folgendermaßen erhält:

$$P(T) = P(I \cap T) + P(\bar{I} \cap T) = 0{,}008 + 0{,}0297 = 0{,}0377$$

$$P(\bar{T}) = 1 - P(T) = 1 - 0{,}0377 = 0{,}9623$$

Kontrolle:

$$P(\bar{T}) = P(I \cap \bar{T}) + P(\bar{I} \cap \bar{T}) = 0{,}0020 + 0{,}9603 = 0{,}9623 = 96{,}23\ \%$$

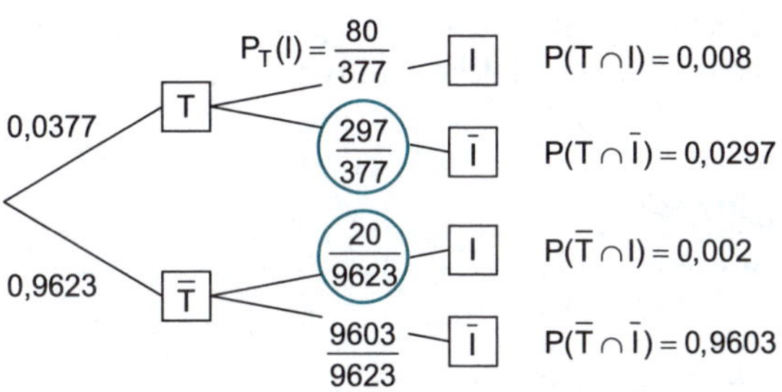

Die noch fehlenden bedingten Wahrscheinlichkeiten der zweiten Stufe werden mit der ersten Pfadregel $P(T) \cdot P_T(I) = P(I \cap T)$ berechnet:

$$P_T(I) = \frac{P(I \cap T)}{P(T)} = \frac{0{,}008}{0{,}0377} = \frac{80}{377} \quad \Rightarrow \quad P_T(\bar{I}) = 1 - P_T(I) = 1 - \frac{80}{377} = \frac{297}{377}$$

$$P_{\bar{T}}(I) = \frac{P(I \cap \bar{T})}{P(\bar{T})} = \frac{0{,}002}{0{,}9623} = \frac{20}{9623} \quad \Rightarrow \quad P_{\bar{T}}(\bar{I}) = 1 - P_{\bar{T}}(I) = 1 - \frac{20}{9623} = \frac{9603}{9623}$$

e Die Wahrscheinlichkeit eines „falsch-negativen“ Tests ist:

$$P_{\bar{T}}(I) = \frac{20}{9623} \approx 0{,}21\ \%$$

Die Wahrscheinlichkeit eines „falsch-positiven“ Tests beträgt:

$$P_T(\bar{I}) = \frac{297}{377} \approx 78{,}78\ \%$$

Interpretation: Der Fehler für einen „falsch-positiven“ Test ist zu hoch. Die Mathematik ist aber richtig. Der Sachzusammenhang wird in den folgenden Aufgaben analysiert.

53 a Mögliche Antworten:
- Dunkelziffer an Infektionen (aktuell aktive, ansteckende Fälle) würde bedeuten: P(I) ist größer als 1 %. Es ist genauer zu überlegen, wie sich das auswirkt.
- Beachten, ob bereits Symptome vorhanden sind, um im realen „Experiment“ die positiven Tests einzuschätzen.
- Bestätigung oder Falsifizierung über PCR-Test machen lassen.
- Einen Test mit höherer Spezifität verwenden; überlegen, wie sich die Spezifität auswirkt.
- Einen Test mit höherer Sensitivität verwenden; Auswirkung überlegen.
- Isolieren und einige Stunden später einen Schnelltest mit hoher Spezifität und Sensitivität machen.
- Keine Panik bei positiven Schnelltests, er könnte falsch-positiv sein.
- Wahrscheinlichkeit berechnen, dass zwei unabhängig voneinander (nicht direkt nacheinander) gemachte Tests falsch-positiv ausfallen.

b „Falsch-positiv“ bedeutet:

$$P_T(\bar{I}) = \frac{P(\bar{I} \cap T)}{P(T)} = \frac{P(\bar{I} \cap T)}{P(\bar{I} \cap T) + P(I \cap T)} \quad (*)$$

Bekannt:

$P(I) = 0{,}05 \;\Rightarrow\; P(\bar{I}) = 0{,}95$

$P_I(T) = 0{,}80$ und $P_{\bar{I}}(T) = 0{,}97$

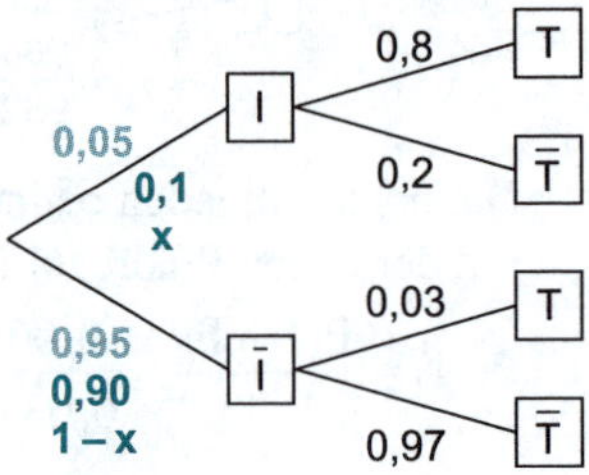

Einsetzen in (*):

$$P_T(\bar{I}) = \frac{0{,}95 \cdot 0{,}03}{0{,}95 \cdot 0{,}03 + 0{,}05 \cdot 0{,}80} \approx 41{,}6\ \%$$

Rechnung mit 0,1 anstelle von 0,05:

$$P_T(\bar{I}) = \frac{0{,}90 \cdot 0{,}03}{0{,}90 \cdot 0{,}03 + 0{,}10 \cdot 0{,}80} \approx 25{,}2\ \%$$

Die Rate für „falsch-positiv“ beträgt also ca. 41,6 % bzw. ca. 25,2 %.

c $f(x) = P_T(\bar{I}) = \dfrac{(1-x)\cdot 0{,}03}{(1-x)\cdot 0{,}03 + x\cdot 0{,}80}$

d Sensitivität: 95,5 %
Spezifität: 99,7 %

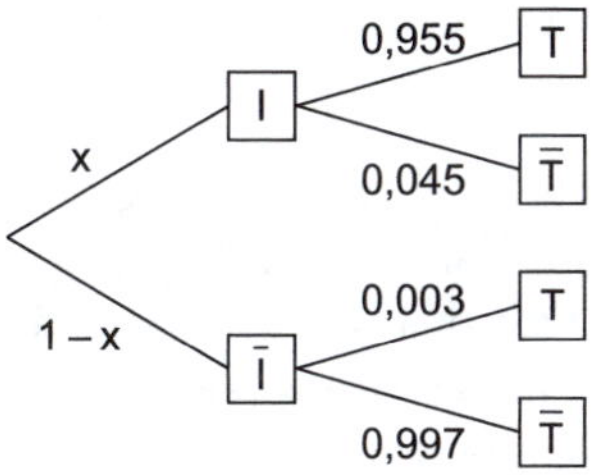

$$P_T(\bar{I}) = \frac{P(T\cap\bar{I})}{P(T\cap\bar{I}) + P(T\cap I)} = \frac{(1-x)\cdot 0{,}003}{(1-x)\cdot 0{,}003 + x\cdot 0{,}955} = f(x)$$

$f(0{,}01) \approx 23{,}7\ \%$; $f(0{,}05) \approx 5{,}63\ \%$; $f(0{,}10) \approx 2{,}75\ \%$

Interpretation:

- Es gilt auch hier: Je höher der Anteil der aktiven Fälle ist, desto geringer ist die Wahrscheinlichkeit, fälschlicherweise ein positives Testergebnis zu erhalten.
- Verglichen mit den Tests, die nur den Mindeststandards genügen, ist die Gefahr, einen „falsch-positiven" Test zu erhalten, geringer.

54 a Mögliche Antworten:

- Das verstehe ich, mir ging es auch so. Und als du aus der Klasse musstet, die Hausaufgabe verbessert war, hat der Mathelehrer eine Ex über „Bruchterme umformen" geschrieben.

Nun zur Erklärung:

- Neben den Anwendungsfehlern, z. B. abgelaufene Tests, ungenaues Abstreichen, gibt es Fehler, die man mit der Wahrscheinlichkeitsrechnung begründen kann.
- Über die Sensitivität und Spezifität kennen wir die bedingten Wahrscheinlichkeiten, dass wenn jemand infiziert ist, der Test positiv ist, sowie, wenn jemand nicht infiziert ist, der Test negativ ist.
- Beim Testen sehen wir, ob der Test positiv oder negativ ist.
- Im Idealfall sind folgende Wahrscheinlichkeiten hoch:
  Wenn Test positiv, ist die Person infiziert.
  Wenn Test negativ, ist die Person nicht infiziert.
- In der Folge sollten die beiden Wahrscheinlichkeiten klein sein:
  Wenn Test positiv, ist die Person nicht infiziert („falsch-positiv").
  Wenn Test negativ, ist die Person trotzdem infiziert. („falsch-negativ").
- Die Tests sind so gemacht, dass die Wahrscheinlichkeit für „falsch-negativ" klein gehalten ist, aber die für „falsch-positiv" relativ groß sein kann, besonders wenn der Anteil der aktiven Fälle (im Corona-Kontext) gering ist.
- Wenn man das weiß, kann man in der von Anja geschilderten Situation gelassener mit einem positiven Test umgehen – diesen ernst nehmen, aber nicht in Panik verfallen.

- Mathematisch: Vom Baumdiagramm auf das zugehörige inverse Baumdiagramm schließen bzw. von der einen bedingten Wahrscheinlichkeit auf die umgekehrte bedingte Wahrscheinlichkeit schließen. Das ist bei allen diagnostischen Tests so.

b Mögliche Antworten auf diesen umfassenden Beitrag:

(1) Es war tatsächlich zeitweise so, dass für Italien ein Impfnachweis nötig war, man versuchte an jeder Schraube zu drehen.

(2) Für das Testen nur am Tag vor der Busreise gibt es Pro- und Kontra-Argumente.

(3) Sicher ist es ein „Motivationskick“, schon vorher sehr achtsam zu sein, alle „Infektionschancen“ zu vermeiden – das sogenannte Präventionsparadoxon.

(4) Wäre eine infizierte Person im Bus, so würden sich bei dieser mit hoher Wahrscheinlichkeit eine große Anzahl von Schülerinnen und Schülern in diesem Bus auf der Fahrt anstecken.

(5) Wir wissen, dass der Anteil „falsch-positiver Tests“ nach den Gesetzen der Wahrscheinlichkeitsrechnung relativ hoch ist; daher die besten Tests verwenden. Schrecklich, wenn man sich fast ein Schuljahr lang auf die Fahrt gefreut hat und wegen des eventuell „falsch-positiven Tests“ nicht mitfahren kann, am nächsten Mittag nach einem Labortest erfährt, dass man negativ ist, aber die Busse längst über den Brenner oder gar schon in Rom sind.

(6) Optimierung: Das tägliche Testen zwei bis drei Tage vor der Fahrt beginnen. Zwei „falsch-positive Tests“ an zwei aufeinanderfolgenden Tagen sind unwahrscheinlicher als ein „falsch-positiver Test“ (Baumdiagramm: erste Stufe nicht infiziert, zweite Stufe positiver Test, dritte Stufe positiver Test; Wahrscheinlichkeiten werden längs der Äste multipliziert).

55 Mögliche Antwort:

- Die Wahrscheinlichkeit von 0,21 % eines sogenannten „falsch-negativen Tests“ (bedeutet: der Test ist negativ, obwohl die Person infiziert ist) ist sehr gering. Somit besteht, wenn zur Feier nur negativ Getestete kommen, eine hohe Sicherheit, dass niemand infiziert ist. 0,21 % bedeutet 0,21 von 100; das ist zwar nicht null, aber sehr gering.
- Ein Problem kann man darin sehen, dass viele ältere Leute wenig Erfahrung mit Schnelltests haben und daher zusätzliche Fehler entstehen. Das könnte man lösen, dass diese sich am Morgen beim Arzt testen lassen.
- Ein größeres Problem sind die „falsch-positiven Tests“: Jemand ängstigt sich wegen des positiven Tests, ist in Wirklichkeit aber gar nicht infiziert.
- Es gibt daher keinen „einfachen“ pauschal richtigen oder falschen Weg.
- Du schreibst: Es kommen auch viele, die noch nicht im hohen Alter sind. Von diesen kann man erwarten, dass sie sich am Vortag und am Tag der Feier

selbst testen; damit tragen sie entscheidend zum Schutz der Personen im hohen Alter bei. Ist der erste Test positiv, testen sie am nächsten Tag mit einem besseren Test. Es ist sehr unwahrscheinlich, dass zwei oder gar drei Tests fälschlicherweise positiv sind.

- Die älteren Personen könnten sich zwei Tage vor der Feier in der Apotheke (oder besser in einer Arztpraxis) testen lassen. Dort wird, falls der Schnelltest positiv ist, ein Labortest (PCR) veranlasst; die Person erhält am Morgen vor der Feier das Ergebnis. Ist dieses positiv, dann ist erreicht, was erreicht werden soll: keine Ansteckung der anderen auf der Feier. Ist es negativ, kann die Person beruhigt auf die Feier gehen.

56 **a** Die Variable I kann weggelassen werden, da sich alle Angaben, die gemacht werden, nur auf am GS-Studium Interessierte beziehen.

b $P(E) = 75\,\% = 0{,}75$; $P_E(T) = 80\,\% = 0{,}80$; $P(T) = 65\,\% = 0{,}65$

c Weil die bedingte Wahrscheinlichkeit $P_E(T)$ gegeben ist, wird das Baumdiagramm, bei dem in erster Stufe E und in zweiter Stufe T steht, verwendet. Dieses wird zuerst mit den gegebenen Größen (siehe Teilaufgabe b) beschriftet. Aus diesen Werten ergibt sich außerdem:

$P(\overline{E}) = 1 - P(E) = 0{,}25$; $P_E(\overline{T}) = 1 - P_E(T) = 0{,}20$

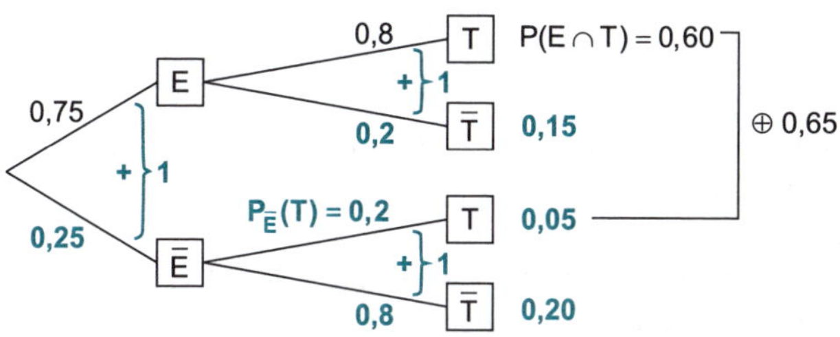

(1) $P(E \cap T) = P(E) \cdot P_E(T) = 0{,}75 \cdot 0{,}8 = 0{,}6 = 60\,\%$

(2) $\underbrace{P(T)}_{0{,}65} = \underbrace{P(E \cap T)}_{0{,}60} + P(\overline{E} \cap T) \quad \Rightarrow \quad P(\overline{E} \cap T) = 0{,}05$

(3) $\underbrace{P(\overline{E} \cap T)}_{0{,}05} = \underbrace{P(\overline{E})}_{0{,}25} \cdot P_{\overline{E}}(T) \quad \Rightarrow \quad P_{\overline{E}}(T) = 0{,}20$

Die übrigen Werte ergeben sich im Baumdiagramm. Vierfeldertafel:

	T	T̄	
E	0,6	0,15	0,75
Ē	0,05	0,20	0,25
	0,65	0,35	1

d Gesucht ist: $P_T(E)$

$$P_T(E) = \frac{P(E \cap T)}{P(T)} = \frac{0{,}6}{0{,}65} \approx 92{,}31\,\%$$

Unter den gegebenen Annahmen beträgt die Wahrscheinlichkeit, dass die Person für den Beruf und das Studium geeignet ist, 92,31 %, wenn sie den Test bestanden hat. Dies ist ein sehr hoher Wert.

e Einbeziehung weiterer Wahrscheinlichkeiten:
$P(E) = 0{,}75 = 75\,\%$
Von allen Interessierten sind 75 % geeignet.

$$P_{\overline{T}}(E) = \frac{P(E \cap \overline{T})}{P(\overline{T})} = \frac{0{,}15}{0{,}35} \approx 42{,}86\,\%$$

Die Wahrscheinlichkeit, geeignet zu sein, obwohl der Test nicht bestanden wurde, liegt bei ca. 42,86 %.

Es gilt $P_T(E) > P(E) > P_{\overline{T}}(E)$ wegen $92\,\% > 75\,\% > 43\,\%$ (jeweils deutlicher Unterschied), woraus man folgern kann: In der Gruppe „Test bestanden" ist die Wahrscheinlichkeit der Eignung mehr als doppelt so hoch wie in der Gruppe „Test nicht bestanden". Es gilt nämlich:

$$\frac{92}{43} \approx 2{,}14$$

f Im Text steht lediglich, dass die Werte empirisch gewonnen sind.
Limitationen:
- Wie groß war die Stichprobe, um diese zu bestimmen? Groß genug?
- Was sind die Kriterien für die Eignung?
- Welche Gruppe nahm teil?
- Wie war die Datenerhebung? (Selbsteinschätzung – Schülerbefragung)
- Schule im Wandel: Sind aktuellere Daten nötig?
- In welcher Gewichtung fließt das Studium ein, in welcher die Examina oder langjährige Erfahrung im Beruf?
- Es gibt sehr viele Parameter, die bei empirischen Daten einfließen. Es werden zusätzlich zu diesen wichtigen Praxisdaten auch wissenschaftliche Daten und deren Evaluation benötigt.

57 a $|\Omega| = 100\,000$
Da der Umfang der an der Studie teilnehmenden Patienten sehr groß und gleichmäßig auf die beiden Gruppen verteilt ist, kann man das empirische Gesetz der großen Zahlen voraussetzen und von Wahrscheinlichkeit sprechen.

b

	E	$\overline{E}$	
S	0,44	0,24	0,68
$\overline{S}$	0,06	0,26	0,32
	0,50	0,50	1

c **Erstes Baumdiagramm**

Bedingte Wahrscheinlichkeiten:

$$P_S(E) = \frac{P(E \cap S)}{P(S)} = \frac{0,44}{0,68} = \frac{11}{17}$$

$$P_{\overline{S}}(E) = \frac{0,06}{0,32} = \frac{3}{16}$$

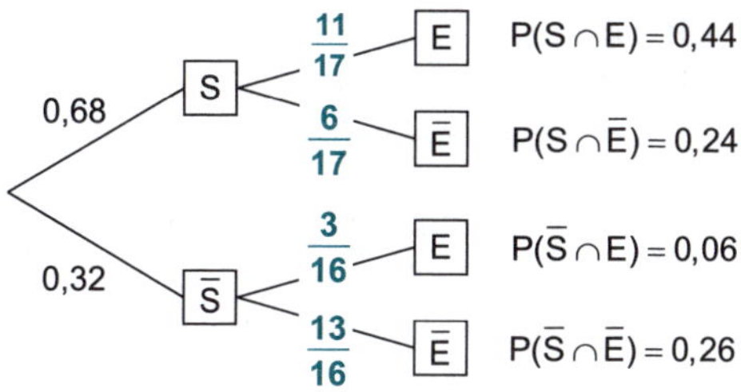

Inverses Baumdiagramm

Bedingte Wahrscheinlichkeiten:

$$P_E(S) = \frac{P(E \cap S)}{P(E)} = \frac{0,44}{0,5} = 0,88$$

$$P_{\overline{E}}(S) = \frac{P(\overline{E} \cap S)}{P(\overline{E})} = \frac{0,24}{0,5} = 0,48$$

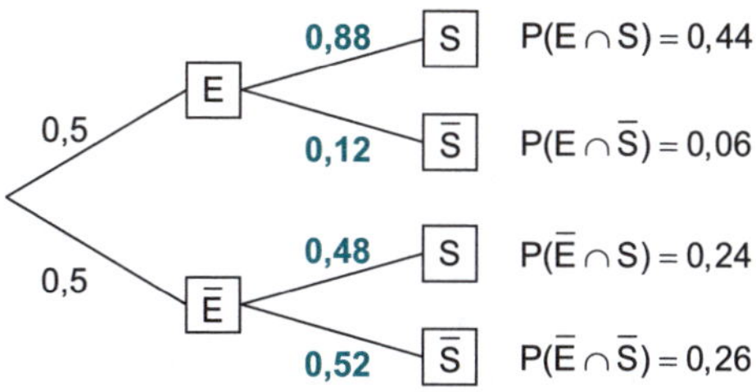

d Von Interesse sind $P_E(S)$, $P(S)$ und $P_{\overline{E}}(S)$, weil das Ziel eine Symptomverbesserung ist, die, egal mit welchem Mittel, erreicht werden soll.

$P_E(S) = 88\ \%$; $P(S) = 68\ \%$; $P_{\overline{E}}(S) = 48\ \%$

Das alte Medikament hat die Symptome durchschnittlich um 48 % reduziert, das neue erreicht dies im Mittel mit 88 %. Daher bevorzugt man das neue.

$$\frac{P_E(S)}{P_{\overline{E}}(S)} = \frac{88\ \%}{48\ \%} \approx 1,83$$

Das neue Medikament ist fast doppelt so effektiv wie das alte.

e Das Berechnen des Mittelwerts bestätigt die Aussage:

$$\frac{P_E(S) + P_{\overline{E}}(S)}{2} = \frac{88\ \% + 48\ \%}{2} = 68\ \% = P(S)$$

Dies gilt, weil beide Gruppen genau gleich groß waren: jeweils 50 000 Teilnehmer*innen.

Überlegung für $P_S(E)$, $P_{\overline{S}}(E)$ und $P(E)$:

$P_S(E) = \frac{11}{17}$; $P_{\overline{S}}(E) = \frac{3}{16}$; $P(E) = 0{,}5$

$$\frac{P_S(E) + P_{\overline{S}}(E)}{2} = \frac{\frac{11}{17} + \frac{3}{16}}{2} = 41{,}73\,\% < P(E) = 50\,\%$$

Begründung: Es ist $P(S) \neq P(\overline{S})$, weil in S mehr als doppelt so viele Proband*innen als in $\overline{S}$ sind. Man braucht hier einen „gewichteten Mittelwert", um P(E) aus den anderen Daten zu bestimmen.

f
- Die Klientel kann sehr heterogen sein (z. B. Alter, Geschlecht, Komorbiditäten, …).
- Es ist hier nicht bekannt, wie untersucht wurde, um „deutlich weniger Symptome" anzugeben.

58 a Gegeben sind: $P_I(E) = 0{,}06$; $P_{\overline{I}}(E) = 0{,}10$; $P(I) = 0{,}47$

b

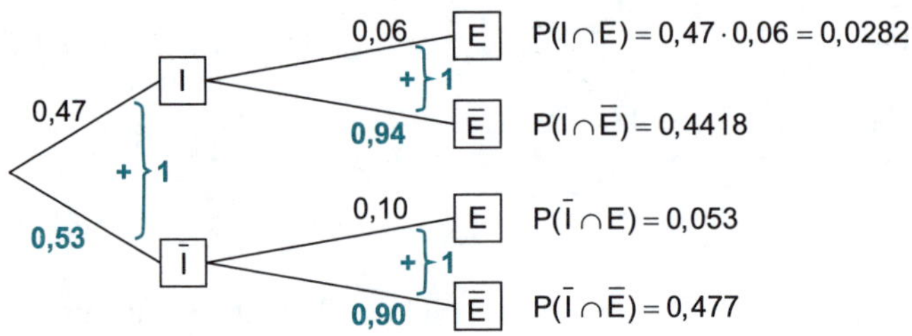

Für das inverse Baumdiagramm benötigt man für die erste Stufe P(E):

$P(E) = P(E \cap I) + P(E \cap \overline{I}) = 0{,}0282 + 0{,}053 = 0{,}0812$

59 a Das Simpson-Paradoxon (benannt nach Edward Hugh Simpson) ist ein Paradoxon aus der Statistik. Dabei scheint es, dass die Bewertung verschiedener Gruppen unterschiedlich ausfällt, je nachdem ob man die Ergebnisse der Gruppen kombiniert oder nicht.

b (1) $Z =$ „wird zugelassen“ $\Rightarrow$ $\overline{Z} =$ „wird nicht zugelassen“
$M =$ „männlich“ $\Rightarrow$ $\overline{M} =$ „weiblich“

Vierfeldertafel mit absoluten Häufigkeiten:

	Z	$\overline{Z}$	
M	3 714	4 728	**8 442**
$\overline{M}$	1 512	2 809	**4 321**
	5 226	7 537	12 763

44 % der Männer werden zugelassen:
$0{,}44 \cdot 8\,442 \approx 3\,714 \;\Rightarrow\;$ Nicht zugelassen: $8\,442 - 3\,714 = 4\,728$

35 % der Frauen werden zugelassen:
$35\,\% \cdot 4\,321 \approx 1\,512 \;\Rightarrow\;$ Nicht zugelassen: $4\,321 - 1\,512 = 2\,809$

Insgesamt zugelassen: $|Z \cap M| + |Z \cap \overline{M}| = 3\,714 + 1\,512 = 5\,226$
Nicht zugelassen: $4\,728 + 2\,809 = 7\,537$
Kontrolle: $|Z| + |\overline{Z}| = 5\,226 + 7\,537 = 12\,763 = |\Omega|$

(2) Der Umfang $|\Omega| = 12\,763$ der erhobenen Daten ist groß, die beiden Gruppen männlich bzw. weiblich sind auch groß. Somit tritt keine „Verzerrung“ durch zu kleine Gruppierung auf und die relativen Häufigkeiten können als Wahrscheinlichkeiten interpretiert werden.

(3) Vierfeldertafel mit Wahrscheinlichkeiten (gerundet):

	Z	$\overline{Z}$	
M	0,29	0,37	0,66
$\overline{M}$	0,12	0,22	0,34
	0,41	0,59	1

Beispielrechnung: $P(Z \cap M) = \dfrac{|Z \cap M|}{|\Omega|} = \dfrac{3\,714}{12\,763} \approx 0{,}29$

(4) Es handelt sich um bedingte Wahrscheinlichkeiten:
$P_M(Z) = 44\,\%$ und $P_{\overline{M}}(Z) = 35\,\%$

Im Baumdiagramm erscheinen diese in der 2. Stufe:

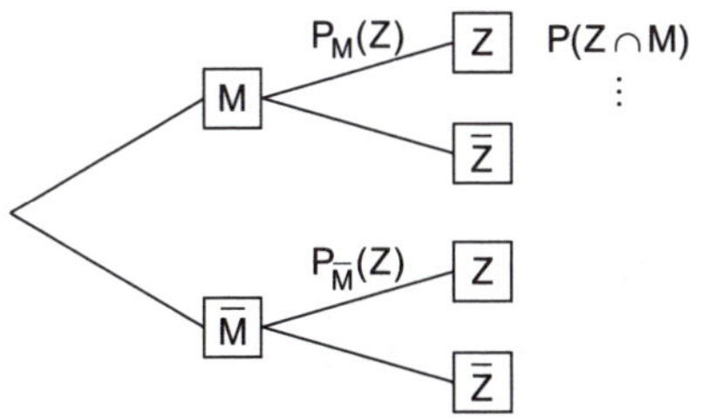

(5) Man benötigt die Daten aufgeschlüsselt nach Fächern oder Fächergruppen. In diesen bestimmt man jeweils:

$P_M(Z)$ und $P_{\overline{M}}(Z)$

Ist $P_{\overline{M}}(Z) \geq P_M(Z)$, so spricht das in der jeweiligen Fachgruppe gegen eine Diskriminierung der Frauen, obwohl in der gesamten Menge $P_{\overline{M}}(Z) < P_M(Z)$ ist, hier nämlich 35 % < 44 %.

Beachten muss man, dass man nicht zu kleine Teilgruppen mit zu wenig Datensätzen bekommt. Daher bildet man Fachbereiche, z. B.:

A = moderne Fremdsprachen

B = Mathematik, Physik, Informatik

(6) Um diese Frage zu beantworten, benötigt man zuerst die nach Fakultäten aufgeschlüsselten Daten für Deutschland. Für konkrete Rechnungen gibt es die nachfolgende Aufgabe.

60 a Fächergruppe A:

$$P_M(Z) = \frac{|Z \cap M|}{|M|} = \frac{40}{200} = \frac{2}{10} = \frac{1}{5} = 20\,\%$$

$$P_F(Z) = \frac{|Z \cap F|}{|F|} = \frac{200}{600} = \frac{1}{3} = 33\,\%$$

In der Fächergruppe A werden die Frauen bei der Zulassung „bevorzugt“, da $P_F(Z) > P_M(Z)$.

b Vervollständigen der Vierfeldertafel für Fächergruppe B:

	Z	$\overline{Z}$	
M	730	**170**	**900**
F	**280**	20	**300**
	1 010	190	1 200

Vierfeldertafel mit Wahrscheinlichkeiten:

	Z	$\overline{Z}$	
M	$0{,}608\overline{3}$	$0{,}141\overline{6}$	0,75
F	$0{,}2\overline{3}$	$0{,}01\overline{6}$	0,25
	$0{,}841\overline{6}$	$0{,}158\overline{3}$	1

Beispielrechnung: $P(Z \cap M) = \frac{|Z \cap M|}{|\Omega|} = \frac{730}{1\,200} = 0{,}608\overline{3} \approx 60{,}83\,\%$

$|\Omega|$ gibt an, wie viele Bewerber*innen es für die Fächergruppe B gab.

$$P_M(Z) = \frac{P(Z \cap M)}{P(M)} = \frac{0{,}608\overline{3}}{0{,}75} = 0{,}8\overline{1}$$

Alternativ mit absoluten Häufigkeiten:

$$P_M(Z) = \frac{|Z \cap M|}{|M|} = \frac{730}{900} = 0{,}8\bar{1} \approx 81{,}11\,\%$$

$$P_F(Z) = \frac{|Z \cap F|}{|F|} = \frac{280}{300} = 0{,}9\bar{3} \approx 93{,}33\,\%$$

$P_F(Z) > P_M(Z)$

Auch in der Fächergruppe B werden die Frauen „bevorzugt".

c Zusammenfassung der Daten von beiden Fachrichtungen in einer Tabelle:

	Z	$\bar{Z}$	
M	770	330	1 100
F	480	420	900
	1 250	750	2 000

Berechnung der bedingten Wahrscheinlichkeiten:

$$P_M(Z) = \frac{|Z \cap M|}{|M|} = \frac{770}{1100} = 0{,}7 = 70\,\%; \quad P_F(Z) = \frac{|Z \cap F|}{|F|} = \frac{480}{900} \approx 53{,}33\,\%$$

In der Gesamtgruppe ist es anders als in den Teilbereichen:

$P_F(Z) < P_M(Z)$

Es sieht aus, als ob die Frauen insgesamt benachteiligt werden.

d Mit Chancenquotient ist den jeweiligen Gruppen und in der Gesamtgruppe das Verhältnis $\frac{P_F(Z)}{P_M(Z)}$ gemeint.

Fächergruppe A: $\frac{P_F(Z)}{P_M(Z)} = \frac{\frac{1}{3}}{\frac{1}{5}} = \frac{5}{3} = 1{,}\bar{6} > 1$

Fächergruppe B: $\frac{P_F(Z)}{P_M(Z)} \approx \frac{0{,}9333}{0{,}8111} = 1{,}15 > 1$

Gesamtgruppe: $\frac{P_F(Z)}{P_M(Z)} \approx \frac{0{,}5333}{0{,}70} = 0{,}7619 < 1$

e Untersuchung auf Störfaktoren, d. h. bislang nicht erfasste Einflussfaktoren.

(1) Der Stichprobenumfang ist in beiden Fachgruppen groß genug, sodass dies nicht zu Störungen führen dürfte.

(2) Betrachten der Zulassungsquote in den einzelnen Fachbereichen:

A: $P(Z) = \frac{240}{800} = 30\,\%$ B: $P(Z) = \frac{1\,010}{1\,200} \approx 84{,}17\,\%$

Fachbereich B hat eine viele höhere Zulassungsquote als Fachbereich A.

(3) Betrachten des Anteils der weiblichen Bewerberinnen und der männlichen Bewerber in den beiden Fächergruppen.

$$\text{A: } P(M) = \frac{200}{800} = 25\ \% \quad \Rightarrow \quad P(F) = P(\overline{M}) = 1 - P(M) = 75\ \%$$

$$\text{B: } P(M) = \frac{900}{1\,200} = 75\ \% \quad \Rightarrow \quad P(F) = 25\ \%$$

(4) Im Fachbereich A, der die geringere Zulassungsquote (30 %) hat, bewerben sich mehr Frauen (75 %). Im Fachbereich B ist es umgekehrt: Bei einer Zulassungsquote von 84,17 % beträgt der Anteil der Frauen, die sich bewerben, nur 25 %.
Diese unterschiedlichen Gewichtungen können dazu führen, dass sich in der Gesamtgruppe ein anderes Bild als in den Teilgruppen ergibt.

f Mögliche Antworten:
- Die Aussage „Frauen bevorzugt“ kann man ohne Kenntnis des Auswahlverfahrens (Los, Auswahlgespräche, Noten …) nicht beurteilen.
- Richtig ist: Sowohl im Fachbereich A als auch im Fachbereich B ist der Anteil der Frauen, die zugelassen werden, höher als der der Männer. Bei der Zusammenführung der Daten ergibt sich das umgekehrte Bild.

g
- Sich der Existenz von Störfaktoren bewusst sein.
- Genau beachten, auf welche Gruppe man sich bezieht.
- Umfang der Daten berücksichtigen: wegen möglicher Fehleinschätzungen, wegen zu kleiner Datenzahl.

Lösungen zum Test 5

1 Es gelte $x = P_A(B)$ und $y = P_{\overline{A}}(B)$ in der 2. Stufe des Baumdiagramms (siehe Abbildung rechts). Ist $x \neq y$, so sind die Ereignisse A und B abhängig.

Wären die Ereignisse unabhängig, so wären die beiden Wahrscheinlichkeiten gleich und würden mit P(B) übereinstimmen:
$P_A(B) = P_{\overline{A}}(B) = P(B)$

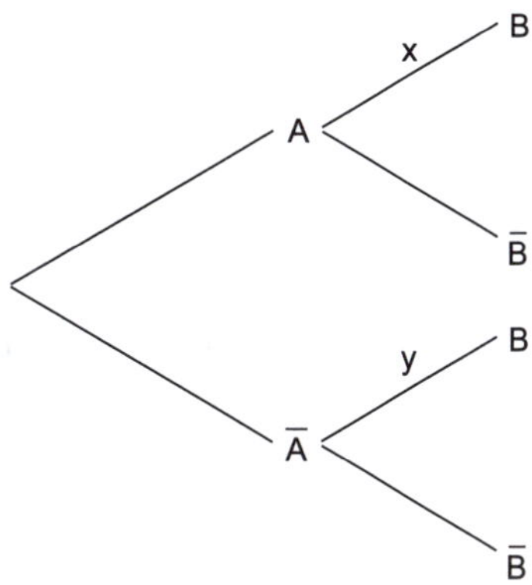

2 **a** Absolute Häufigkeiten:

	E	$\overline{E}$	
F	**980**	**620**	1 600
$\overline{F}$	**300**	100	**400**
	1 280	**720**	2 000

Die schwarz gedruckten Werte können direkt aus der Aufgabenstellung entnommen oder mit den folgenden Rechnungen ermittelt werden:
$|F| = 80\,\%$ von $2000 = 0{,}8 \cdot 2000 = 1600$

$|\overline{E} \cap \overline{F}| = \frac{1}{4} \cdot |\overline{F}| = \frac{1}{4} \cdot (2000 - 1600) = 100$

Die übrigen Werte ergeben sich durch Differenzbildungen.

Wahrscheinlichkeiten:

	E	$\overline{E}$	
F	$\frac{980}{2\,000} = 0{,}49$	0,31	0,80
$\overline{F}$	0,15	0,05	0,20
	0,64	0,36	1

b Gesucht ist die folgende bedingte Wahrscheinlichkeit:

$$P_{\overline{E}}(\overline{F}) = \frac{|\overline{E} \cap \overline{F}|}{|\overline{E}|} = \frac{100}{720} \approx 13{,}89\,\% \quad \text{oder} \quad P_{\overline{E}}(\overline{F}) = \frac{P(\overline{E} \cap \overline{F})}{P(\overline{E})} = \frac{0{,}05}{0{,}36} \approx 13{,}89\,\%$$

Mit einer Wahrscheinlichkeit von ca. 13,89 % ist eine Wohnung nicht an die Fernwärme angeschlossen, wenn bekannt ist, dass sie keine E-Ladestation in der Tiefgarage hat.

c Aus der Tabelle am Ende von Teilaufgabe a erhält man acht Wahrscheinlichkeiten für das Baumdiagramm. Die anderen ergeben sich mithilfe der Formel:

$$P_A(B) = \frac{P(A \cap B)}{P(A)}$$

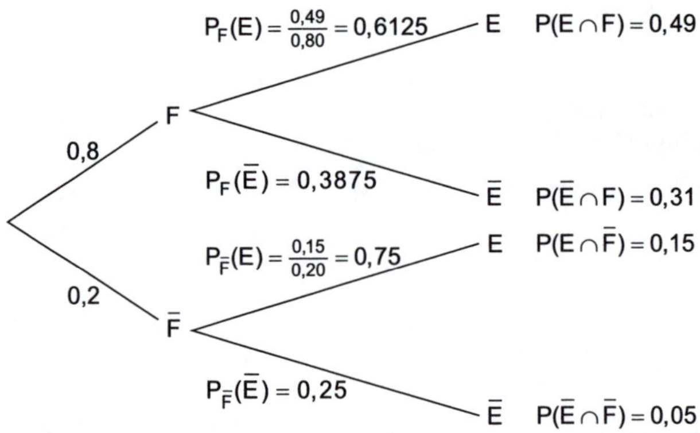

d $P_F(\overline{E}) = 38{,}75\ \%$

Interpretation: Eine Wohnung, die an das Fernwärmenetz angeschlossen ist, hat mit einer Wahrscheinlichkeit von 38,75 % keine Lademöglichkeit.

Vorteile: Die Fernwärme, besonders wenn sie komplett aus erneuerbaren Energien gewonnen wird, ist mit Blick auf die Klimakrise sehr vorteilhaft.

Ein*e junge Mieter*in kommt eventuell ohne Auto aus oder kann am Arbeitsplatz das E-Auto laden. Als Eigentümer*in könnte man Absprachen mit anderen Eigentümer*innen treffen und die Parkplätze zum Laden für einige Stunden tauschen.

Lösungen zum Test 6

1 Der Tag im August auf Sylt ist warm, windstill und sonnig. Dies bedeutet, dass die Menschen (Kinder sowie Erwachsene) im Schnitt mehr Zeit als an stürmischen, regnerischen Tagen am Strand verbringen.
Zwischen langer Verweildauer in der Sonne am Meer und Sonnenbrand besteht ein Kausalzusammenhang (offensichtlich klar): Je mehr Zeit in der Sonne verbracht wird, desto höher ist die Wahrscheinlichkeit für einen Sonnenbrand, somit besteht zwischen „Zeit in der Sonne" und „Sonnenbrand" auch eine stochastische Abhängigkeit und eine Korrelation.
Die Größen, die Hella beschreibt, nämlich „Kinder, die Eis essen" und „Sonnenbrand" korrelieren, sie sind stochastisch abhängig. Es liegt keine Kausalität vor. Der Zusammenhang der beiden Merkmale besteht über das dritte Merkmal „Anzahl der in der Sonne verbrachten Stunden".

Analoges gilt für die Argumentation von Hannes mit Blick auf den Fischkonsum.

Genauer könnte man noch überprüfen, ob eine Kausalität zwischen „Menge an konsumiertem Wein" und „zu lange in der Sonne sitzen, ohne an Sonnenschutz zu denken" besteht.

2 Aus dem Diagramm entnimmt man:
$P(C) = 0,15 + 0,05 = 0,20 = 20\ \%$
$P(D) = 0,05 + 0,05 = 0,10 = 10\ \%$
$P(C \cap D) = 0,05 = 5\ \%$

a Eintragen der drei gegebenen Werte (schwarz) in die Vierfeldertafel und Berechnen der weiteren Werte mittels Differenzbildung:

	D	$\overline{D}$	
C	0,05	0,20 − 0,05 = **0,15**	0,05 + 0,15 = 0,20
$\overline{C}$	0,10 − 0,05 = **0,05**	0,90 − 0,15 = **0,75**	1 − 0,20 = **0,80**
	0,05 + 0,05 = 0,10	1 − 0,10 = **0,90**	1

b Zwei Ereignisse C und D sind genau dann stochastisch unabhängig, wenn gilt:
$P(C \cap D) = P(C) \cdot P(D)$

Prüfen: $P(C) \cdot P(D) = 0,20 \cdot 0,10 = 0,02$

$P(C \cap D) = 0,05 \neq 0,02$

Die Ereignisse C und D sind stochastisch abhängig.

c Vorgehensweise:

- Wahrscheinlichkeiten aus der Vierfeldertafel nutzen
- Bedingte Wahrscheinlichkeiten über 1. Pfadregel erhalten, z. B. gilt:
  $$P(C) \cdot P_C(D) = P(C \cap D) \quad \Rightarrow \quad P_C(D) = \frac{P(C \cap D)}{P(C)}$$
- Die Summe der Wahrscheinlichkeiten an den Ästen, die vom selben Verzweigungspunkt ausgehen, ergibt 1.

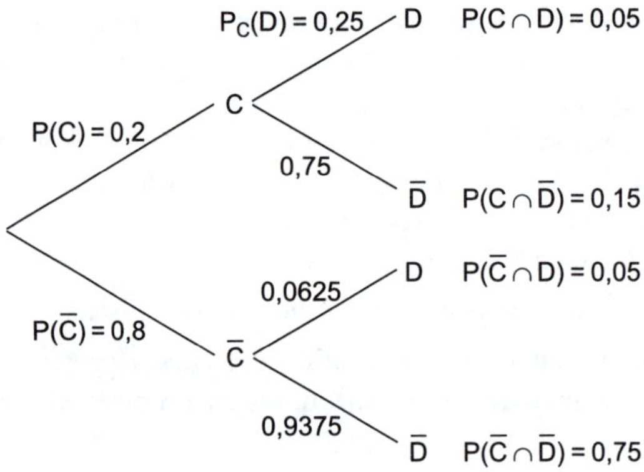

Aus dem Baumdiagramm sieht man sofort, dass sich die Zahlenwerte in der 2. Stufe an den beiden oberen bzw. an den beiden unteren Ästen jeweils unterscheiden. Das ist ein Erkennungsmerkmal für „voneinander abhängige Ereignisse".

Auch kann man erkennen, dass $P_C(D) = 25\ \%$ und $P_{\overline{C}}(D) = 6{,}25\ \%$ beträgt. Damit tritt das Ereignis D, wenn vorher schon das Ereignis C eingetreten ist, mit weitaus höherer Wahrscheinlichkeit ein, als wenn das Ereignis C vorher nicht eingetreten ist.

d Aus dem Mengendiagramm:
$P(C) = 0{,}20$ und $P(D) = 0{,}10$

Für das Ereignis E müssen C **und** D eintreten. Aufgrund der stochastischen Unabhängigkeit gilt:
$P(E) = P(C \cap D) = P(C) \cdot P(D) = 0{,}2 \cdot 0{,}1 = 0{,}02 = 2\ \%$
Mit einer Wahrscheinlichkeit von 2 % treten beide Fehler auf.

Für das Ereignis F muss C **oder** D eintreten. Mit dem Additionssatz gilt:
$P(F) = P(C \cup D) = P(C) + P(D) - P(C \cap D) = 0{,}2 + 0{,}1 - 0{,}02 = 0{,}28 = 28\ \%$
Mit einer Wahrscheinlichkeit von 28 % tritt mindestens ein Fehler auf.

4 Lokales und globales Differenzieren

Differenzenquotient und Differentialquotient

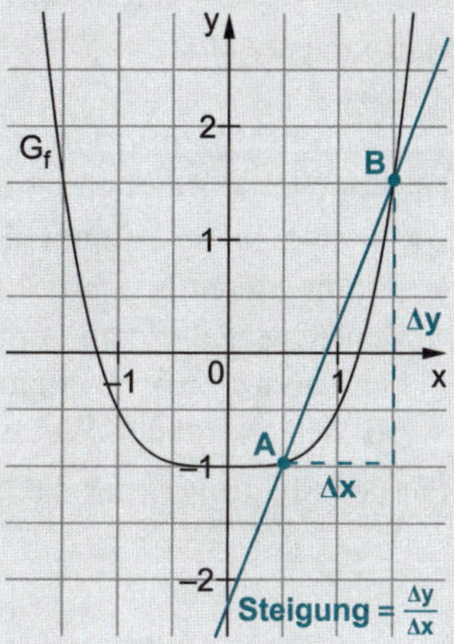

Der **Differenzenquotient** $\frac{f(b)-f(a)}{b-a}$ gibt die mittlere Änderungsrate der Funktion f im Intervall [a; b] an; sie entspricht der Steigung der Sekante durch die Punkte $A(a|f(a))$ und $B(b|f(b))$. Wenn der Grenzwert

$$\lim_{x \to x_0} \frac{f(x)-f(x_0)}{x-x_0} = \lim_{h \to 0} \frac{f(x_0+h)-f(x_0)}{h}$$

der mittleren Änderungsrate existiert, so heißt er **Differentialquotient** oder **lokale** bzw. **momentane Änderungsrate** von f an der Stelle x_0. Er wird auch als **Ableitung** von f an der Stelle x_0 bezeichnet; man schreibt dafür $\mathbf{f'(x_0)}$. Anschaulich „rutscht“ dabei der Punkt B immer näher zum Punkt A.
Die Gerade durch den Punkt $A(x_0|f(x_0))$ mit der Steigung $m = f'(x_0)$ heißt dann **Tangente** an den Graphen in Punkt A. Die **Steigung des Graphen** von f im Punkt A ist gleich der Steigung m der Tangente in diesem Punkt.

Differenzierbarkeit und Ableitungsfunktion

Existiert für eine Funktion f an der Stelle $x_0 \in D$ der Differentialquotient an der Stelle x_0, so heißt f an der Stelle x_0 **differenzierbar**. Ist eine Funktion f für alle Werte x_0 aus einem Intervall I differenzierbar, so nennt man f eine auf I **differenzierbare** Funktion. Ist f eine in ihrer Definitionsmenge differenzierbare Funktion, so heißt die Funktion, die jedem $x_0 \in D$ den Wert f'(x) ihrer Ableitung zuordnet, **Ableitungsfunktion f'** von f. Anschaulich ist f' die Steigungsfunktion der Funktion f.

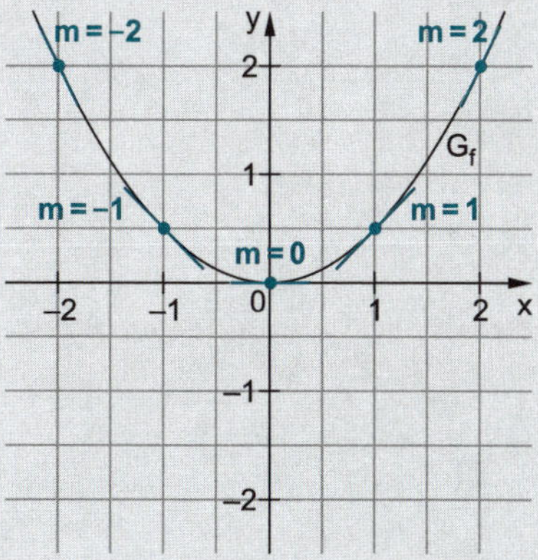

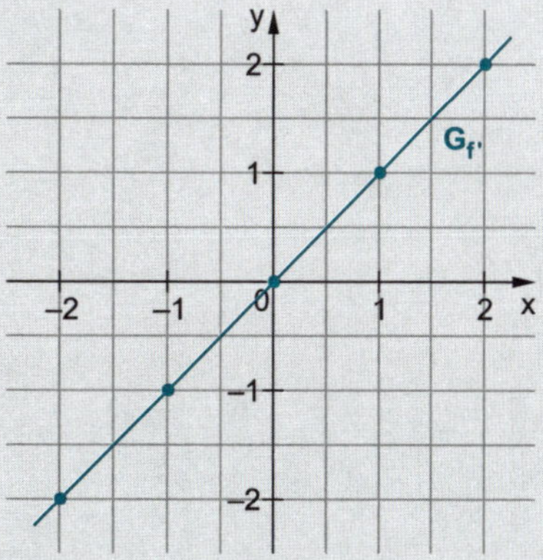

Ableitungsregeln

Für differenzierbare Funktionen f, u und v gilt:

Potenzregel: $f: x \mapsto x^n;\ n \in \mathbb{N} \setminus \{0\} \quad \Rightarrow \quad f': x \mapsto n \cdot x^{n-1}$

Faktorregel: $f: x \mapsto k \cdot u(x);\ k \in \mathbb{R} \quad \Rightarrow \quad f': x \mapsto k \cdot u'(x)$

Summenregel: $f: x \mapsto u(x) + v(x) \quad \Rightarrow \quad f': x \mapsto u'(x) + v'(x)$

Konstantenregel: $f: x \mapsto c;\ c \in \mathbb{R} \quad \Rightarrow \quad f': x \mapsto 0$

Tangentengleichung und Steigungswinkel

Die **Gleichung der Tangente** im Punkt $A(x_0 \,|\, f(x_0))$ hat die allgemeine Form $y = m \cdot x + t$. Man bestimmt sie folgendermaßen:

- Für die Steigung m gilt: $m = f'(x_0)$
- Den Achsenabschnitt t erhält man, wenn man m und die Koordinaten von A in den Ansatz $y = m \cdot x + t$ einsetzt und anschließend nach t auflöst.
- Mit den ermittelten Werten für m und t wird die Gleichung $y = m \cdot x + t$ notiert.

Für den **Steigungswinkel α** der Tangente gilt: $\tan(\alpha) = f'(x_0)$

Aufgaben

61 **Bevölkerungszahl in Milliarden (1955–2015)**

Afrika

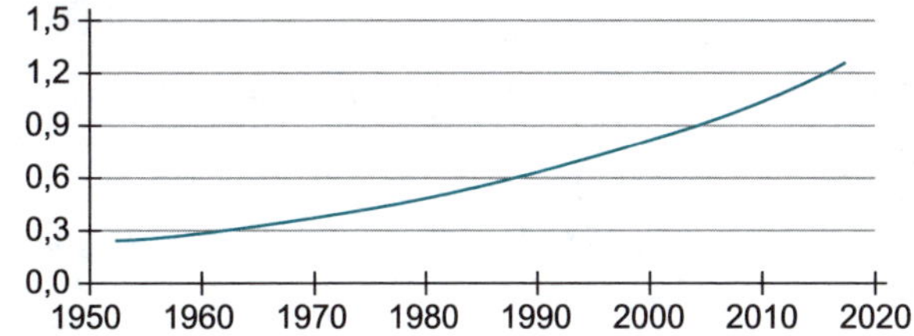

Europa

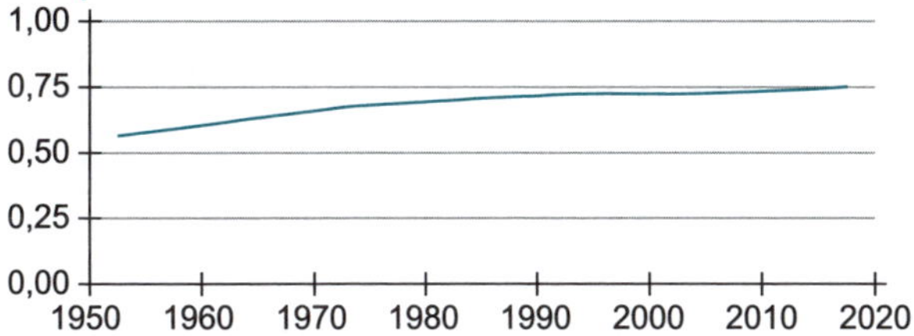

a Die in den Grafiken blau dargestellten Linien geben die Bevölkerungszahl in Afrika (obere Abbildung) und Europa (untere Abbildung) im Zeitraum von 1955 bis 2015 an. Vergleichen Sie die beiden Graphen: Was fällt Ihnen auf, ohne dass Sie rechnen müssen?

b Bestimmen Sie für beide Kontinente jeweils die absolute Zunahme der Bevölkerung in den folgenden Zeiträumen:

- 1955–2015 (Gesamtzeitraum)
- 1955–1985
- 1985–2015

c Ermitteln Sie nun für die in Teilaufgabe b genannten Zeiträume jeweils die mittlere Änderungsrate. Was fällt auf? Antworten Sie im Sachkontext.

G 62 Gegeben ist folgender Graph einer Funktion f.

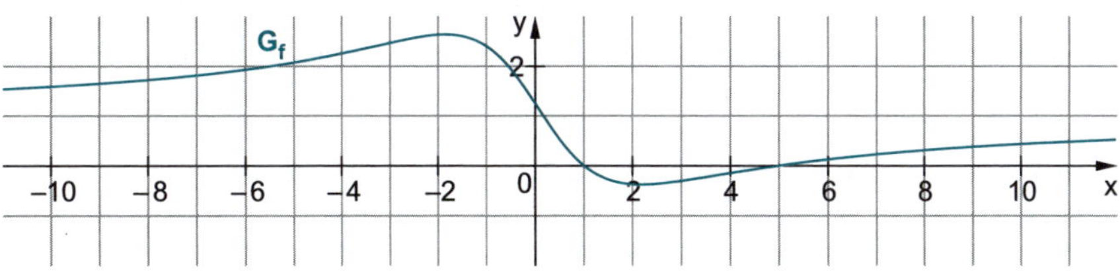

a Beschreiben Sie den Verlauf des Graphen der Funktion. Verwenden Sie dabei Begriffe wie Steigen und Fallen. Gehen Sie auch darauf ein, ob der Graph „stark“ fällt oder „weniger stark“ fällt.

b Dargestellt ist der Graph der Funktion f mit $f: x \mapsto \frac{x^2 - 6x + 5}{x^2 + 4}$.
Untersuchen Sie diese Funktion nach den Kriterien:

- Definitionsmenge und Verhalten an den Rändern des Definitionsbereichs (inklusive Asymptoten)
- Schnittstellen mit den Koordinatenachsen

Begründen Sie: Der Graph nähert sich „dem Unendlichen“ mit einer Steigung, die näherungsweise null ist.

c Berechnen Sie die durchschnittliche Steigung des Graphen in den folgenden Intervallen und interpretieren Sie diese kurz.

- $I_1 = [-5; -2]$
- $I_2 = [-2; -1]$
- $I_3 = [-1; 1]$
- $I_4 = [1; 5]$
- $I_5 = [5; 9]$

63 Tabelle 1 zeigt die Messwerte (ppm = parts per million) eines CO_2-Messers im Computerraum im Neubau einer Schule. Der Raum ist mit einer Raumlufttauschanlage ausgestattet, die allerdings in sehr niedriger Stärke betrieben wird. Es gibt drei Fenster, alle auf einer Seite. Der Gang ist kein Aufenthaltsbereich, sodass es dort kühler als im Raum ist.

Zeit t in Minuten t	0	5	10	15	20	25	30	35	40
CO_2-Konzentration in ppm	400	500		800	1 300	700	800	1200	600
Mittlere Änderungsrate der CO_2-Konzentration in ppm/min	–		30						

a Berechnen Sie die in der Tabelle fehlenden Werte.

b Stellen Sie den Zusammenhang zwischen Zeit und CO_2-Konzentration grafisch dar. Achten Sie auf ausreichenden Platzbedarf; skalieren Sie die waagrechte Achse in Abschnitten von 5 min und die senkrechte in Abschnitten von 100 ppm.

c Interpretieren Sie den Graphen und die Tabelle im Sachkontext.

Tabelle 2 (auf der nächsten Seite) zeigt die Werte bei einer zeitgleichen Messung im Klassenzimmer. Dieses hat zwei kleine Fenster, die sich halb öffnen lassen. Die Zahl anwesender Schüler*innen an diesem Tag beträgt nur 16.

Zeit t in Minuten t	0	5	10	15	20	30	40
CO_2-Konzentration in ppm f(t)	1 600		1 400	1 200	1 000	1 400	
Mittlere Änderungsrate der CO_2-Konzentration in ppm/min	–	–20					30

d Vervollständigen Sie die Tabelle und zeichnen Sie den Graphen in anderer Farbe in das Koordinatensystem von Teilaufgabe b.

e Interpretieren Sie im Sachkontext den Graphen und die Tabelle. Kommunizieren Sie Ihren Gedankengang (offene Aufgabenstellung).

64 Gegeben ist die Funktion g: $x \mapsto 0{,}25x^2$, $\mathbb{D}_g = \mathbb{R}$. Der Punkt $A(1\,|\,g(1))$ liegt fest auf dem Graphen der Funktion g, der Punkt $B(b\,|\,g(b))$ liegt beweglich auf G_g. Es soll ferner die Gerade AB untersucht werden.

a Beschreiben Sie, wie Sie mit einer Mathematiksoftware vorgehen, um den Sachverhalt für $x \in [-6; 6]$ möglichst dynamisch zu visualisieren.

b Berechnen Sie für $b \neq 1$ (ohne Hilfsmittel) den Term m(b) der Sekantensteigung der Geraden AB und vereinfachen Sie diesen Term so weit wie möglich.

c Wie gehen Sie mit der Software vor, um die Steigung der Geraden in Abhängigkeit von b zu verdeutlichen?

d Erklären Sie, wie man ohne Hilfsmittel vorgeht. Legen Sie die nötigen Wertetabellen an und zeichnen Sie den Graphen sowie exemplarisch einige Geraden für verschiedene Werte von b.

e Stellen Sie für $b \neq 1$ Vermutungen auf, was mit der Sekante AB geschieht, wenn B immer näher zum Punkt A wandert, und welche Steigung die Gerade dann hat.

65 Gegeben ist die Funktion $f: x \mapsto \frac{8}{x^2+4}$ mit $\mathbb{D}_f = \mathbb{R}$.
Der Punkt $A(0\,|\,f(0))$ liegt auf dem Graphen von f, $B(b\,|\,f(b))$ ist ein weiterer Punkt, der beweglich auf G_f liegt, wobei $b \in \mathbb{R} \setminus \{0\}$ ist.

a Untersuchen Sie die Funktion f nach den folgenden Kriterien:
- Symmetrie zum Koordinatensystem
- Verhalten im Unendlichen sowie Asymptoten
- Wertemenge $\mathbb{W}_f$

Skizzieren Sie G_f mit allen Asymptoten.

b Ermitteln Sie die Gleichung der Geraden AB für $b = 1$ sowie für $b = 2$. Zeichnen Sie die beiden Geraden in die Zeichnung von Teilaufgabe a.

c Ermitteln Sie die Steigung m(b) der Geradenschar AB (mit $b \neq 0$) und vereinfachen Sie den Term so weit wie möglich.

d Kontrollieren Sie Ihre Ergebnisse mit einer Mathematiksoftware. Was gilt bezüglich der Lage der Geraden für $b = -1$ bzw. $b = -2$?

e Bewegen Sie in der Mathematiksoftware den Punkt B so, dass er den Punkt A überdeckt. Was vermuten Sie bezüglich der Steigung der Geraden AB, auch wenn die Software diese nicht anzeigen kann?

66 Gegeben ist der Graph der Funktion $f: x \mapsto 0{,}25(x-2)^2 - 4$. Auf diesem liegt ein fester Punkt $A(x_0 \mid f(x_0))$ sowie ein auf dem Graphen verschiebbarer Punkt $B(x \mid f(x))$.

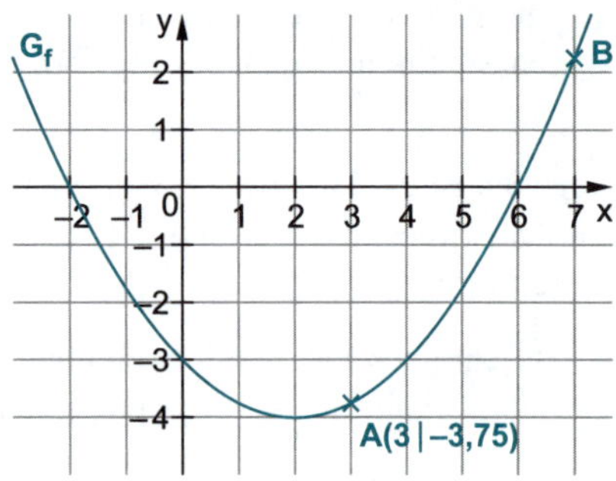

a In der Abbildung ist $x_0 = 3$. Zeichnen Sie für die abgebildete Lage die Sekante AB ein.

b Ermitteln Sie die Gleichung von AB.

c Ergänzen Sie die folgenden Aussagen:
Im Intervall [3; 7] beträgt die ____________________ rate 1,5.
Der ____________________ quotient der Funktion hat im selben Bereich den Wert $\frac{3}{2}$.
Geometrisch interpretiert bedeutet dieser ____________________ quotient die Steigung der ____________________.

d Beschreiben Sie anschaulich, wie B verschoben werden muss, damit man die momentane Änderungsrate der Funktion an der Stelle x_0 bekommt. Visualisieren Sie dies am Graphen. Notieren Sie Ihre Aussage auch unter Verwendung der formalen Schreibweise.

e Was wird geometrisch aus der Sekante? Welche weiteren Bezeichnungen für die momentane Änderungsrate gibt es?

f Zeichnen Sie im Punkt A die Tangente ein. Wie groß ist die Tangentensteigung ungefähr?

g Bestimmen Sie nun f'(3) rechnerisch.

h Oft wird zur Bestimmung des Differentialquotienten die h-Methode verwendet. Zeigen Sie auf, was man sich anschaulich darunter vorstellen kann, notieren Sie die dazugehörige Formel und erklären Sie diese.

i Berechnen Sie nun f'(3) mit der h-Methode. Benennen Sie einen Vorteil der h-Methode.

G 67 Gegeben sind die nebenstehend dargestellten Graphen. Bestimmen Sie:

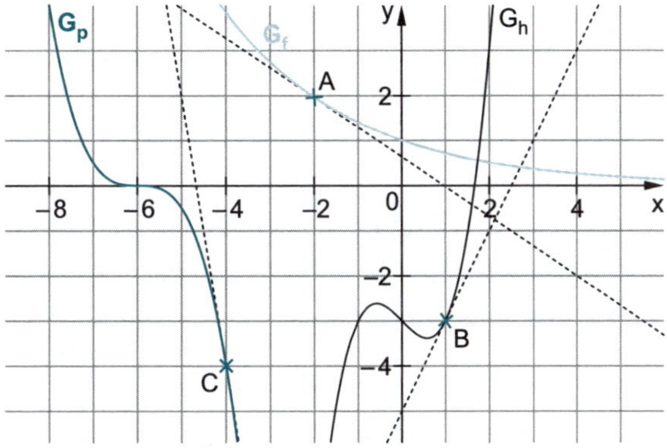

a $f'(-2)$ (hellblauer Graph)

b $h'(1)$ (schwarzer Graph)

c $p'(-4)$ (blauer Graph)

68 a In Aufgabe 64 haben Sie die Funktion g: $x \mapsto g(x) = 0{,}25x^2$ betrachtet und mit einer Mathematiksoftware visualisiert. Formulieren Sie Teilaufgabe e nun mit dem Differentialquotienten und ermitteln Sie eine Gleichung der Tangente in $A(1 \mid g(1))$ rechnerisch. Kontrollieren Sie grafisch durch Einzeichnen der Tangente.

b In Aufgabe 65 haben Sie die Funktion $f: x \mapsto f(x) = \frac{8}{x^2+4}$ mit $A(0 \mid f(0))$ betrachtet. Bestimmen Sie die Ableitung an der Stelle $x_0 = 0$ rechnerisch und vergleichen Sie mit Ihrem mit der Software gezeichneten Graphen.

69 Gegeben ist der Graph einer Funktion g. Diese beschreibt die Konzentration eines Schlaf- und Beruhigungsmittels im Blut in der Einheit $\frac{mg}{\ell}$, das zum Zeitpunkt $x = 0$ eingenommen wird. Die Zeit x wird in Stunden gemessen.

Für die Bearbeitung genügt der dargestellte Graph.

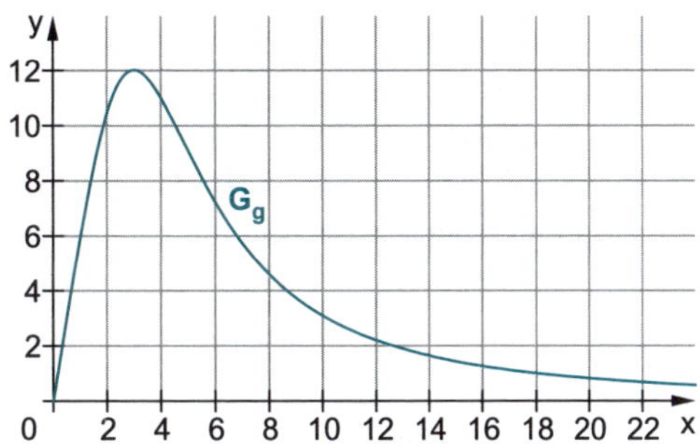

Mehr lernen Sie, wenn Sie mit einer Mathematiksoftware arbeiten.

Der Funktionsterm lautet: $g(x) = \frac{324x}{x^3+54}$ für $x \in [0; 24]$

a Geben Sie den Zeitpunkt der maximalen Konzentration sowie diese maximale Konzentration an.

b Berechnen Sie die mittlere Änderungsrate für die ersten drei Stunden. Erklären Sie Ihr Vorgehen unter Verwendung der Fachsprache. Zeichnen Sie die geometrische Bedeutung des Ergebnisses in die Abbildung ein.

c Beschreiben Sie, woran man erkennen kann, dass der Aufbau der Konzentration des Mittels in den ersten drei Stunden nicht gleichmäßig erfolgt. Versuchen Sie, so viele Informationen wie möglich aus dem Graphen heraus zu lesen und zu erklären. Ergänzen Sie diese durch kurze Rechnungen.

d Das Medikament zeigt ab einer Konzentration von $3{,}5\,\frac{\text{mg}}{\ell}$ Wirkung, ansonsten ist es wirkungslos. Nehmen Sie begründet – unter Bezug auf die Anwendungssituation – zu folgender Aussage Stellung:

Wichtig ist es, das Medikament eine halbe Stunde vor dem Schlafengehen einzunehmen und ab diesem Zeitpunkt mindestens 9 Stunden Nachtruhe einzuplanen.

e Schätzen Sie anhand des Graphens ab, wann das Medikament am stärksten abgebaut wird. Wie hoch ist die maximale Abbaurate? Kommunizieren Sie Ihren Gedankengang.

70 In den folgenden Teilaufgaben sollen die Funktionen jeweils auf $\mathbb{R}$ definiert und abschnittsweise aus ganzrationalen Funktionen zusammengesetzt sein.

a Skizzieren Sie einen Funktionsgraphen G_f, der an der Stelle $x = 1$ stetig und an der Stelle $x = 3$ unstetig ist. Begründen Sie kurz anschaulich.

b Skizzieren Sie einen Funktionsgraphen G_g, der an den Stellen $x = 1$ und $x = 3$ stetig ist. An der Stelle $x = 1$ soll er differenzierbar, an der Stelle $x = 3$ nicht differenzierbar sein. Kurzbegründung in Stichworten.

c Beschreiben Sie, warum sowohl bei der Stetigkeit als auch bei der Differenzierbarkeit an einer Stelle die rein grafische Betrachtung, besonders wenn sie auf dem Papier durchgeführt wird, zu Fehlschlüssen verleiten kann. Verwenden Sie aussagekräftige Skizzen. Wie könnte man eine Mathematiksoftware zur Fehlersuche einsetzen?

71 Gegeben sind die Funktionen $f\colon x \mapsto \frac{1}{9}x^2 - 1$ und $g\colon x \mapsto |f(x)|$ mit $\mathbb{D}_f = \mathbb{D}_g = \mathbb{R}$.

a Berechnen Sie die Nullstellen von f und geben Sie die Symmetrie sowie die Wertemenge von f an.

b Füllen Sie die Wertetabelle für die Funktion f aus:

x	0	1	2	3	4	5	6
f(x)							

c Ermitteln Sie eine Gleichung der Tangente an f im Punkt $A(3\,|\,0)$.

d Zeichnen Sie G_f für $x \in [-6; 6]$ sowie die Tangenten in A und des zu A symmetrischen Punktes A' ein.

e Beschreiben Sie, wie G_g aus G_f hervorgeht, und zeichnen Sie diesen Graphen in das Koordinatensystem der vorangehenden Teilaufgabe.

f Geben Sie mit einem Stichwort als Kurzbegründung an, an welchen Stellen G_g nicht differenzierbar ist.

g Bestimmen Sie den abschnittsweise definierten Term g(x) (Kurzbegründung genügt).

h Ermitteln Sie die Steigung der linksseitigen Tangente an G_g an der Stelle $x = 3$ mittels des Differentialquotienten. Geben Sie die Tangentengleichung an. Wie passt dies mit der bildlichen Vorstellung zusammen?

72 Gegeben ist der nebenstehende Graph. Es ist bekannt, dass die zugehörige Funktion in A und B stetig ist.

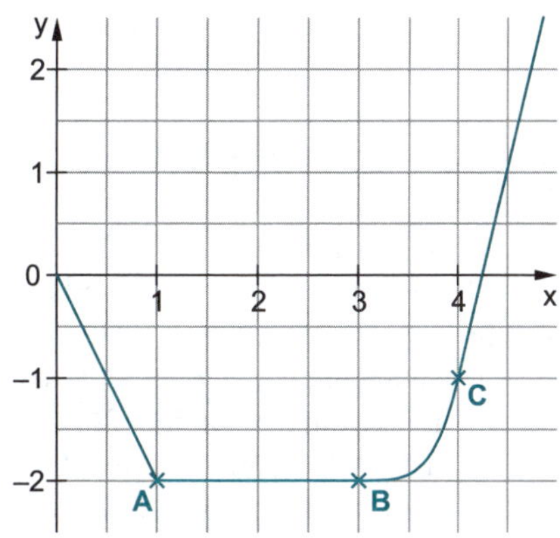

a Welche Aussagen bezüglich Differenzierbarkeit kann man aus dem Graphen in den Punkten A und B treffen? Welche Limitationen bestehen, welche weiteren Informationen benötigen Sie? Kommunizieren Sie Ihren Gedankengang anschaulich unter Verwendung der Fachsprache.

b Was fällt Ihnen bezüglich des Graphen im Punkt C auf? Welche Untersuchungen sollte man anstellen? Kommunizieren Sie eine „geschickte" Strategie zur Überprüfung.

c Prüfen Sie die folgende Funktion f auf Differenzierbarkeit an den Stellen $x = 3$ und $x = 4$ rechnerisch:

$$f(x) = \begin{cases} -2x & \text{für } x \leq 1 \\ -2 & \text{für } 1 < x \leq 3 \\ (3-x)^4 - 2 & \text{für } 3 < x \leq 4 \\ 4x - 16{,}9 & \text{für } x > 4 \end{cases}$$

73 Gegeben ist die Funktion f mit Parameter $a \in \mathbb{R}$: $f: x \mapsto \begin{cases} x^3 + ax & \text{für } x \leq 0 \\ 4x & \text{für } x > 0 \end{cases}$

a Zeigen Sie kurz, dass f an der Stelle $x = 0$ stetig ist, unabhängig davon, welchen Wert a annimmt.

b Bestimmen Sie a so, dass f an der Stelle $x = 0$ differenzierbar ist. Sie können Ihr Ergebnis mit einer Mathematiksoftware überprüfen.

74 Die Abbildung zeigt die Graphen der Funktionen f und k. Skizzieren Sie die Graphen von f' und k' in diese Abbildung. Begründen Sie kurz.

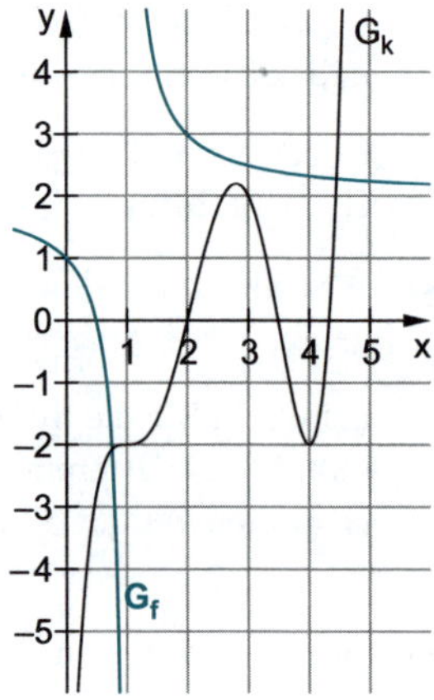

75 Der Graph der Funktion f mit
$f: x \mapsto 15{,}948 \cdot 1{,}65^x$
beschreibt näherungsweise die Anzahl der Corona-Neuinfektionen (in Tausend) innerhalb von einer Woche im Herbst des Jahres 2020. Die Zeit x wird in Wochen angegeben, wobei x = 0 dem 28. 09. 2020 entspricht und somit x = 4 dem 26. 10. 2020. Aufgrund der Gültigkeit des Modells ist $\mathbb{D}_f = [0; 4]$, am 28. 10. 2020 startete der „Lockdown light“.

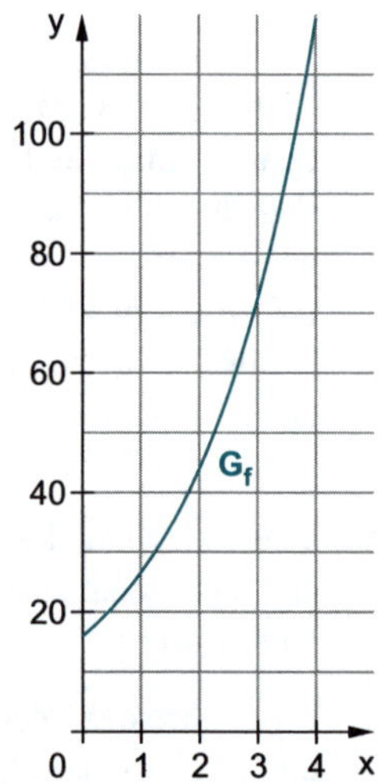

a Lesen Sie aus dem Graphen die Anzahl der Neuinfektionen (auf Tausend gerundet) ab:

x	0	1	2	3	4
f(x)					
f'(x)					

b Interpretieren Sie f' im Sachkontext, ermitteln Sie f' grafisch und zeichnen Sie in einem sinnvollen Maßstab den Graphen der Ableitungsfunktion.

76 Gegeben ist der Graph der Funktion $f: x \mapsto -\sqrt{x+1} + 2$ mit $\mathbb{D}_f = [-1; \infty[$. Begründen Sie, welche Aussagen über die Ableitungsfunktion f' wahr bzw. falsch sind.

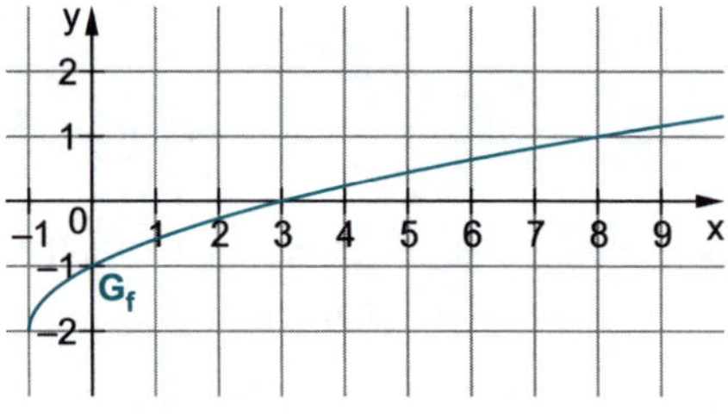

(1) $f'(3) = 0$

(2) $f'(-0{,}5) > f'(9)$

(3) Der Graph von f' verläuft in $\mathbb{D}_{f'} =]-1; \infty[$ oberhalb der x-Achse.

77 Gegeben ist der Graph einer ganzrationalen Funktion f.
Welcher der angegebenen Terme lässt sich als der der zugehörigen Ableitungsfunktion ausschließen, welcher kommt infrage? Was müsste man noch genauer wissen? Argumentieren Sie unter Verwendung der Fachsprache. Zeichnen Sie benötigte Linien und Punkte in die Abbildung ein.

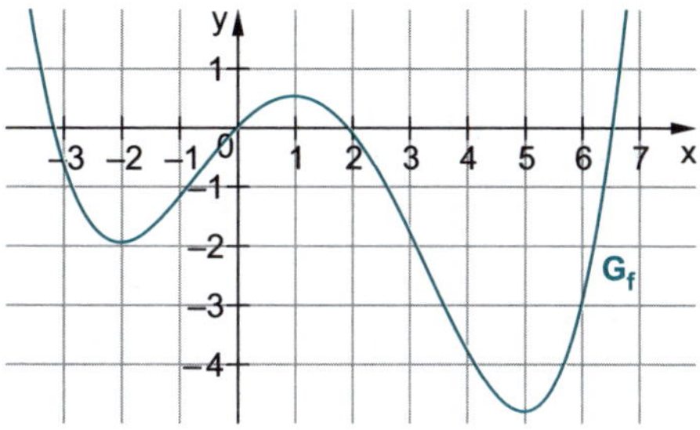

- $T_1(x) = (x+1) \cdot (x-2) \cdot (x+3)$
- $T_2(x) = (x-1)^2 \cdot (x+2) \cdot (x-5)$
- $T_3(x) = -0{,}5(x-1) \cdot (x+2) \cdot (x-5)$
- $T_4(x) = 0{,}25(x^2-6x+5) \cdot x$
- $T_5(x) = 0{,}1x^3 - 0{,}4x^2 - 0{,}7x + 1$

G 78 Geben Sie jeweils den Term der Ableitungsfunktion f' der Funktion f an.

a $f(x) = x^4$

b $f(x) = -3x^5 + 7x^2$

c $f(z) = -\frac{2}{3}z^3 + \frac{1}{2}z^2 + 27$

d $f(t) = a \cdot t^5 + 7(a-1)t^3 + 25t$ mit $t, a \in \mathbb{R}$

G 79 Berechnen Sie jeweils die Steigung des Graphen von f im angegebenen Punkt.

a $f(x) = \frac{1}{6}x^6$ $\quad A(-1 \mid f(-1))$

b $f(x) = 0{,}25x^8 + \frac{1}{3}x^6 - 1$ $\quad B(1 \mid f(1))$

c $f(x) = -x^5 + \frac{1}{2}x^2 + 4$ $\quad C(3 \mid f(3))$

80 Formen Sie den Term geeignet um und ermitteln Sie dann den Term der Ableitungsfunktion.

a $f(x) = x^2(3-x)$

b $f(x) = (x+2)(x^2-1)$

81 Welche Fehler wurden gemacht? Erklären Sie kurz und notieren Sie die richtige Lösung.

a $f(x) = (7x^2 + 2x)(x^3 + 1)$
Fritz hat gerechnet: $f'(x) = (14x + 2)(3x^2)$

b $g(x) = \dfrac{2x^4 + 3x^3 - 6x^2}{x^2}$ (mit $x \in \mathbb{R} \setminus \{0\}$)
Gerald hat als Ergebnis: $g'(x) = \dfrac{8x^3 + 9x^2 - 12x}{2x}$

82 Bestimmen Sie die Stellen, in denen die Funktion f mit $f\colon x \mapsto -\frac{2}{3}x^3 - 17$ die Steigung $m = 2$ hat.

83 Ermitteln Sie die Stellen, in denen die Funktionen f und g dieselbe Steigung haben. Wie groß ist diese jeweils? Eine Visualisierung der beiden Graphen mithilfe einer Mathematiksoftware ist sinnvoll.

$f\colon x \mapsto x^2$ $\qquad$ $g\colon x \mapsto \frac{1}{3}x^3 - x^2 + 3x - 1$

G 84 Bestimmen Sie die Gleichung der Tangente an den Graphen im Punkt $P(x_0 \mid f(x_0))$ und berechnen Sie die Größe des Steigungswinkels auf zwei Dezimalen genau.

a $f(x) = 2x^4 - 8x^2 + 1$ $\qquad$ $x_0 = 1$

b $f(x) = -3x^3 + 2x^2 - 7$ $\qquad$ $x_0 = 0$

c $f(x) = x^5 + x^3 + x^2 + 3$ $\qquad$ $x_0 = -1$

85 Bestimmen Sie Gleichung der Tangenten und der Normalen an den Graphen der Funktion f mit $f(x) = -2x^3 + 5$ im Punkt $Q(1 \mid f(1))$.

86 Gegeben ist die Funktion f mit $f\colon x \mapsto -0{,}5x^3 + 2x$.

a Bestimmen Sie die Nullstellen der Funktion.

b Ermitteln Sie die Gleichungen der Tangenten in den Nullstellen.

c Bestimmen Sie jeweils den Steigungswinkel der Tangenten.

d Zeichnen Sie den Graphen von f mit diesen Tangenten.
Sie können Ihr Ergebnis mithilfe einer Mathematiksoftware kontrollieren.

87 Ermitteln Sie die Punkte, in denen die Tangente an den Graphen der Funktion f mit $f\colon x \mapsto \frac{1}{3}x^3 + (\sqrt{3}-1)x + 1$ den Steigungswinkel 60° hat. Skizzieren Sie den Graphen von f mit diesen Tangenten.

E 88 Gegeben sind die beiden Funktionen f und h mit:

$f\colon x \mapsto \frac{1}{2}x^4 - \frac{5}{4}x^2 + 1$ und $h\colon x \mapsto -(x-3)^2 + 5$

a Zeigen Sie, dass sich die Graphen der beiden Funktionen für $x = 2$ schneiden, und geben Sie den Schnittpunkt A an.

b Ermitteln Sie die Gleichung der Tangente g an G_f im Punkt A sowie den Steigungswinkel α von g.

c Die Tangente in A an G_h wird mit i bezeichnet, der zugehörige Steigungswinkel mit β. Bestimmen Sie i und β.

d Gegeben ist der Graph G_f (siehe Abbildung rechts). Zeichnen Sie Folgendes ein:
- Tangente g in A
- Graph der Funktion h mit Tangente i
- Steigungswinkel α und β im Punkt A

e Folgern Sie den Schnittwinkel φ der beiden Graphen im Punkt A und zeichnen Sie diesen ein.

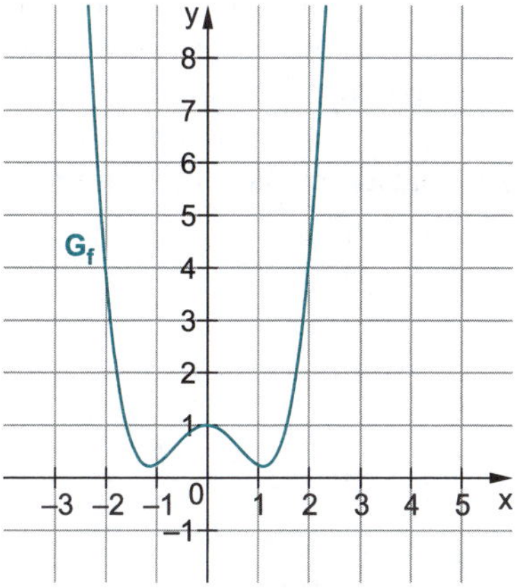

E 89 Die Graphen zweier Funktionen f und g schneiden sich in einem Punkt A. Die zugehörigen Tangenten haben die Terme:

$t_f\colon h(x) = 3x + 1$

$t_g\colon i(x) = -6x + 10$

a Bestimmen Sie den Punkt A sowie die Neigungswinkel der beiden Tangenten.

b Zeichnen Sie die beiden Tangenten in ein gemeinsames Koordinatensystem und folgern Sie den Schnittwinkel der beiden Tangenten.

Test 7

Inhalte: Differenzierbarkeit, Funktion/Ableitungsfunktion, Änderungsrate, Tangente

Zeitbedarf: 25 Minuten

1 Geben Sie den Funktionsterm f(x) einer Funktion an, die sich ohne Absetzen des Stifts zeichnen lässt und an der Stelle x = 5 definiert, aber nicht differenzierbar ist. Beschreiben Sie Ihr Vorgehen unter Angabe des Fachbegriffs für die erstgenannte Eigenschaft und zeichnen Sie den Graphen Ihrer Funktion in der Umgebung der Stelle x = 5. 2 Punkte

2 Geben Sie einen Term einer ganzrationalen Funktion f an, die folgende Bedingungen erfüllt:
(1) Bei x = 1 hat der Graph von f eine waagrechte Tangente.
(2) Die Steigung des Graphen von f ist nie positiv.
Beschreiben Sie Ihren Lösungsweg. 4 Punkte

3 Gegeben sind die Graphen dreier Funktionen f, g, h sowie (auf der folgenden Seite) sechs weitere Graphen, darunter auch die Graphen der Ableitungsfunktionen dieser drei Funktionen. Ordnen Sie den drei Funktionen jeweils ihre Ableitungsfunktion zu und begründen Sie Ihre Entscheidung ausführlich und gründlich. Argumentieren Sie unter Verwendung der Fachsprache. 6 Punkte

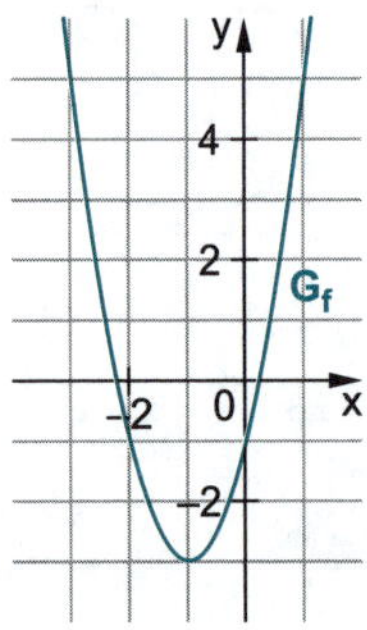

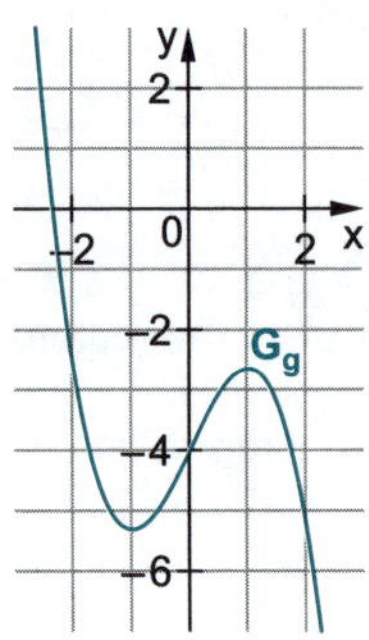

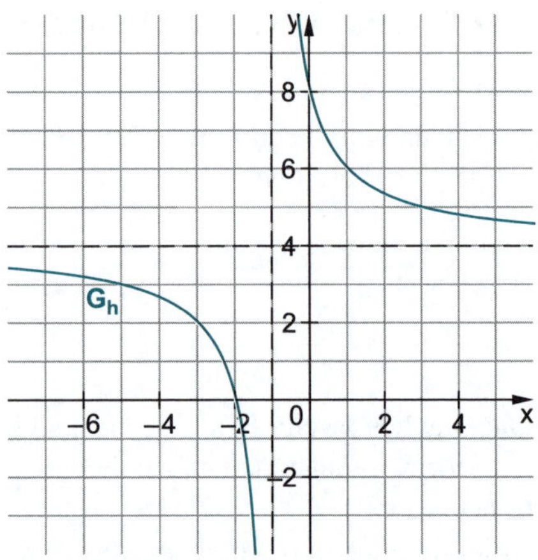

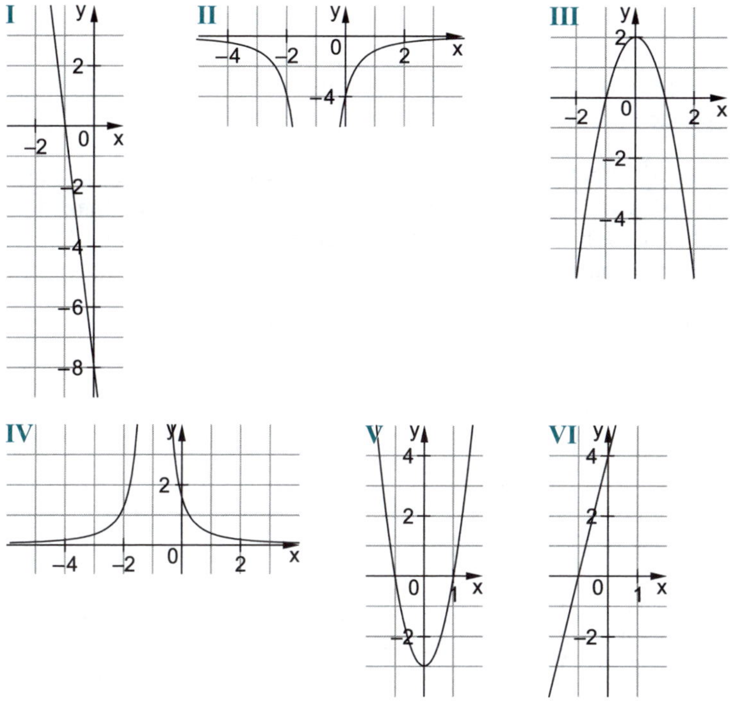

4 Grenzen Sie die Begriffe
- absolute Änderung
- mittlere Änderungsrate
- momentane Änderungsrate

an einem selbst gewählten Beispiel (anwendungsorientiert oder innermathematisch) voneinander ab. Verdeutlichen Sie Ihre Darstellung an einer Skizze. 6 Punkte

5 Berechnen Sie für die Funktion f mit $f\colon x \mapsto x^2 - 7x + 1$ die Tangentensteigung an der Stelle $x = 2$ mithilfe des Differentialquotienten (h-Methode). 2 Punkte

20 Punkte

Note	1	2	3	4	5	6
Punkte	20–18	17–15	14–12	11–9	8–5	4–0

Test 8

Inhalte: Tangente, Graph der Ableitungsfunktion, Differenzierbarkeit, Differentialquotient

Zeitbedarf: 30 Minuten

1 Bestimmen Sie für die Funktion f mit $f: x \mapsto x^6$ die Gleichung der Tangente t mit der Steigung $m = -6$ und ihren Steigungswinkel. Die Schnittpunkte der Tangente t mit den Koordinatenachsen bilden zusammen mit dem Ursprung ein Dreieck. Berechnen Sie seinen Umfang und den Flächeninhalt. 6 Punkte

2 Der Term der Ableitungsfunktion einer Funktion g lautet:

$$g'(x) = \frac{4}{(x-3)^2}$$

Es wird die maximal mögliche Definitionsmenge vorausgesetzt. Im Folgenden sind die Graphen einiger Funktionen abgebildet.

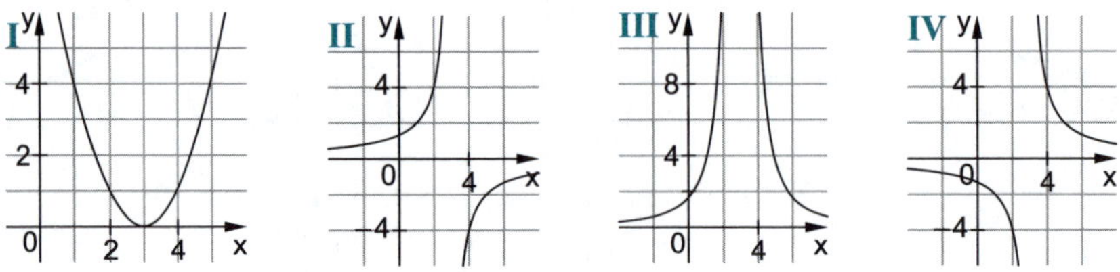

Entscheiden Sie, welcher der abgebildeten Graphen den oben angegebenen Term g'(x) als Ableitungsfunktion haben kann. Begründen Sie Ihre Entscheidung gründlich. 4 Punkte

3 **a** Begründen Sie: $f: x \mapsto \sqrt{x-3} - 4$ mit $\mathbb{D}_f = [3; \infty[$ ist im Innern des Definitionsbereichs differenzierbar. 3 Punkte

b Ermitteln Sie ohne Rechnung einen groben Verlauf des Graphen der Ableitungsfunktion f'. Argumentieren Sie unter Verwendung der Fachsprache. 3 Punkte

c Erläutern Sie die nachfolgenden drei Rechenschritte. Gehen Sie auch darauf ein, was man damit erhält. 3 Punkte

$$\lim_{x \to x_0} \frac{\sqrt{x} - \sqrt{x_0}}{x - x_0} \qquad (1)$$

$$= \lim_{x \to x_0} \frac{\sqrt{x} - \sqrt{x_0}}{(\sqrt{x})^2 - (\sqrt{x_0})^2} = \lim_{x \to x_0} \frac{\sqrt{x} - \sqrt{x_0}}{(\sqrt{x} + \sqrt{x_0}) \cdot (\sqrt{x} - \sqrt{x_0})} \qquad (2)$$

$$= \lim_{x \to x_0} \frac{1}{\sqrt{x} + \sqrt{x_0}} = \frac{1}{2\sqrt{x_0}} \qquad (3)$$

d Geben Sie ohne weitere Rechnung den Term f'(x) zu $f(x) = \sqrt{x-3} - 4$ an. 1 Punkt

20 Punkte

Note	1	2	3	4	5	6
Punkte	20–18	17–15	14–12	11–9	8–5	4–0

Hinweise zu den Aufgaben

62 c Vergleichen Sie auch die verschiedenen Steigungen.

63 b Verbinden Sie die einzelnen Messpunkte, um einen Graphen zu erhalten.

64 Idealerweise bearbeiten Sie die entsprechenden Aufgabenteile direkt mithilfe einer Mathematiksoftware.

66 b Sie müssen eine Geradengleichung aufstellen. Was brauchen Sie dafür?

g Um den Grenzwert berechnen zu können, müssen Sie den Quotienten so umformen, dass Sie kürzen können.

67 Wie bestimmt man grafisch die Steigung einer Geraden?

69 Denken Sie daran, dass bei Anwendungsaufgaben die Ergebnisse mit Einheiten genannt werden müssen.

71 e Für welche x stimmen $f(x)$ und $g(x)$ überein und für welche nicht?

73 b Vergleichen Sie rechts- und linksseitigen Grenzwert.

77 Schauen Sie genau nach Null- und Extremstellen, um möglichst viele Terme ausschließen zu können.

84 Kontrollieren Sie, dass im Taschenrechner das „richtige“ Winkelmaß eingestellt ist.

87 Verwenden Sie den exakten Wert von $\tan 60°$.

Lösungen zu den Aufgaben

61 **a** Die Steigung des Graphen der Bevölkerungszahl von Afrika ist deutlich größer als die des Graphen der Bevölkerungszahl von Europa.

b **Afrika:**

1955–2015

$(1,3-0,28)\cdot 10^9 = 1,02\cdot 10^9$
$= 1,02$ Milliarden

Die Bevölkerungszahl von Afrika hat in 60 Jahren um 1,02 Milliarden Menschen zugenommen.

1955–1985

$(0,58-0,28)\cdot 10^9 = 0,30\cdot 10^9$
$= 300$ Millionen

1985–2015

$(1,3-0,58)\cdot 10^9 = 0,72\cdot 10^9$
$= 720$ Millionen

Europa:

1955–2015

$(0,8-0,55)\cdot 10^9 = 0,25\cdot 10^9$
$= 0,25$ Milliarden
$= 250$ Millionen

1955–1985

$(0,70-0,55)\cdot 10^9 = 0,15\cdot 10^9$
$= 150$ Millionen

1985–2015

$(0,8-0,7)\cdot 10^9 = 0,1\cdot 10^9$
$= 100$ Millionen

c **Afrika:**

1955–2015

$$\frac{1,02\cdot 10^9}{60\text{ Jahre}} = 17\,\frac{\text{Millionen}}{\text{Jahr}}$$

1955–1985

$$\frac{300\text{ Millionen}}{30\text{ Jahre}} = \mathbf{10}\,\frac{\text{Millionen}}{\text{Jahr}}$$

1985–2015

$$\frac{720\text{ Millionen}}{30\text{ Jahre}} = \mathbf{24}\,\frac{\text{Millionen}}{\text{Jahr}}$$

(Faktor $\cdot\,2,4$)

Europa:

1955–2015

$$\frac{250\text{ Millionen}}{60\text{ Jahre}} \approx 4,2\,\frac{\text{Millionen}}{\text{Jahr}}$$

1955–1985

$$\frac{150\text{ Millionen}}{30\text{ Jahre}} = \mathbf{5}\,\frac{\text{Millionen}}{\text{Jahr}}$$

1985–2015

$$\frac{100\text{ Millionen}}{30\text{ Jahre}} \approx \mathbf{3,3}\,\frac{\text{Millionen}}{\text{Jahr}}$$

(Faktor $\cdot\,0,67$)

Während sich in Afrika die Wachstumsrate mehr als verdoppelte, ist sie in Europa um $\frac{1}{3}$ gesunken.

62 **a** Der Graph von f steigt bis ca. $x=-1,5$ langsam an; dabei wächst die Steigung zunächst leicht, wird dann immer geringer und ist bei $x=-1,5$ ungefähr null. Dann fällt der Graph bis $x=1$ stark ab. Er fällt weniger stark bis $x=2$, dort ist die Steigung null und steigt dann wieder leicht an, die Steigung ist dabei relativ klein.

b • $\mathbb{D}_f = \mathbb{R}$; weil Zähler und Nenner beide denselben Grad (2) haben, gilt:

$$\lim_{x \to \pm\infty} \frac{1x^2 - 6x + 5}{1x^2 + 4} = \frac{1}{1} = 1$$

Waagrechte Asymptote: $y = 1$

• Schnittpunkt mit der y-Achse:

$$f(0) = \frac{5}{4} = 1{,}25 \quad \Rightarrow \quad A(0\,|\,1{,}25)$$

Schnittpunkte mit der x-Achse (Nullstellen):

$$f(x) = 0 \quad \Rightarrow \quad x^2 - 6x + 5 = 0 \quad \Rightarrow \quad x_{1/2} = 3 \pm \sqrt{3^2 - 5} = 3 \pm 2$$

$$\Rightarrow \quad B(1\,|\,0) \text{ und } C(5\,|\,0)$$

G_f hat die waagrechte Asymptote $y = 1$, diese hat die Steigung null. Der Graph der Funktion nähert sich der waagrechten Asymptote, somit geht seine Steigung gegen null.

c • $I_1 = [-5; -2] \quad \Rightarrow \quad m_1 = \frac{f(-2) - f(-5)}{-2 - (-5)} = \frac{\frac{21}{8} - \frac{60}{29}}{3} = \frac{43}{232} \approx 0{,}185$

Der Graph steigt im Intervall [–5; –2] nur sehr wenig an.

• $I_2 = [-2; -1] \quad \Rightarrow \quad m_2 = \frac{f(-1) - f(-2)}{-1 - (-2)} = \frac{\frac{12}{5} - \frac{21}{8}}{1} = -\frac{9}{40} = -0{,}225$

Die durchschnittliche Steigung in [–2; –1] ist negativ. Der Graph steigt zwar in [–2; –1,5] leicht, fällt aber in [–1,5; –1] etwas stärker.

• $I_3 = [-1; 1] \quad \Rightarrow \quad m_3 = \frac{f(1) - f(-1)}{1 - (-1)} = \frac{0 - \frac{12}{5}}{2} = -\frac{6}{5} = -1{,}2$

Der Graph fällt in [–1; 1] stärker.

• $I_4 = [1; 5] \quad \Rightarrow \quad m_4 = \frac{f(5) - f(1)}{5 - 1} = \frac{0 - 0}{4} = 0$

Die durchschnittliche Steigung in [1; 5] ist null, obwohl der Graph zuerst fällt und dann steigt.

• $I_5 = [5; 9] \quad \Rightarrow \quad m_5 = \frac{f(9) - f(5)}{9 - 5} = \frac{\frac{32}{85} - 0}{4} = \frac{8}{85} \approx 0{,}094$

Der Graph steigt in [5; 9] sehr wenig an.

63 a Tabelle 1:

t	0	5	10	15	20	25	30	35	40
y	400	500	**650**	800	1 300	700	800	1 200	600
$\frac{\Delta y}{\Delta t}$		**20**	30	**30**	**100**	**–120**	**20**	**80**	**–120**

Beispielhafte Rechnungen:

$$\frac{f(5)-f(0)}{5-0}=\frac{500-400}{5}=20$$

$$\frac{f(10)-500}{10-5}=30 \Rightarrow f(10)-500=150 \Rightarrow f(10)=650$$

b

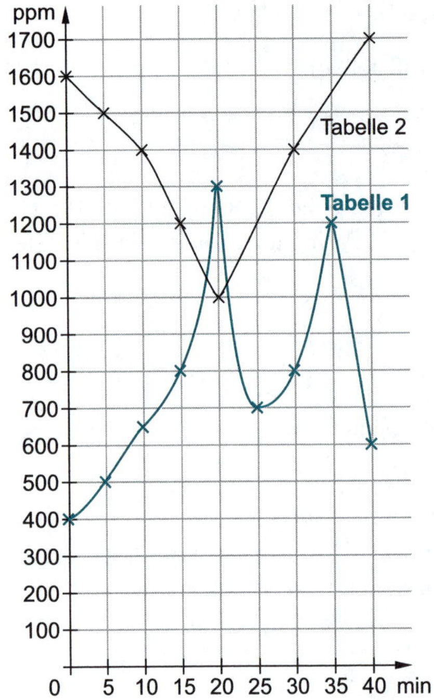

c Die CO_2-Konzentration nahm in den ersten 15 Minuten langsam, in den nächsten 5 Minuten stark zu. Die Klasse könnte z. B. Gruppenergebnisse zusammengetragen haben, wobei es sehr laut wurde; damit wurden mehr Aerosole ausgestoßen. Eventuell waren Handwerker im Gang und die Zimmertür geschlossen, sodass ein geringer Luftaustausch stattfand. 5-minütiges Stoßlüften bei geöffneter Tür führte zu einer starken Abnahme des CO_2-Gehalts in der Luft. Vermutlich führt das Schließen des Fensters nach 25 Minuten erst zu einer leichten, dann zu einer starken Zunahme der Aerosole, sodass nach 35 Minuten erneut gelüftet wurde, um vor dem Stundenwechsel erfolgreich die CO_2-Konzentration rasch zu senken.

d Tabelle 2:

t	0	5	10	15	20	30	40
y	1 600	**1 500**	1 400	1 200	1 000	1 400	**1 700**
$\frac{\Delta y}{\Delta t}$		–20	**–20**	**–40**	**–40**	**40**	30

Beispielhafte Rechnungen:

$$\frac{f(5)-1600}{5}=-20 \Rightarrow f(5)=1600-100=1500$$

$$\frac{f(40)-1400}{10}=30 \Rightarrow f(4)=1400+300=1700$$

e Zu Stundenbeginn war der CO_2-Gehalt sehr hoch. Vermutlich wurde nun sofort gelüftet (20 Minuten lang). Aufgrund des hohen Startwerts und der geringen Möglichkeit gut durchzulüften, fällt der CO_2-Gehalt nur langsam. Danach wurde wahrscheinlich das Fenster bis Stundenende geschlossen und der CO_2-Gehalt ist wieder auf einen zu hohen Wert gestiegen.

64 a Vorgehen:

- Funktionsterm $g(x)=0{,}25x^2$ eingeben und Graph G_g zeichnen lassen
- Punkt $A(1\,|\,0{,}25)$ eingeben und zeichnen lassen
- Schieberegler für b erstellen
- Punkt $B(b\,|\,g(b))$ eingeben und zeichnen lassen
- Gerade durch A und B zeichnen lassen; dabei wird die Geradengleichung angezeigt

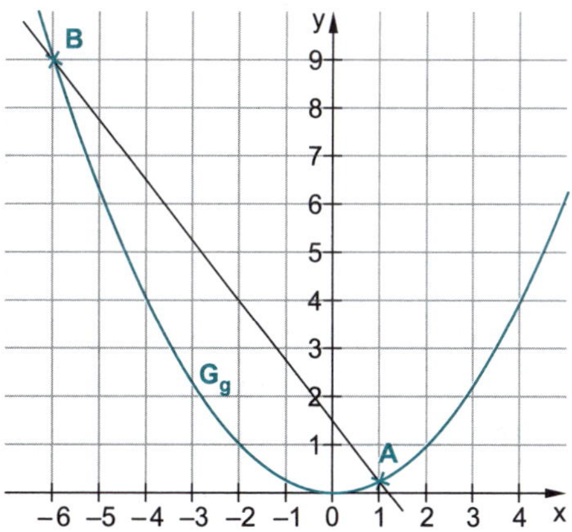

b Unter Verwendung der binomischen Formel ergibt sich:

$$m(b)=\frac{g(b)-g(1)}{b-1}=\frac{0{,}25b^2-0{,}25}{b-1}=\frac{0{,}25\cdot(b^2-1)}{b-1}=\frac{0{,}25\cdot(b+1)\cdot(b-1)}{b-1}$$
$$=0{,}25\cdot(b+1)$$

c Durch Ziehen am Schieberegler **von $b=-6$ bis $b=6$** bewegt sich der Punkt B und demzufolge auch die Gerade durch A und B. Lässt man sich die Geradengleichung in der Form $y=mx+t$ anzeigen, erkennt man daran die Steigung.

d Man legt eine Wertetabelle für $g(b)=0{,}25b^2$ und $m(b)=0{,}25(b+1)$ an:

b	−6	−4	−2	0	2	4	6
g(b)	9	4	1	0	1	4	9
m(b)	−1,25	−0,75	−0,25	0,25	0,75	1,25	1,75

Dann zeichnet man die Parabel zu g, kennzeichnet den Punkt A, ergänzt die jeweiligen Punkte B zusammen mit den zugehörigen Geraden durch A und B (siehe Grafik in Teilaufgabe a).

e Aus der Zeichnung, sowohl mit der Software als auch auf dem Papier, kann man die Vermutung haben, dass, je näher B an A heran rutscht, aus der Sekante eine Tangente mit der Steigung $m=0{,}5$ wird.

65 a $f(-x)=\frac{8}{(-x)^2+4}=\frac{8}{x^2+4}=f(x) \Rightarrow G_f$ achsensymmetrisch zur y-Achse

$\lim\limits_{x\to\pm\infty}\frac{8}{x^2+4}=0$, weil der Grad des Zählers kleiner als der des Nenners ist

Waagrechte Asymptote: $y=0$

Wertemenge:

$$x^2+4\geq 4 \Rightarrow \frac{1}{x^2+4}\leq\frac{1}{4} \Rightarrow \frac{8}{x^2+4}\leq\frac{8}{4}=2$$

Wegen der waagrechten Asymptote $y=0$ folgt: $\mathbb{W}_f=]0;2]$.

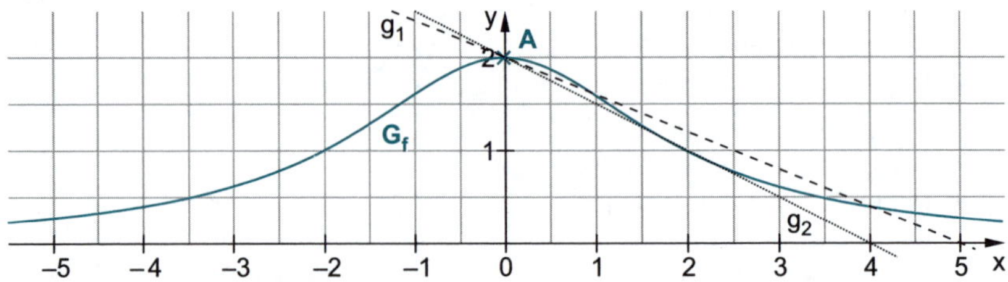

b $f(0)=2 \Rightarrow A(0|2)$

$$b=1:\quad m_1=\frac{f(1)-f(0)}{1-0}=\frac{\frac{8}{5}-2}{1}=-\frac{2}{5}=-0{,}4 \Rightarrow g_1\colon y=-\frac{2}{5}x+2$$

$$b=2:\quad m_2=\frac{f(2)-f(0)}{2-0}=\frac{1-2}{2}=-\frac{1}{2}=-0{,}5 \Rightarrow g_2\colon y=-\frac{1}{2}x+2$$

c Die Sekante AB mit $A(0|2)$ und $B\left(b\,\middle|\,\frac{8}{b^2+4}\right)$ hat die Steigung:

$$m(b)=\frac{f(b)-f(0)}{b-0}=\frac{\frac{8}{b^2+4}-2}{b}=\frac{\left(\frac{8}{b^2+4}-2\right)\cdot(b^2+4)}{b\cdot(b^2+4)}=\frac{8-2\cdot(b^2+4)}{b\cdot(b^2+4)}$$

$$=\frac{8-2b^2-8}{b\cdot(b^2+4)}=\frac{-2b^2}{b\cdot(b^2+4)}=\frac{-2b}{b^2+4}$$

d Für $b<0$ hat die Sekantensteigung jeweils das umgekehrte Vorzeichen:

$b=-1$: $g_{-1}\colon y=+\frac{2}{5}x+2$ $\qquad$ $b=-2$: $g_{-2}\colon y=+\frac{1}{2}x+2$

e Die Gerade hat dann die Steigung null, für $x<0$ steigt G_f, für $x>0$ fällt G_f.

66 a

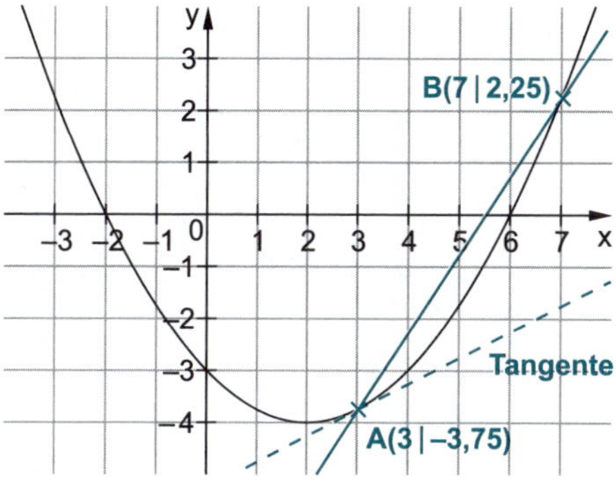

b Abgebildet sind die Punkte A(3 | –3,75) und B(7 | 2,25). Damit folgt:

$$m = \frac{y_B - y_A}{x_B - x_A} = \frac{2,25 - (-3,75)}{7 - 3} = \frac{6}{4} = \frac{3}{2} = 1,5$$

In den Ansatz $y = 1,5x + t$ wird B eingesetzt:

$2,25 = 1,5 \cdot 7 + t \;\Rightarrow\; 2,25 = 10,5 + t \;\Rightarrow\; -8,25 = t$

Gleichung der Geraden AB: $y = 1,5x - 8,25$

c Im Intervall [3; 7] beträgt die **mittlere Änderungs**rate 1,5.
Der **Differenzen**quotient der Funktion hat im selben Bereich den Wert $\frac{3}{2}$.
Geometrisch interpretiert bedeutet dieser **Differenzen**quotient die Steigung der **Sekante**.

d B wird auf G_f auf A zu verschoben. Dies kann von beiden Seiten geschehen; man kann auch zuerst B über A hinausverschieben und dann wieder auf B zu. B liegt schließlich „auf A". Aus der mittleren Änderungsrate wird die momentane Änderungsrate.

Mit $A(x_0 \mid f(x_0))$ und $B(x \mid f(x))$ erhält man die formale Schreibweise:

$$f'(x_0) = \lim_{x \to x_0} \frac{f(x) - f(x_0)}{x - x_0}$$

Auf den eingezeichneten Punkt A(3 | –3,75) bezogen lautet dies:

$$f'(3) = \lim_{x \to 3} \frac{f(x) - f(3)}{x - 3}$$

e Aus der Sekante wird die Tangente. $f'(x_0)$ ist die lokale (momentane) Änderungsrate an der Stelle x_0, also die Ableitung von f an der Stelle x_0.

f Steigung der Tangente:

$$m = \frac{1}{2}$$

Zeichnung: siehe oben in Teilaufgabe a

g $f'(3) = \lim\limits_{x \to 3} \frac{f(x)-f(3)}{x-3} = \lim\limits_{x \to 3} \frac{0,25(x-2)^2-4-(-3,75)}{x-3}$

$= \lim\limits_{x \to 3} \frac{0,25(x^2-4x+4)-4+3,75}{x-3} = \lim\limits_{x \to 3} \frac{0,25x^2-x+1-0,25}{x-3}$

$= \lim\limits_{x \to 3} \frac{0,25x^2-x+0,75}{x-3} = \lim\limits_{x \to 3} \frac{0,25(x^2-4x+3)}{x-3}$

$= \lim\limits_{x \to 3} \frac{0,25(x-3)\cdot(x-1)}{(x-3)} = \lim\limits_{x \to 3} 0,25(x-1) = 0,25\cdot(3-1)$

$=0,5$

Die Faktorisierung des Zählers erfolgt dabei mit der Lösungsformel:

$x^2-4x+3=0 \;\Rightarrow\; x_{1/2}=2\pm\sqrt{2^2-3}=2\pm1 \;\Rightarrow\; x_1=1$ und $x_2=3$

h $A(x_0|f(x_0))$ und $H(x_0+h|f(x_0+h))$

Erklärung mit Skizze:
Der Punkt H „rutscht" auf G_f an A heran. Dies bedeutet, dass h gegen null geht:

$f'(x_0) = \lim\limits_{h \to 0} \frac{f(x_0+h)-f(x_0)}{h}$

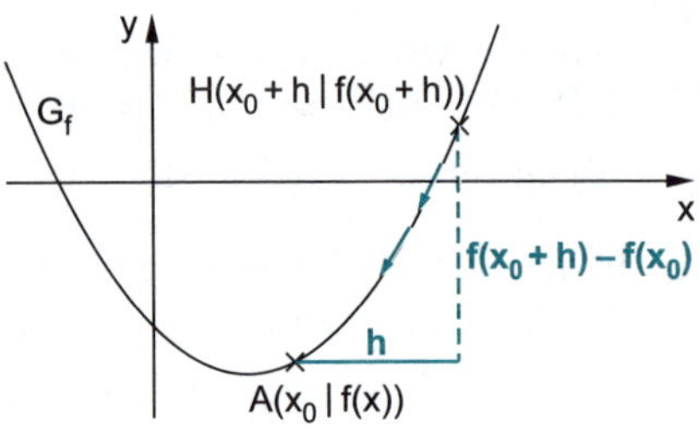

i $f'(3) = \lim\limits_{h \to 0} \frac{f(3+h)-f(3)}{h} = \lim\limits_{h \to 0} \frac{0,25(\mathbf{3+h}-2)^2-4-(-3,75)}{h}$

$= \lim\limits_{h \to 0} \frac{0,25(h+1)^2-0,25}{h} = \lim\limits_{h \to 0} \frac{0,25(h^2+2h+1)-0,25}{h}$

$= \lim\limits_{h \to 0} \frac{0,25h^2+0,5h+0,25-0,25}{h} = \lim\limits_{h \to 0} \frac{0,25h^2+0,5h}{h}$

$= \lim\limits_{h \to 0} \frac{h\cdot(0,25h+0,5)}{h} = \lim\limits_{h \to 0} (0,25h+0,5)$

$=0,5$

Vorteil: Im Nenner steht keine Differenz. Man klammert h aus und kürzt.

67 Bei den Tangenten werden Steigungsdreiecke eingezeichnet.

a In A(−2|2):

$m = \frac{-2}{3}$

$\Rightarrow\ f'(-2) = -\frac{2}{3}$

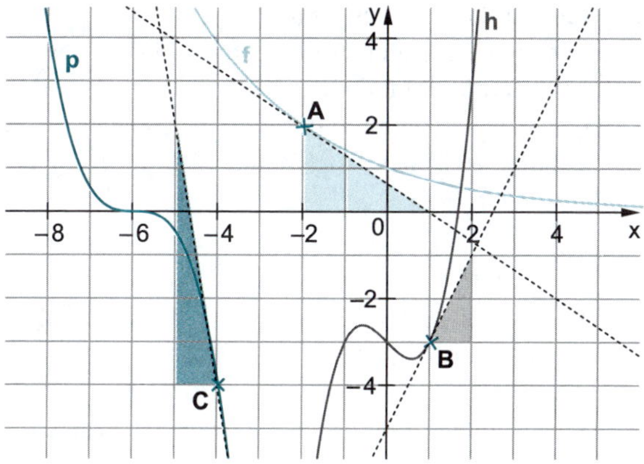

b In B(1|−3):

$m = \frac{+2}{+1} = 2$

$\Rightarrow\ h'(1) = 2$

c In C(−4|−4):

$m = \frac{+6}{-1} = -6$

$\Rightarrow\ p'(-4) = -6$

68 **a** Für die Steigung m der Tangente gilt:

$$g'(1) = \lim_{x\to 1} \frac{0,25x^2 - 0,25}{x-1}$$
$$= \lim_{x\to 1} \frac{0,25(x^2-1)}{x-1}$$
$$= \lim_{x\to 1} \frac{0,25(x+1)\cdot(x-1)}{x-1}$$
$$= \lim_{x\to 1} 0,25(x+1)$$
$$= 0,25\cdot 2 = 0,5$$

In den Ansatz $y = 0{,}5x + t$ wird A eingesetzt:

$0,25 = 0,5\cdot 1 + t \ \Rightarrow\ -0,25 = t$

Gleichung der Tangente: $y = 0,5x - 0,25$

b $$f'(0) = \lim_{x\to 0} \frac{\frac{8}{x^2+4} - 2}{x-0} = \lim_{x\to 0} \frac{\frac{8}{x^2+4} - \frac{2(x^2+4)}{x^2+4}}{x}$$
$$= \lim_{x\to 0} \frac{\frac{8-2x^2-8}{x^2+4}}{\frac{x}{1}} = \lim_{x\to 0} \frac{-2x^2}{x^2+4}\cdot\frac{1}{x}$$
$$= \lim_{x\to 0} \frac{-2x}{x^2+4}$$
$$= 0$$

69 **a** Nach 3 Stunden wird die maximale Konzentration von $12\,\frac{mg}{\ell}$ erreicht.

b Die mittlere Änderungsrate für die ersten 3 Stunden ergibt sich als Differenzenquotient, sie entspricht der Steigung m der Sekanten zwischen A(0 | 0) und B(3 | 12):

$$m = \frac{g(3) - g(0)}{3 - 0} = \frac{12 - 0}{3 - 0} = 4$$

Die mittlere Änderungsrate beträgt $4\,\frac{mg}{\ell}$ pro Stunde ($4\,\frac{mg}{\ell \cdot h}$).

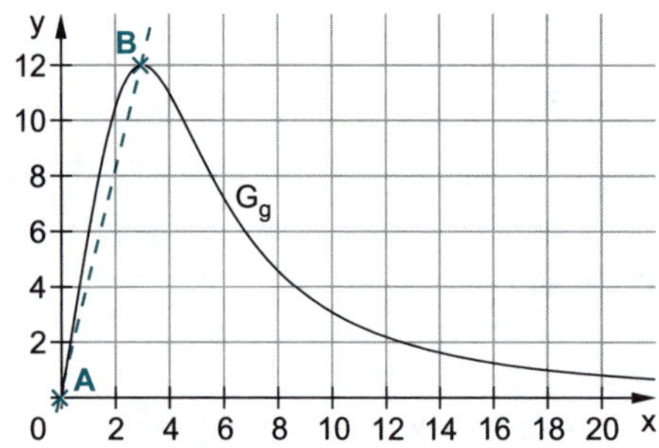

c Der Graph der Funktion verläuft im Intervall $x \in [0; 3]$ oberhalb der Sekante AB. Er ist zuerst steiler (größere Steigung) und wird vor dem Erreichen des Maximalwertes flacher.

Für eine genauere Angabe könnte man für die drei Intervalle $x \in [0; 1]$, $x \in [1; 2]$ und $x \in [2; 3]$ die Änderungsraten bestimmen:

$x \in [0; 1]$: $m \approx \frac{5{,}9 - 0}{1 - 0} = 5{,}9 \quad \Rightarrow \quad 5{,}9\,\frac{mg}{\ell \cdot h}$

$x \in [1; 2]$: $m \approx \frac{10{,}5 - 5{,}9}{2 - 1} = 4{,}6 \quad \Rightarrow \quad 4{,}6\,\frac{mg}{\ell \cdot h}$

$x \in [2; 3]$: $m \approx \frac{12 - 10{,}5}{3 - 2} = 1{,}5 \quad \Rightarrow \quad 1{,}5\,\frac{mg}{\ell \cdot h}$

Man sieht: Die Wachstumsrate der Konzentration im Blut ist in der ersten Stunde am größten, in der zweiten Stunde bereits reduziert und in der dritten Stunde stark reduziert.

Alternativ könnte man z. B. in den Punkten C(1 | 5,9) und D(2 | 10,5) Tangenten an den Graphen legen.

d $g(0{,}5) \approx 3{,}0 < 3{,}5$ und $g(0{,}75) \approx 4{,}5 > 3{,}5$

$\Rightarrow$ Das Medikament sollte eine halbe Stunde vor dem Schlafengehen eingenommen werden, denn nach 0,75 h = 45 min wirkt es bereits.

$g(9) \approx 3{,}7 > 3{,}5$ und $g(9{,}5) \approx 3{,}4 < 3{,}5$

$\Rightarrow$ Die 9 Stunden sind nötig, um morgens keine Nachwirkungen zu haben.

e Für $t > 3$ h fällt der Graph, die Konzentration im Blut wird abgebaut, zuerst langsam, dann wird die Steigung betragsmäßig größer, anschließend geringer. Bei $t \approx 5$ ist $m \approx -2$, d. h. $|m| \approx 2$, davor und danach ist $|m| < 2$. Dies kann man durch Einzeichnen von Tangenten ermitteln.

Die stärkste Abbaurate liegt bei ca. $-2\,\frac{mg}{\ell \cdot h}$, ungefähr 5 Stunden nach dem Zubettgehen.

70 **a** Der Graph lässt sich durchgehend zeichnen, ohne dass man den Stift absetzt, außer an der Stelle $x = 3$.

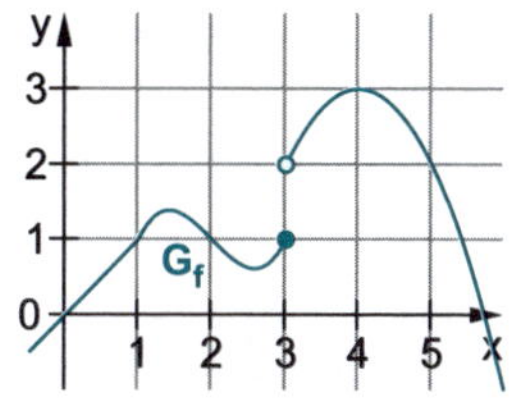

b An der Stelle $x = 1$ wird die Gerade von einer Parabel fortgesetzt, die bei $x = 1$ genau die Steigung der Geraden hat. Bei $x = 3$ wird die Parabel ohne Sprung, allerdings mit Knick, daher nicht differenzierbar, fortgesetzt.

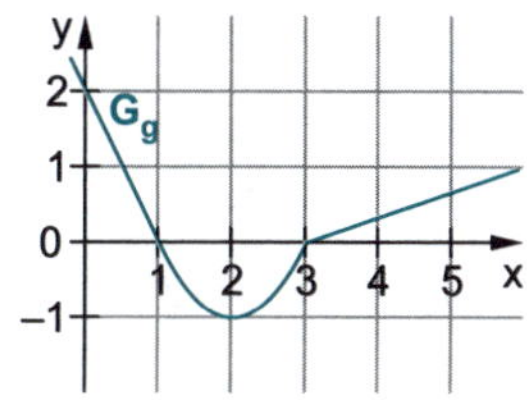

c Ein „kleiner" Sprung (verletzt die Stetigkeit) bzw. eine geringfügig andere Steigung des Graphen (verletzt die Differenzierbarkeit) könnten auf dem Papier nicht erkennbar sein und zu Fehlschlüssen führen.

Mathematiksoftware: Man zoomt an diese Stellen heran und vergrößert, sodass sich offensichtliche Abweichungen erkennen lassen.

Skizzen:

(1)

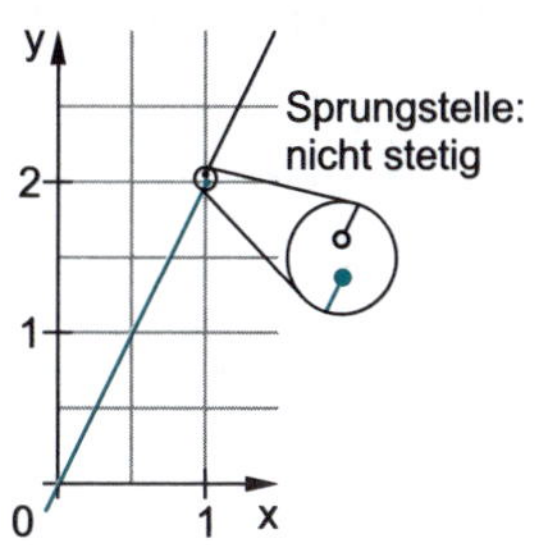

(2)

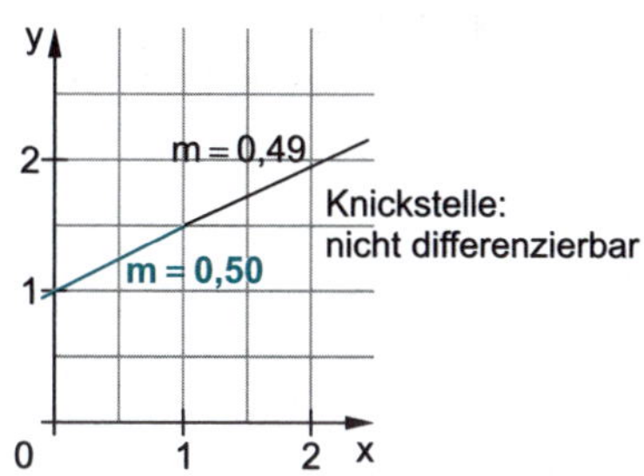

71 **a** Nullstellen: $f(x) = 0 \;\Leftrightarrow\; \frac{1}{9}x^2 - 1 \;\Leftrightarrow\; x^2 = 9 \;\Leftrightarrow\; x = \pm 3$

Wegen $f(-x) = f(x)$ ist der Graph achsensymmetrisch zur y-Achse.

Der Graph ist eine nach oben geöffnete Parabel mit dem Scheitelpunkt $S(0|-1)$, die Funktion f hat daher die Wertemenge $\mathbb{W}_f = [-1; \infty[$.

b

x	0	1	2	3	4	5	6
f(x)	-1	$-\frac{8}{9}$	$-\frac{5}{9}$	0	$\frac{7}{9}$	$\frac{16}{9}$	3

c Differenzenquotient:

$$\frac{f(x) - f(3)}{x - 3} = \frac{\frac{1}{9}x^2 - 1 - 0}{x - 3} = \frac{\frac{1}{9}(x^2 - 9)}{x - 3} = \frac{\frac{1}{9}(x + 3) \cdot (x - 3)}{x - 3} = \frac{1}{9}(x + 3)$$

Differentialquotient:

$$\lim_{x\to 3}\frac{1}{9}(x+3)=\frac{1}{9}\cdot(3+3)=\frac{2}{3}$$

Hiermit ergibt sich als Tangentengleichung:

$$t_A\colon\ y=\frac{2}{3}x-2$$

d Aufgrund der Symmetrie hat die Tangente in A' die Gleichung:

$$t_{A'}=-\frac{2}{3}x-2$$

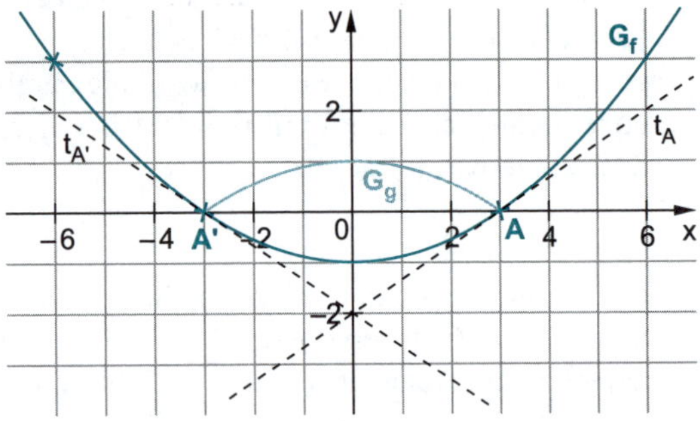

e Für $|x|\geq 3$ ist G_g mit G_f identisch. Der Teil von G_f, der unterhalb der x-Achse liegt, wird an dieser gespiegelt.

f $x=-3$ und $x=3$
An beiden Stellen hat G_g jeweils einen Knick und die Funktion g ist daher an diesen Stellen nicht differenzierbar.

g

$$g(x)=|f(x)|=\begin{cases} f(x) & \text{für } f(x)\geq 0\\ -f(x) & \text{für } f(x)<0\end{cases}=\begin{cases} \frac{1}{9}x^2-1 & \text{für } |x|\geq 3\\ -\left(\frac{1}{9}x^2-1\right)=-\frac{1}{9}x^2+1 & \text{für } |x|<3\end{cases}$$

h Differenzenquotient für $|x|<3$:

$$\frac{g(x)-g(3)}{x-3}=\frac{-\frac{1}{9}x^2+1}{x-3}=\frac{-\frac{1}{9}(x^2-9)}{x-3}=-\frac{1}{9}(x+3)$$

$\Rightarrow$ linksseitige Steigung: $m_{\text{links}}=\lim\limits_{x\to 3^-}-\frac{1}{9}(x+3)=-\frac{1}{9}\cdot(3+3)=-\frac{2}{3}$

Hiermit ergibt sich als Tangentengleichung:

$$t\colon\ y=-\frac{2}{3}x+2$$

Bildliche Vorstellung: Für $|x|<3$ wird G_f an der x-Achse gespiegelt, somit auch t_A. Also gilt:

$$t_g(x)=-t_f(x)=-\left(\frac{2}{3}x-2\right)=-\frac{2}{3}x+2$$

72 **a** Im Punkt A hat der Graph einen Knick. Somit ist für $x=1$ die Funktion nicht differenzierbar. Dies ist so offensichtlich, dass weiteres Nachrechnen nicht erforderlich ist.

In B sieht es auf den ersten Blick so aus, dass die waagrechte Strecke [AB] durch eine in B sich nahtlos (durch die Angabe „stetig in B“ abgesichert) in eine waagrecht in B beginnende Kurve BC fortsetzt.
Mit einem *digital* vorgegebenen Graphen, den man vergrößern kann, könnte man diese Vermutung erhärten oder falsifizieren, je nach Kontext könnte man über eine erlaubte Toleranz von Genauigkeit reden. Innermathematisch erhält man Gewissheit, wenn der Term gegeben ist: Man rechnet nach.

b Der Graph scheint mit derselben Steigung in C weiterzugehen. Es sieht aus, als ob der Graph ohne Sprung weitergeht.

Strategie bei gegebenem Term: Zunächst wird geprüft, ob die Funktion stetig ist. Ist sie nicht stetig, so ist sie auch nicht differenzierbar.

c Die Stetigkeit für **$x=3$** folgt aus $f(3)=-2$, da sich auch durch Einsetzen von $x=3$ in den Term $(3-x)^4-2$, der für $x>3$ gilt, der Wert -2 ergibt.

Differenzenquotient für $1<x<3$:

$$\frac{f(x)-f(3)}{x-3}=\frac{-2-(-2)}{x-3}=0 \Rightarrow \lim_{x\to 3^-}\frac{f(x)-f(3)}{x-3}=\lim_{x\to 3^-}0=0$$

Differenzenquotient für $3<x<4$:

$$\frac{f(x)-f(3)}{x-3}=\frac{(3-x)^4-2-(-2)}{x-3}=\frac{(3-x)^4}{x-3}=\frac{(3-x)^4}{-(3-x)}=-(3-x)^3$$

$$\Rightarrow \lim_{x\to 3^+}\frac{f(x)-f(3)}{x-3}=\lim_{x\to 3^+}-(3-x)^3=0$$

Somit ist f bei $x=3$ differenzierbar mit der Steigung null.

Für **$x=4$** wird zunächst die Stetigkeit geprüft (Strategie von Teilaufgabe b):
$f(4)=(3-4)^2-2=(-1)^2-2=-1$ (Einsetzen des Terms für $x\le 4$)

Da dieser Term auch links von $x=4$ gilt, muss geprüft werden, was rechts davon gilt, also für $x>4$:

$$f(x)=4x-16{,}9 \Rightarrow \lim_{x\to 4^+}f(x)=\lim_{x\to 4^+}(4x-16{,}9)=-0{,}9$$

Es liegt also ein Sprung von -1 auf $-0{,}9$ vor, den man ohne Vergrößerung an dieser Stelle nicht erkennen kann. Somit ist die Funktion an dieser Stelle unstetig und daher auch nicht differenzierbar bei $x=4$.

73 **a** Einsetzen von $x=0$ in beide Terme liefert $y=0$.
Ausführliche Rechnung mit Grenzwert:
$f(0)=0^3+a\cdot 0=0$

$$\lim_{x\to 0^-}f(x)=\lim_{x\to 0^-}(x^3+ax)=0 \quad \text{und} \quad \lim_{x\to 0^+}f(x)=\lim_{x\to 0^+}4x=0$$

b Für $x<0$ gilt:

$$\frac{f(x)-f(0)}{x-0}=\frac{x^3+ax-0}{x-0}=x^2+a \Rightarrow \lim_{x\to 0^-}\frac{f(x)-f(0)}{x-0}=\lim_{x\to 0^-}(x^2+a)=a$$

Für $x>0$ gilt:

$$\frac{f(x)-f(0)}{x-0}=\frac{4x-0}{x}=4 \Rightarrow \lim_{x\to 0^+}\frac{f(x)-f(0)}{x-0}=\lim_{x\to 0^+}4=4$$

Für $a=4$ ist die Funktion an der Stelle $x=0$ differenzierbar.

74 **Funktion f**

$x<1$: G_f streng monoton fallend $\Rightarrow$ $f'(x)<0$

$x>1$: G_f streng monoton fallend $\Rightarrow$ $f'(x)<0$

$\lim_{x\to 1^+} f(x)=+\infty$ und $\lim_{x\to 1^-} f(x)=-\infty$

Die Steigung ist also negativ und wird betragsmäßig beliebig groß, d. h.:

$\lim_{x\to 1} f'(x)=-\infty$

$\lim_{x\to \pm\infty} f(x)=2 \Rightarrow$ waagrechte Asymptote $y=2$

Die Steigung von G_f wird „im Unendlichen“ null, d. h. $\lim_{x\to \pm\infty} f'(x)=0$.

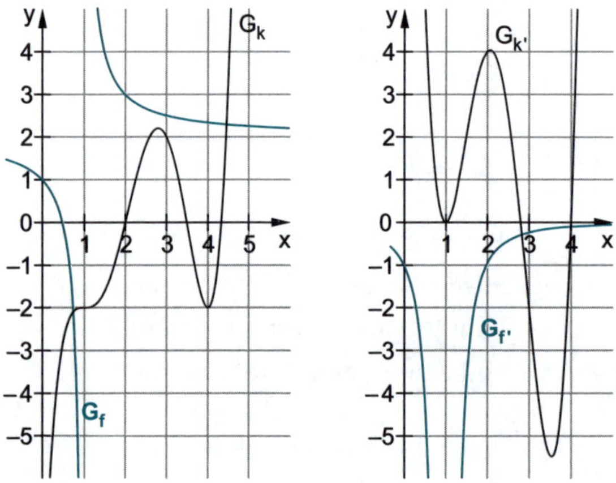

Funktion k

Für $x<2{,}8$ ist G_k streng monoton steigend mit einer waagrechten Tangente bei $x=1$ $\Rightarrow$ $k'(x)>0$ für $x\neq 1$ und k' hat eine doppelte Nullstelle $x=1$.

$2{,}8<x<4$: G_k streng monoton fallend $\Rightarrow$ $k'(x)<0$

$x>4$: G_k streng monoton steigend $\Rightarrow$ $k'(x)>0$

Bei $x\approx 2{,}8$: lokaler Hochpunkt von G_k $\Rightarrow$ $k'(2{,}8)=0$ (mit VZW von + nach –)

Bei $x\approx 4$: lokaler Tiefpunkt von G_k $\Rightarrow$ $k'(4)=0$ (mit VZW von – nach +)

75 **a** f: $x \mapsto 15{,}948 \cdot 1{,}65^x$

x	0	1	2	3	4
f(x)	**16**	**26**	**41**	**65**	**104**
f'(x)	**8**	**13**	**22**	**36**	**60**

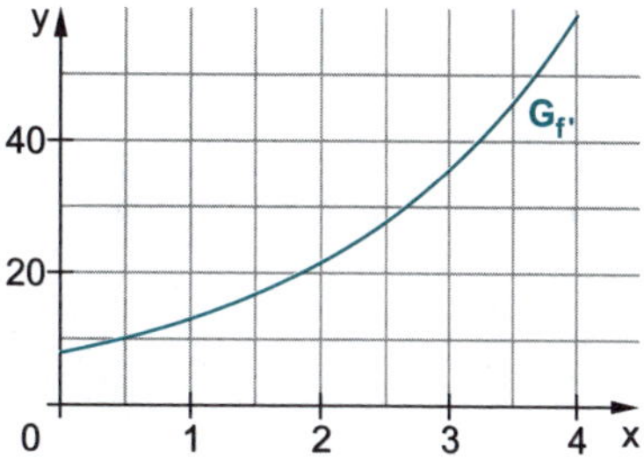

b f'(x) gibt die Wachstumsgeschwindigkeit der Anzahl N der Neuinfektionen pro Woche an. Die Werte f'(0), … erhält man als Steigung der Tangente an den jeweiligen Stellen.

76 (1) **Falsch:** Es gilt $f(3)=0$, aber $f'(3)>0$, da G_f streng monoton steigend ist.

(2) **Wahr:** G_f steigt überall, jedoch mit zunehmendem x weniger stark.

(3) **Wahr:** G_f ist streng monoton steigend, also gilt $f'(x) \geq 0$. Weil G_f keinen Punkt mit waagrechter Tangente hat, verläuft $G_{f'}$ oberhalb der x-Achse.

77 Aus G_f lässt sich ablesen, dass es waagrechte Tangenten für $x=-2$, $x=1$ und $x=5$ gibt, d. h., es gilt $f'(-2)=f'(1)=f'(5)=0$.

- T_1: Nullstellen bei $x=-1$ $x=2$ $x=-3$ $\Rightarrow$ passt nicht
- T_2: Nullstellen bei $x=1$ $x=-2$ $x=5$ $\Rightarrow$ passt nicht
- T_3: Nullstellen bei $x=-2$ $x=1$ $x=5$ $\Rightarrow$ könnte passen
- T_4: Nullstellen bei $x=0$ und zwei weitere $\Rightarrow$ passt nicht
- T_5: $T_5(-2)=0$ und $T_5(1)=0$ und $T_5(5)=0$ $\Rightarrow$ könnte passen

Also müssen nur T_3 und T_5 genauer angeschaut werden:
G_f verläuft von links oben nach rechts oben (vermutlich ist Grad(f)=4), der Koeffizient vor der höchsten Potenz von x ist also positiv. Dann muss dies auch für die Ableitungsfunktion gelten.
Bei $T_3(x)$ ist dieser Koeffizient $a=-0{,}5<0$, bei $T_5(x)$ ist $a=0{,}1>0$.

Daraus folgt: Nur $T_5(x)$ kann der Term von f'(x) sein.

78 **a** $f'(x)=4x^3$

b $f'(x)=-15x^4+14x$

c $f'(z)=-\frac{2}{3}\cdot 3z^2+\frac{1}{2}\cdot 2z+0=-2z^2+z$

d $f'(t)=a\cdot 5\cdot t^4+7(a-1)\cdot 3t^2+25=5at^4+21(a-1)\cdot t^2+25$

79 **a** $f'(x)=\frac{1}{6}\cdot 6x^5=x^5 \quad\Rightarrow\quad f'(-1)=(-1)^5=-1$

b $f'(x) = 0{,}25 \cdot 8x^7 + \frac{1}{3} \cdot 6x^5 = 2x^7 + 2x^5 \quad \Rightarrow \quad f'(1) = 2 \cdot 1^7 + 2 \cdot 1^5 = 4$

c $f'(x) = -5x^4 + x \quad \Rightarrow \quad f'(3) = -5 \cdot 3^4 + 3 = -402$

80 **a** $f(x) = x^2(3-x) = 3x^2 - x^3 = -x^3 + 3x^2 \quad \Rightarrow \quad f'(x) = -3x^2 + 6x$

b $f(x) = (x+2)(x^2-1) = x^3 - x + 2x^2 - 2 = x^3 + 2x^2 - x - 2$
$\Rightarrow \quad f'(x) = 3x^2 + 4x - 1$

81 **a** Fritz hat die beiden Faktoren einzeln abgeleitet und multipliziert. Diese Regel gibt es nicht.
Richtig: Zuerst wird $f(x)$ in eine Summe verwandelt, danach abgeleitet.
$f(x) = (7x^2 + 2x)(x^3 + 1) = 7x^5 + 7x^2 + 2x^4 + 2x$
$\Rightarrow \quad f'(x) = 35x^4 + 14x + 8x^3 + 2 = 35x^4 + 8x^3 + 14x + 2$

b Gerald hat jeweils Zähler und Nenner abgeleitet. Diese Regel gibt es nicht.
Richtig: Ein Quotient kann mit den bisher bekannten Regeln nur abgeleitet werden, wenn so gekürzt werden kann, dass im Nenner die Variable x nicht mehr vorkommt. Dies ist hier möglich:

$$g(x) = \frac{2x^4 + 3x^3 - 6x^2}{x^2} = \frac{x^2(2x^2 + 3x - 6)}{x^2} = 2x^2 + 3x - 6 \quad \Rightarrow \quad g'(x) = 4x + 3$$

82 $f: x \mapsto -\frac{2}{3}x^3 - 17 \quad \Rightarrow \quad f'(x) = -\frac{2}{3} \cdot 3x^2 = -2x^2$

Gesucht sind die Stellen mit Steigung $m = -2$:
$f'(x) = -2 \quad \Rightarrow \quad -2x^2 = -2 \quad \Rightarrow \quad x^2 = 1 \quad \Rightarrow \quad x = \pm 1$

83 $f(x) = x^2 \qquad \Rightarrow \quad f'(x) = 2x$

$g(x) = \frac{1}{3}x^3 - x^2 + 3x - 1 \qquad \Rightarrow \quad g'(x) = x^2 - 2x + 3$

$f'(x) = g'(x) \quad \Rightarrow \quad 2x = x^2 - 2x + 3 \quad \Rightarrow \quad 0 = x^2 - 4x + 3$

$x_{1/2} = 2 \pm \sqrt{2^2 - 3} = 2 \pm 1 \quad \Rightarrow \quad x_1 = 1 \text{ und } x_2 = 3$

Für $x = 1$ und $x = 3$ haben beide Funktionen dieselbe Steigung.
$f'(1) = 2$ Kontrolle: $g'(1) = 1 - 2 + 3 = 2$
Für $x = 1$ haben beide Funktionen die Steigung 2.
$f'(3) = 6$ Kontrolle: $g'(3) = 9 - 6 + 3 = 6$
Für $x = 3$ haben beide Funktionen die Steigung 6.

84 a $f'(x) = 8x^3 - 16x \Rightarrow f'(1) = 8 - 16 = -8$, also Ansatz: $y = -8x + t$ (*)
$f(1) = 2 - 8 + 1 = -5 \Rightarrow P_0(1|-5)$; dieser Punkt wird in (*) eingesetzt:
$-5 = -8 \cdot 1 + t \Rightarrow 3 = t$

Die Tangentengleichung lautet daher:
$\mathbf{y = -8x + 3}$

Für den Steigungswinkel α gilt:
$\tan\alpha = -8 \Rightarrow \boldsymbol{\alpha \approx -82{,}87°}$

b $f'(x) = -9x^2 + 4x \Rightarrow f'(0) = 0$, also Ansatz: $y = 0 \cdot x + t = t$

Den Steigungswinkel α kann man ablesen (waagrechte Tangente): $\boldsymbol{\alpha = 0°}$
Mit $f(0) = -7$ ergibt sich als Tangentengleichung: $\mathbf{y = -7}$

c $f'(x) = 5x^4 + 3x^2 + 2x \Rightarrow f'(-1) = 5 + 3 - 2 = 6$, also Ansatz: $y = 6x + t$ (*)
$f(-1) = -1 - 1 + 1 + 3 = 2 \Rightarrow P_0(-1|2)$; dieser Punkt wird in (*) eingesetzt:
$2 = 6 \cdot (-1) + t \Rightarrow 8 = t$

Die Tangentengleichung lautet daher:
$\mathbf{y = 6x + 8}$

Für den Steigungswinkel α gilt:
$\tan\alpha = 6 \Rightarrow \boldsymbol{\alpha \approx 80{,}54°}$

85 $f(1) = 3 \Rightarrow Q(1|3)$
$f'(x) = -6x^2 \Rightarrow f'(1) = -6$, also Ansatz für die Tangente: $y = -6x + t$
Q einsetzen: $3 = -6 \cdot 1 + t \Rightarrow 9 = t$

Tangentengleichung: t: $y = -6x + 9$

$\Rightarrow$ Steigung der Normalen: $m_N = -\frac{1}{m_T} = -\frac{1}{-6} = \frac{1}{6}$, also Ansatz n: $y = \frac{1}{6}x + t$

Q einsetzen: $3 = \frac{1}{6} \cdot 1 + t \Rightarrow \frac{17}{6} = t \Rightarrow$ n: $y = \frac{1}{6}x + \frac{17}{6}$

86 a $f(x) = -0{,}5x^3 + 2x = -0{,}5x \cdot (x^2 - 4) = -0{,}5x \cdot (x + 2) \cdot (x - 2)$
$f(x) = 0 \Leftrightarrow -0{,}5x \cdot (x + 2) \cdot (x - 2) = 0 \Leftrightarrow \mathbf{x = 0;\ x = -2;\ x = 2}$

b $f'(x) = -1{,}5x^2 + 2$

$B(-2|0) \Rightarrow f'(-2) = -4 \Rightarrow y = -4x + t$
B einsetzen: $0 = -4 \cdot (-2) + t \Rightarrow -8 = t$
g: $\mathbf{y = -4x - 8}$

$C(0|0) \Rightarrow f'(0) = 2 \Rightarrow y = 2x + t$
h: $\mathbf{y = 2x}$

$D(2|0) \Rightarrow f'(2) = -4 \Rightarrow y = -4x + t$
D einsetzen: $0 = -8 + t \Rightarrow 8 = t$
i: $y = -4x + 8$

c Steigungswinkel von g und von i (identische Steigung, also parallel):
$\tan\alpha = -4 \Rightarrow \alpha \approx -75{,}96°$

Steigungswinkel von h:
$\tan\beta = 2 \Rightarrow \beta \approx 63{,}43°$

d Man zeichnet zuerst die Tangenten g, h und i sowie die Punkte B, C und D ein.
Der Graph G_f muss in B, C und D jeweils die Tangente berühren.

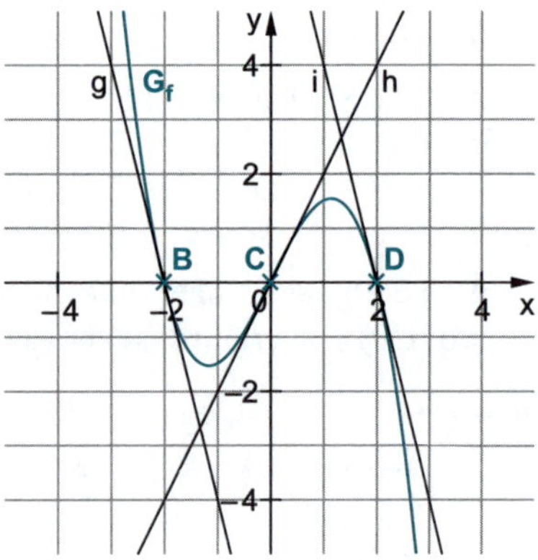

87 $\alpha = 60° \Rightarrow \tan\alpha = \sqrt{3}$
$f'(x) = x^2 + \sqrt{3} - 1$
Gesucht sind die Lösungen der Gleichung $f'(x) = \sqrt{3}$:
$x^2 + \sqrt{3} - 1 = \sqrt{3} \Rightarrow x^2 = 1 \Rightarrow x = \pm 1$

Die Tangenten an den Stellen $x = 1$ und $x = -1$ haben also den geforderten Steigungswinkel.

$f(-1) = \frac{5}{3} - \sqrt{3} \approx -0{,}065 \Rightarrow$ **$A\left(-1 \,\middle|\, \frac{5}{3} - \sqrt{3}\right)$**

$f(1) = \frac{1}{3} + \sqrt{3} \approx 2{,}065 \Rightarrow$ **$B\left(1 \,\middle|\, \frac{1}{3} + \sqrt{3}\right)$**

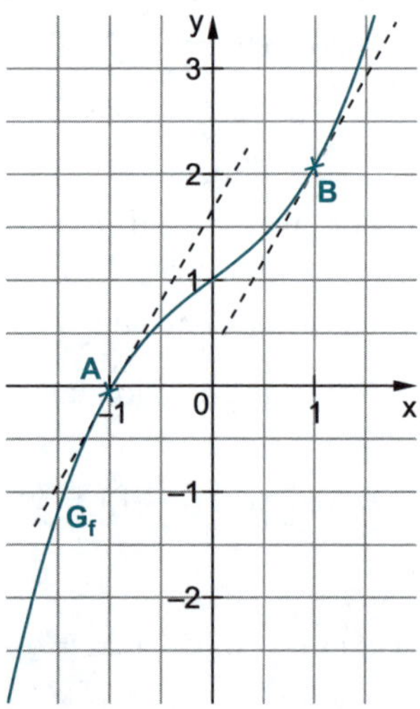

88 **a** $f(2) = 4$ und $h(2) = 4 \Rightarrow$ Schnittpunkt **$A(2|4)$**

b $f'(x) = 2x^3 - \frac{5}{2}x \Rightarrow f'(2) = 16 - 5 = 11$, also Ansatz $g: y = 11x + t$
$A(2|4)$ einsetzen:
$4 = 11 \cdot 2 + t \Rightarrow -18 = t$
Tangentengleichung: **$g: y = 11x - 18$**
Steigungswinkel: $\tan\alpha = 11 \Rightarrow$ **$\alpha \approx 84{,}81°$**

c $h(x) = -(x-3)^2 + 5 = -(x^2 - 6x + 9) + 5 = -x^2 + 6x - 9 + 5 = -x^2 + 6x - 4$
$h'(x) = -2x + 6 \Rightarrow h'(2) = 2$, also Ansatz i: $y = 2x + t$

$A(2|4)$ einsetzen:
$4 = 2 \cdot 2 + t \Rightarrow t = 0$

Tangentengleichung: **i: $y = 2x$**

Steigungswinkel: $\tan\beta = 2 \Rightarrow$ **$\beta \approx 63{,}43°$**

d

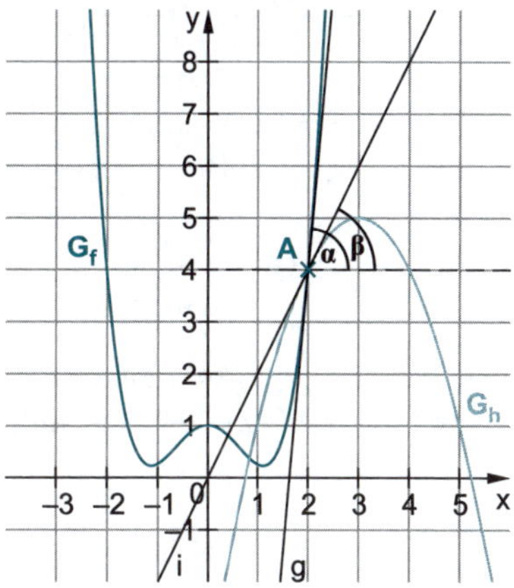

e $\varphi = \alpha - \beta \approx 84{,}81° - 63{,}43° =$ **$21{,}38°$**

89 **a** Die Tangenten müssen sich in A schneiden, weil beide durch A verlaufen.
$h(x) = i(x) \Rightarrow 3x + 1 = -6x + 10 \Rightarrow 9x = 9 \Rightarrow x = 1$

$h(1) = i(1) = 4 \Rightarrow$ **$A(1|4)$**
$\tan\alpha = 3 \Rightarrow \alpha \approx 71{,}57°$
$\tan\beta = -6 \Rightarrow \beta \approx -80{,}54°$

b Um den Schnittwinkel φ zu berechnen, wird zuerst der Winkel β* (siehe Grafik) ermittelt:
$\beta^* = 180° - |\beta| \approx 180° - 80{,}54° = 99{,}46°$
$\Rightarrow \varphi = \beta^* - \alpha \approx 99{,}46° - 71{,}57° = 27{,}89°$

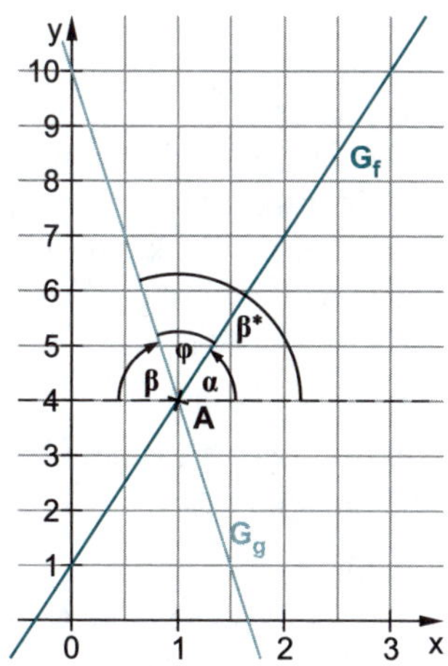

Lösungen zum Test 7

1 Die Betragsfunktion g: $x \mapsto |x|$ lässt sich z. B. an der Stelle $x = 0$ ohne Absetzen des Stifts durchzeichnen (Fachbegriff: g ist stetig), ist dort aber nicht differenzierbar; ihr Graph hat an dieser Stelle einen Knick. Die gesuchte Funktion soll diese Eigenschaften bei $x = 5$ aufweisen. Um dies zu erreichen, verschiebt man den Graphen der Betragsfunktion um 5 Einheiten nach rechts. Der zugehörige Funktionsterm lautet:

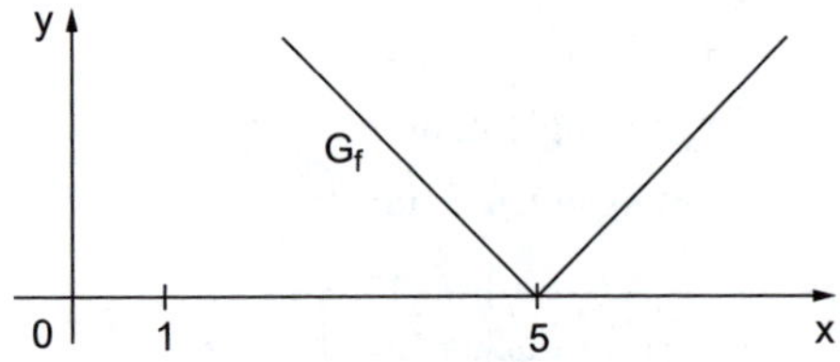

$f(x) = |x - 5|$

2 Wenn G_f bei $x = 1$ eine waagrechte Tangente haben soll, muss $x = 1$ eine Nullstelle von f' sein; damit ist $(x - 1)$ ein Faktor von f'(x). Da $f'(x) \leq 0$ gelten soll, kann es heißen:

$$f'(x) = \underbrace{-\underbrace{(x-1)^2}_{=0 \text{ für } x=1}}_{\leq 0} = -(x^2 - 2x + 1) = -x^2 + 2x - 1$$

Nun muss überlegt werden, welcher Funktionsterm diesen Ableitungsterm hat. Man findet:

$$f(x) = -\frac{1}{3}x^3 + x^2 - x$$

3 **Graph von f**

G_f hat in $x_0 = -1$ ein Minimum, also gilt $f'(-1) = 0$. Dies ist die *einzige* Stelle von G_f mit waagrechter Tangente im gezeichneten Bereich (G_f ist der Graph einer quadratischen Funktion). Als Graph der Ableitung von f kommen nur die Graphen I und VI infrage.

$$\left.\begin{array}{ll} x < -1: & G_f \text{ fällt} \\ x > -1: & G_f \text{ steigt} \end{array}\right\} \Rightarrow \begin{array}{l} f'(x) < 0 \\ f'(x) > 0 \end{array}$$

Nur bei Graph VI stimmt das Vorzeichen. Also stellt Graph VI die Ableitungsfunktion von f dar.

Graph von g

G_g gehört zu einer ganzrationalen Funktion und hat im gezeichneten Bereich keine Definitionslücken. Dasselbe gilt damit für die Ableitungsfunktion von g. Daher kann es weder Graph II noch Graph IV sein.

G_g hat bei $x = -1$ ein lokales Minimum und bei $x = 1$ ein lokales Maximum, also gilt $g'(-1) = 0$ und $g'(1) = 0$. Dies erfüllen sowohl Graph III als auch Graph V.

$$\left.\begin{array}{ll} x=-1 & \text{Min} \\ & \\ x=1 & \text{Max} \end{array}\right\} \Rightarrow \left\{\begin{array}{lll} x<-1: & G_g \text{ fällt} & \Rightarrow g'(x)<0 \\ -1<x<1: & G_g \text{ steigt} & \Rightarrow g'(x)>0 \\ x>1: & G_g \text{ fällt} & \Rightarrow g'(x)<0 \end{array}\right.$$

Dies erfüllt nur Graph III. Also stellt Graph III die Ableitungsfunktion von g dar.

Graph von h

G_h gehört zu einer gebrochen-rationalen Funktion. Es kommen für die Ableitungsfunktion somit nur die Graphen II und IV infrage.
G_h hat die senkrechte Asymptote $x=-1$ und die waagrechte Asymptote $y=4$.
In beiden Teilbereichen $x \in \,]-\infty; -1[$ bzw. $x \in \,]-1; \infty[$ ist G_h streng monoton fallend, also gilt jeweils $h'(x)<0$.
Dies erfüllt nur Graph II. Also stellt Graph II die Ableitungsfunktion von h dar.

4

Absolute Änderung

Zwischen P_1 und P_2 sowie zwischen P_3 und P_4 beträgt die absolute Änderung $\Delta y = 1$.

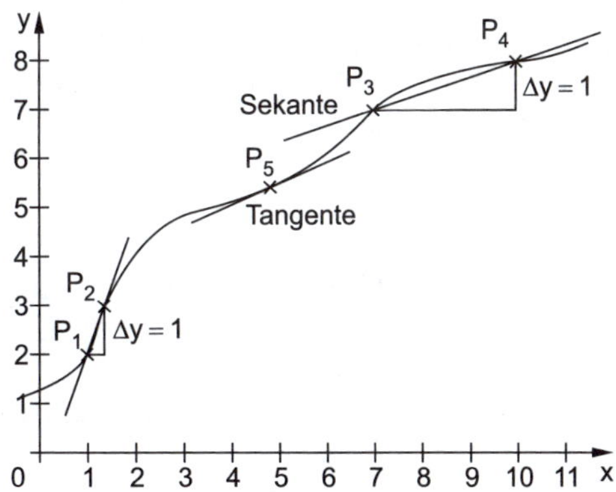

Mittlere Änderungsrate

Diese ist in einem Intervall gegeben durch $\frac{\Delta y}{\Delta x}$.
Sie beträgt:

Bei P_1, P_2: $\frac{\Delta y}{\Delta x} = \frac{1}{\frac{1}{3}} \approx 3$

P_3, P_4: $\frac{\Delta y}{\Delta x} \approx \frac{1}{3}$

Bei gleicher absoluter Änderung kann sich die mittlere Änderungsrate unterscheiden. Die Sekantensteigung gibt die mittlere Änderungsrate an, ebenso der Differenzenquotient.

Momentane Änderungsrate

Änderungsrate in einem Punkt (P_5). Diese ist gegeben durch die Tangentensteigung, den Differentialquotienten bzw. die Ableitung in diesem Punkt.

Hinweis: Die Aufgabenstellung ist offen, nicht alles muss erbracht werden.

5
$$f'(2) = \lim_{h\to 0} \frac{f(2+h)-f(2)}{h} = \lim_{h\to 0} \frac{(2+h)^2-7(2+h)-1-(-11)}{h}$$
$$= \lim_{h\to 0} \frac{4+4h+h^2-14-7h+10}{h} = \lim_{h\to 0} \frac{h^2-3h}{h} = \lim_{h\to 0} \frac{h\cdot(h-3)}{h}$$
$$= \lim_{h\to 0} (h-3) = -3$$

Lösungen zum Test 8

1 $f(x)=x^6 \;\Rightarrow\; f'(x)=6x^5$

Die Ableitungsfunktion gibt die Steigung m der Tangente an, also gilt:

$f'(x)=m$ und $m=-6 \;\Rightarrow\; 6x^5=-6 \;\Rightarrow\; x^5=-1 \;\Rightarrow\; x=-1$

Es gilt $f(-1)=1$. In den Ansatz $y=mx+t$ werden $m=-6$ und die Koordinaten von $P(-1\,|\,1)$ eingesetzt, um t zu bestimmen:

$1=-6\cdot(-1)+t \;\Rightarrow\; 1=6+t \;\Rightarrow\; -5=t$

Die Tangente hat also die Gleichung $y=-6x-5$.

Für den Steigungswinkel α der Tangente gilt:

$\tan(\alpha)=m=-6 \;\Rightarrow\; \alpha\approx-80{,}54°$

Die Schnittpunkte der Tangente mit den Koordinatenachsen sind $A\left(-\frac{5}{6}\,\middle|\,0\right)$ und $B(0\,|\,-5)$. Die auf den Koordinatenachsen liegenden Seiten des Dreiecks haben also die Längen $a=5$ und $b=\frac{5}{6}$. Die Länge c der dritten Seite ergibt sich mit dem Satz des Pythagoras:

$$c^2=a^2+b^2 \;\Rightarrow\; c=\sqrt{5^2+\left(\frac{5}{6}\right)^2}=\sqrt{\frac{925}{36}}=\frac{5}{6}\sqrt{37}\approx5{,}07$$

Der Umfang des Dreiecks beträgt also:

$$U_\Delta=a+b+c=5+\frac{5}{6}+\frac{5}{6}\sqrt{37}\approx10{,}90\,[\text{LE}]$$

Das Dreieck ist rechtwinklig mit den Katheten a und b und hat den Flächeninhalt:

$$A_\Delta=\frac{1}{2}\cdot a\cdot b=\frac{1}{2}\cdot5\cdot\frac{5}{6}=\frac{25}{12}\approx2{,}08\,[\text{FE}]$$

2 Es gilt: $x=3$ ist Definitionslücke, daher kann G_g bei $x=3$ keine Nullstelle haben. Also scheidet Graph I aus.

Wegen $g'(x)>0$ (Zähler und Nenner sind positiv) muss G_g in jedem Teilbereich streng monoton steigen. Daher scheiden Graph III und Graph IV aus, da beide für $x>3$ fallend sind.

Es kommt nur **Graph II** infrage. Er steigt in beiden Teilintervallen und hat bei $x=3$ eine Definitionslücke.

3 **a** Die Funktion f ist im Innern des Definitionsbereichs differenzierbar, weil es sich bei ihr um die Wurzelfunktion $g: x\mapsto\sqrt{x}$ mit $\mathbb{D}_g=[0;\infty[$ handelt, die um 3 nach rechts und um 4 nach unten verschoben wurde.
Dass die Wurzelfunktion für $x>0$ differenzierbar ist, kann als bekannt vorausgesetzt werden oder anschaulich begründet werden: Der Graph hat keine Knickstellen.

b Weil G_f durch Verschiebung von G_g mit der Funktion g aus Aufgabenteil a entsteht, wird anhand des bekannten Graphen G_g argumentiert:
Weil G_g streng monoton steigend ist, gilt $g'(x) > 0$. G_g startet bei $x = 0$ mit senkrechter Steigung, steigt anfangs stark, die Steigung nimmt dann ab. Für große Werte von x steigt G_g kaum noch.
Für G_f gilt dasselbe, nur startet G_f bei $x = 3$. Qualitativ ist zu erwarten:

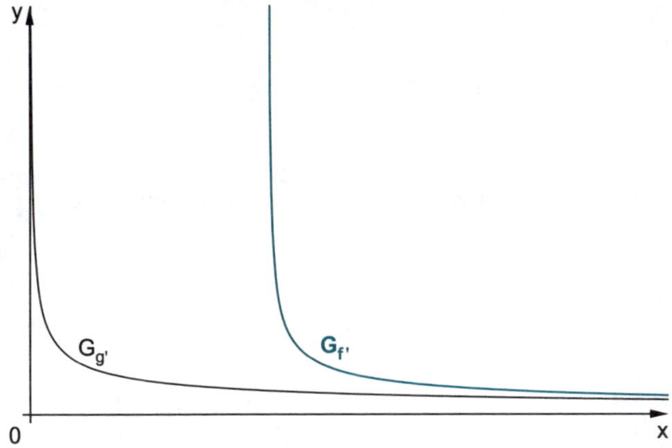

c (1) Es wird der Differentialquotient für $g: x \mapsto \sqrt{x}$ an der Stelle x_0 gebildet.

(2) Der Nenner wird geschickt umgeformt, sodass die dritte binomische Formel angewendet werden kann, um den Nenner zu faktorisieren.

(3) Durch Grenzwertbildung beim vereinfachten Term hat man den Term der Ableitungsfunktion von g gefunden. Es gilt also:

$$g': x \mapsto \frac{1}{2\sqrt{x}} \qquad \mathbb{D}_{g'} = \mathbb{R}^+$$

d $f(x) = \sqrt{x-3} - 4 \qquad \mathbb{D}_f = [3; \infty[$

$$f'(x) = \frac{1}{2\sqrt{x-3}} \qquad \mathbb{D}_{f'} =]3; \infty[$$

5 Anwendung der Differenzialrechnung

Monotonie

Der Graph G_f einer Funktion f heißt in einem Intervall I der Definitionsmenge **streng monoton steigend**, falls für alle $x_1, x_2 \in I$ gilt:

$x_1 < x_2 \Rightarrow f(x_1) < f(x_2)$

Er heißt in einem Intervall I der Definitionsmenge **streng monoton fallend**, falls für alle $x_1, x_2 \in I$ gilt:

$x_1 < x_2 \Rightarrow f(x_1) > f(x_2)$

G_f heißt **monoton steigend** bzw. **fallend**, falls für alle $x_1, x_2 \in I$ gilt:

$x_1 < x_2 \Rightarrow f(x_1) \leq f(x_2)$ bzw. $x_1 < x_2 \Rightarrow f(x_1) \geq f(x_2)$

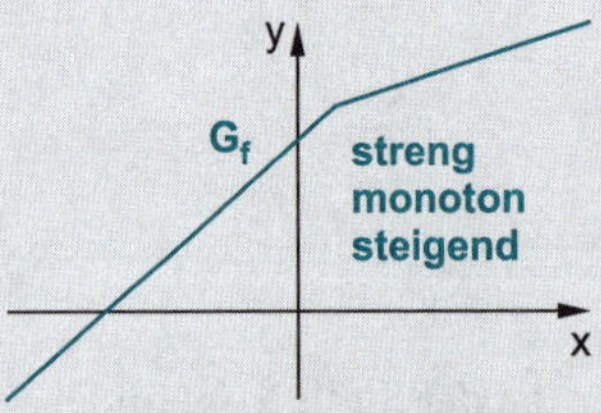

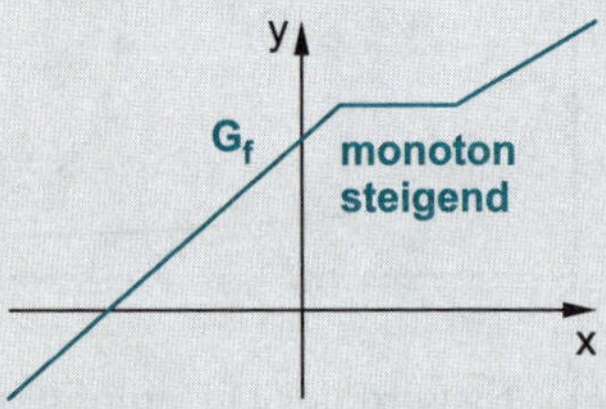

Die zugehörige Funktion f heißt entsprechend (streng) monoton **zunehmend** bzw. **abnehmend**.

Im Folgenden werden nur Funktionen f betrachtet, die in einem Intervall $I =]a; b[$ mindestens dreimal differenzierbar sind.

$f'(x) > 0$ für alle $x \in I \Rightarrow$ f streng monoton zunehmend
$f'(x) < 0$ für alle $x \in I \Rightarrow$ f streng monoton abnehmend

Krümmung

Ist $f''(x) > 0$ (bzw. $f''(x) < 0$) für alle $x \in I$, so ist f' streng monoton zunehmend (bzw. abnehmend) und der Graph G_f **linksgekrümmt** (bzw. **rechtsgekrümmt**).

Wendestellen und Wendepunkte

Die Funktion f hat genau dann an der Stelle $x_0 \in I$ eine **Wendestelle**, wenn $f''(x_0) = 0$ gilt *und* es sich um eine Nullstelle von f'' mit VZW handelt.

Ferner gibt es das „schärfere“ (hinreichende, aber nicht notwendige) Kriterium:
$f''(x_0) = 0$ und $f'''(x_0) \neq 0 \Rightarrow$ f hat Wendestelle in x_0

Der Punkt $W(x_0 \mid f(x_0)) \in G_f$ heißt **Wendepunkt** von G_f. Im Wendepunkt W ändert G_f sein Krümmungsverhalten.

Die Tangente im Wendepunkt heißt **Wendetangente**. Ein Wendepunkt mit waagrechter Tangente heißt **Terrassenpunkt**.

Extremstellen und Extrempunkte

Die Funktion f hat genau dann an der Stelle $x_0 \in I$ ein **lokales Minimum**, wenn $f'(x_0)=0$ gilt *und* es sich um eine Nullstelle von f' mit VZW von – nach + handelt, d. h., G_f ist links von x_0 streng monoton fallend und rechts von x_0 streng monoton steigend.

Die Funktion f hat genau dann an der Stelle $x_0 \in I$ ein **lokales Maximum**, wenn $f'(x_0)=0$ gilt *und* es sich um eine Nullstelle von f' mit VZW von + nach – handelt, d. h., G_f ist links von x_0 streng monoton steigend und rechts von x_0 streng monoton fallend.

Ferner gibt es das „schärfere“ (hinreichende, aber nicht notwendige) Kriterium:
$f'(x_0)=0$ und $f''(x_0)>0 \Rightarrow$ f hat lokales Minimum in x_0.
$f'(x_0)=0$ und $f''(x_0)<0 \Rightarrow$ f hat lokales Maximum in x_0.

Die Stelle $x_0 \in I$ heißt dann **Extremstelle** und der Punkt $E(x_0 \mid f(x_0)) \in G_f$ **Extrempunkt** (**Tiefpunkt** bei einem lokalen Minimum, **Hochpunkt** bei einem lokalen Maximum) von G_f. In einem Extrempunkt E ändert G_f sein Monotonieverhalten.

Gilt $f'(x_0)=0$ ohne VZW von f', so ändert G_f sein Monotonieverhalten nicht; G_f hat dann einen **Terrassenpunkt** $(x_0 \mid f(x_0))$.

Aufgaben

G 90 Gegeben sind die Graphen der Funktionen g und h mit $\mathbb{D}_g = [1; 7]$ und $\mathbb{D}_h = [0; 7]$ (siehe nebenstehende Abbildung).
Geben Sie an, auf welchen Intervallen die dargestellten Funktionen g und h streng monoton zunehmend bzw. streng monoton abnehmend sind. Notieren Sie jeweils das Vorzeichen der Ableitung im Innern dieser Intervalle.

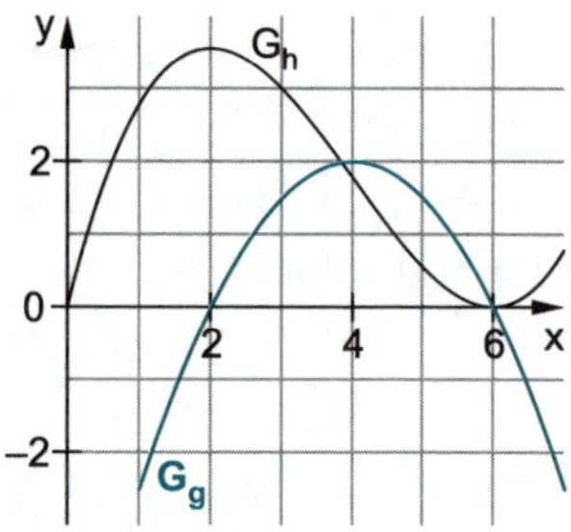

91 Skizzieren Sie den Graphen der Ableitung f' einer differenzierbaren Funktion f, die für $x \leq -2$ sowie $x \geq 4$ streng monoton zunehmend und für $-2 \leq x \leq 4$ streng monoton abnehmend ist.

92 Geben Sie jeweils einen Term f(x) einer ganzrationalen Funktion an, sodass gilt:

a Grad(f) = 5 und der Graph G_f ist streng monoton steigend für $x \in \mathbb{R}$.

b Grad(f) = 4, der Graph G_f ist streng monoton fallend für $x \leq 0$ und streng monoton steigend für $x \geq 0$ und f hat die Wertemenge $\mathbb{W} = [2; +\infty[$.

93 Gegeben sind die Graphen der Ableitungsfunktionen f' und h'.

Geben Sie an, auf welchen Intervallen G_f und G_h jeweils streng monoton steigend bzw. fallend sind, und skizzieren Sie einen möglichen Verlauf der Graphen der Funktionen f und h.

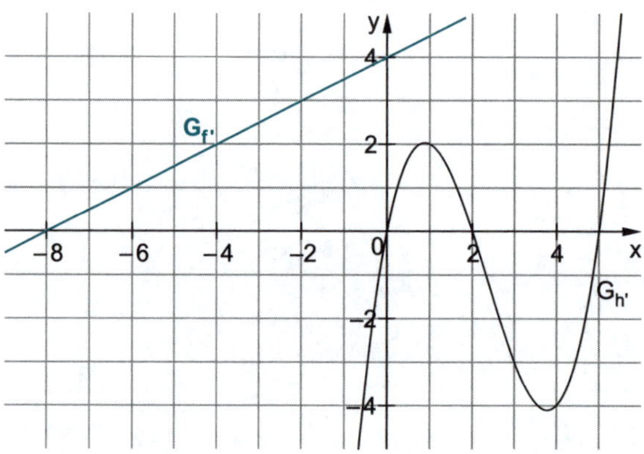

94 Skizzieren Sie jeweils einen dazu passenden Funktionsgraphen (mit $\mathbb{D} = \mathbb{R}$).

a Grad(f) = 4: lokaler Hochpunkt $H(0|5)$, absolute Tiefpunkte $A(-4|0)$ und $B(4|0)$

b Grad(g) = 3: Hochpunkt $H(0|0)$, Tiefpunkt $T(2|-5)$

c Grad(h) = 4: Terrassenpunkt $R(3|0)$, absoluter Hochpunkt $H(5|2)$

95 Gegeben sind die Graphen der Ableitungsfunktionen f' und h' der Funktionen f und h. Bestimmen Sie die Stellen, an denen der Graph G_f von f bzw. der Graph G_h von h Hoch- und Tiefpunkte bzw. Terrassenpunkte hat.
Kurzbegründung genügt.

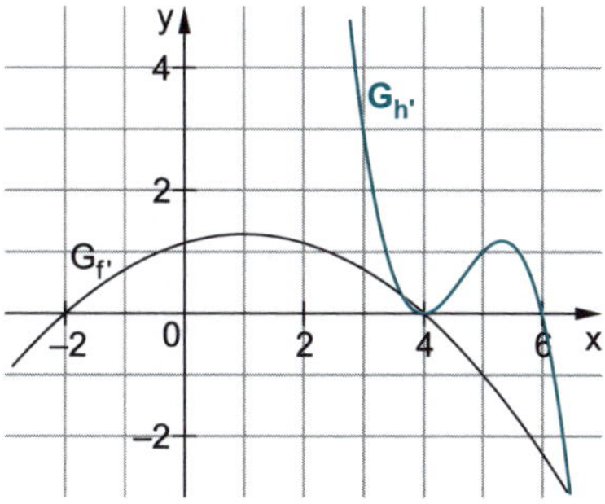

96 **a** Gegeben ist der Graph G_f der Funktion f für $-4 \le x \le 6$. Begründen Sie, dass G_f für $x \in [-4; 6]$ streng monoton steigend ist.

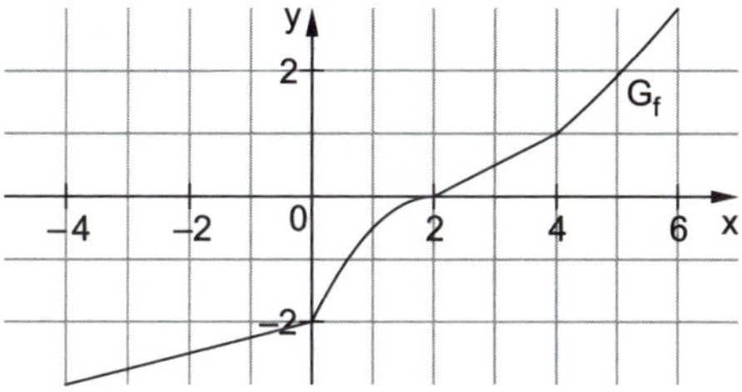

b Skizzieren Sie den Graphen einer Funktion g, die aus ganzrationalen Funktionen zusammengesetzt ist und für $x \in [0; 4]$ streng monoton abnehmend und stetig ist, jedoch an mindestens einer Stelle nicht differenzierbar ist.
Kurzbegründung genügt.

c Marie hat folgenden Term aufgestellt:

$$h: x \mapsto \begin{cases} -x+3 & -5 \le x \le 0 \\ -\frac{1}{2}x+5 & 0 < x \le 5 \end{cases}$$

Sie sagt, diese Funktion sei streng monoton abnehmend für $x \in [-5; 5]$, weil es jeweils lineare Funktionen mit negativer Steigung sind.
Nehmen Sie Stellung zu Maries Aussage.
Welchen „kleinen" Zahlentausch könnte Marie vornehmen, sodass G_h im gesamten Intervall streng monoton fallend ist? Kurzbegründung genügt.

d Gegeben ist der nebenstehende Graph G_k.
Welche Aussagen lassen sich bezüglich folgender Aspekte treffen?

- Monotonie und strenge Monotonie
- Stetigkeit
- Differenzierbarkeit

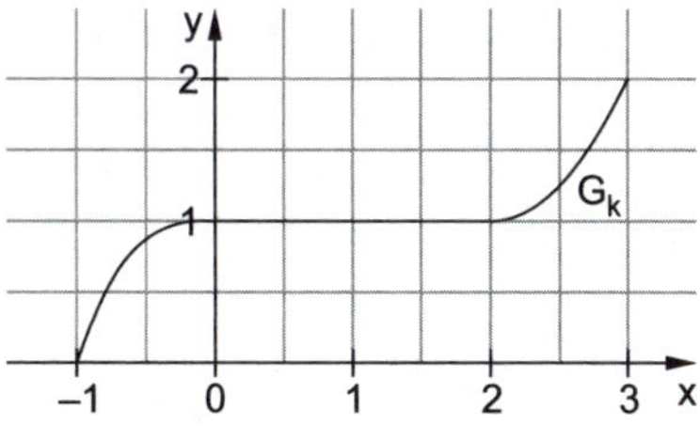

e Begründen Sie mit der Definition der Monotonie, dass die Funktion s: $x \mapsto x^5$ streng monoton wachsend ist. Begründen Sie, dass dies gilt, obwohl die Ableitungsfunktion auch null wird. Nutzen Sie bei der Begründung auch die Anschauung.

G 97 Gegeben sind die folgenden Funktionen:

$f: x \mapsto \frac{1}{3}x^3 - 4x^2 + 15x - 10;\quad g: x \mapsto \frac{1}{5}x^5 - x^3 - 4x - 1;\quad h: x \mapsto \frac{1}{4}x^4 - 2x^2$

Ermitteln Sie rechnerisch die Monotonieintervalle und geben Sie (mit Kurzbegründung) die Art der Monotonie an (streng monoton zu- bzw. abnehmend).

Sie können sich zur Kontrolle die Graphen der Funktionen und die ihrer Ableitungen jeweils mit einer Mathematiksoftware zeichnen lassen.

98 Gegeben ist der Graph der Ableitungsfunktion f'. Beurteilen Sie, ob folgende Aussagen wahr sind. Begründen Sie genau, unter Verwendung der Fachsprache.

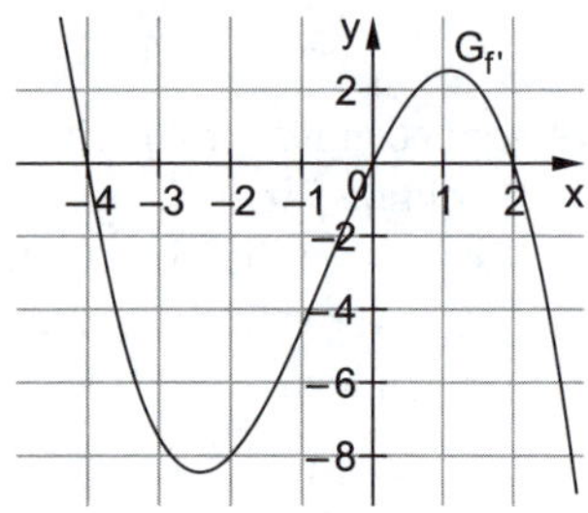

(1) Im Intervall $x \in [-4; 0]$ ist G_f streng monoton fallend.

(2) Im Intervall $x \in]0; 2[$ gilt $f(x) > 0$.

(3) Das Monotonieverhalten der Funktion f ändert sich im gezeichneten Ausschnitt dreimal.

(4) G_f ist im Intervall $x \in]-1; -1[$ streng monoton steigend.

(5) Der Grad von f muss mindestens 5 sein.

99 Gegeben ist die Funktion $f: x \mapsto \frac{1}{4}x^4 + \frac{2}{3}x^3 + \frac{5}{3}$ mit $\mathbb{D}_f = \mathbb{R}$.

Ermitteln Sie die Stellen, an denen der Graph G_f waagrechte Tangenten hat.

Ermitteln Sie das Monotonieverhalten in den einzelnen Intervallen und folgern Sie, ob an der jeweiligen Stelle ein lokaler Hoch- oder Tiefpunkt bzw. ein Terrassenpunkt vorliegt. Geben Sie auch alle Hochpunkte, Tiefpunkte und Terrassenpunkte an. Folgern Sie aus dem Verlauf des Graphen, ob es sich um ein absolutes Maximum oder Minimum handelt.

Geben Sie außerdem die Wertemenge an.

Sie können Ihre Ergebnisse mithilfe einer Mathematiksoftware kontrollieren.

100 Bearbeiten Sie Aufgabe 99 erneut, diesmal jedoch mit $\mathbb{D}_f = [-3; 1]$. Gehen Sie dabei auf Randextrema, globale Extrema und die neue Wertemenge $\mathbb{W}_f$ ein.

G 101 Gegeben sind die Terme von insgesamt vier Ableitungsfunktionen:

$f'(x) = 4x - 2$

$g'(x) = -x^2 - 4x - 4$

$h'(x) = x^3 + 6x^2$

$k'(x) = -(x^2 - 4)(x^2 - 2x - 15)$

Bestimmen Sie die Stellen, an denen der Graph der zugehörigen Funktion f, g, h bzw. k eine waagrechte Tangente hat. Handelt es sich um einen Hochpunkt, einen Tiefpunkt oder einen Terrassenpunkt? Kurzbegründung genügt.

102 Gegeben ist die Funktion $f\colon x \mapsto -x^4 + \frac{4}{3}x^3 + 1$ mit $\mathbb{D}_f = \mathbb{R}$.
Untersuchen Sie die Funktion auf Extrem- und Terrassenpunkte nach Art und Lage. Was lässt sich über den Verlauf des Graphen, die Wertemenge $\mathbb{W}_f$ und die Anzahl der Nullstellen der Funktion folgern? Kurzbegründung genügt.

103 Gegeben sind die Graphen G_f und G_h der Funktionen f und h. Ermitteln Sie hiermit die Intervalle, in denen die jeweiligen Graphen rechts- bzw. linksgekrümmt sind. Erklären Sie dabei Ihre Überlegungen kurz. Sie dürfen dabei voraussetzen, dass sich die Krümmung nur an Stellen mit ganzzahligen x-Koordinaten ändert.

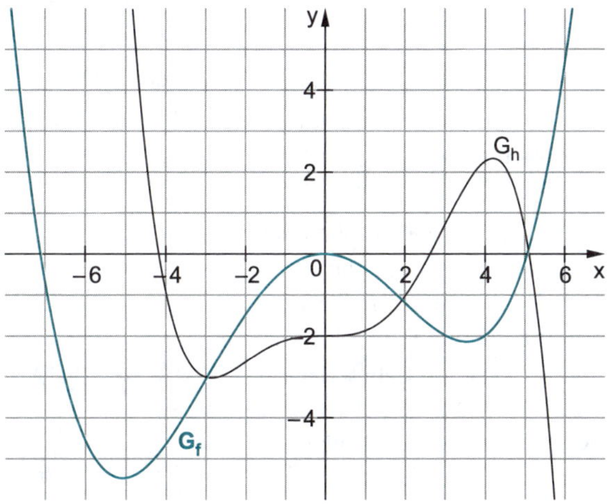

104 Ermitteln Sie die Extremstellen der Funktionen f und g. Nutzen Sie die zweite Ableitung zur Bestimmung der Art der Extrema. Folgern Sie, in welchen Intervallen f bzw. g streng monoton zunehmend bzw. streng monoton abnehmend ist.

a $f\colon x \mapsto -\frac{1}{8}x^4 + \frac{1}{6}x^3 + \frac{3}{2}x^2$

b $g\colon x \mapsto \frac{1}{24}x^6 - \frac{1}{2}x^4 - \frac{9}{8}x^2 + 1$

105 Gegeben ist die zweite Ableitung f'' einer Funktion f, wobei gilt:
$f''(x) = -\frac{1}{2} \cdot (x^3 + 3x^2 - 4x)$

a Bestimmen Sie das Krümmungsverhalten von f.

b Geben Sie die Extremstellen der ersten Ableitung mit Kurzbegründung an.

c f besitzt zwei Extremstellen; für die eine gilt $x < -5$, für die andere $x > 1$. Bei welcher liegt ein lokales Minimum, bei welcher ein lokales Maximum vor? Begründen Sie Ihre Entscheidung.

106 Gegeben ist der Graph $G_{f''}$ der zweiten Ableitung einer ganzrationalen Funktion f. Entscheiden Sie begründet, ob folgende Eigenschaften wahr oder falsch sind.

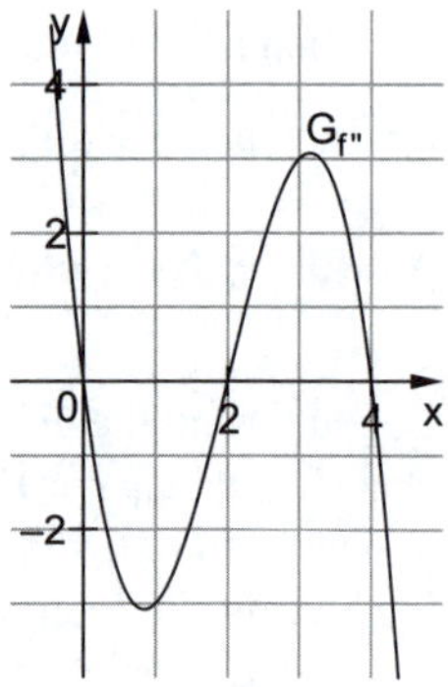

(1) $G_{f'}$ hat bei $x = 2$ einen lokalen Tiefpunkt.

(2) G_f ist für $2 < x < 4$ rechtsgekrümmt.

(3) Im Bereich $x \in [0; 2]$ muss ein Hochpunkt von G_f liegen.

(4) Für $x < 0$ ist f' streng monoton zunehmend.

(5) G_f ändert im gezeichneten Bereich dreimal seine Krümmung.

107 Gegeben sind die Graphen der beiden Funktionen f und g. Geben Sie (mit exemplarischer Kurzbegründung) an, ob in den eingezeichneten Punkten jeweils die zugehörige Funktion, deren erste Ableitung oder deren zweite Ableitung positiv, null oder negativ ist oder ob man darüber keine Aussage treffen kann.

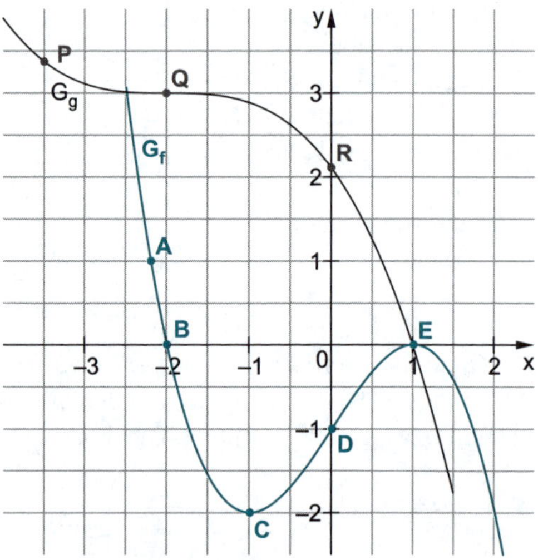

a $f\colon x \mapsto -\frac{1}{2}(x+2)(x-1)^2$

b $g\colon x \mapsto -\frac{1}{9}(x+2)^3 + 3$

G 108 Bestimmen Sie die Wendepunkte der Funktionen a, b, c. Ermitteln Sie auch die Gleichungen der Wendetangenten. Geben Sie an, ob es sich zusätzlich um einen Terrassenpunkt handelt.

a $a\colon x \mapsto \frac{1}{12}x^4 - x^3 + \frac{5}{2}x^2 + x$

b $b\colon x \mapsto \frac{1}{20}x^5 - \frac{1}{3}x^4 + x^3 + 1$

c $c\colon x \mapsto -2x^4 - 8x^3 - 12x^2 + 2$

109 Wahr oder falsch? Argumentieren Sie unter Verwendung der Fachsprache. Bei einer falschen Aussage geben Sie ein passendes Gegenbeispiel an.

Wie lassen sich die falschen Aussagen „geringfügig" modifizieren, sodass jeweils eine wahre Aussage entsteht?

Hinweis: In dieser Aufgabe sollen keine abschnittsweise ganzrationalen Funktionen betrachtet werden.

(1) Jede ganzrationale Funktion 4. Grades hat genau zwei Wendepunkte.

(2) Ist f' streng monoton abnehmend in einem Intervall I, so gilt dort $f''(x) < 0$.

(3) Eine ganzrationale Funktion 5. Grades hat mindestens eine Nullstelle.

(4) Zwischen zwei benachbarten Extremwerten einer in $\mathbb{R}$ definierten ganzrationalen Funktion liegt immer genau ein Wendepunkt.

(5) Wenn $f'(5) = f''(5) = 0$ gilt, dann hat G_f bei $x = 5$ einen Terrassenpunkt.

(6) Hat f' in einem Intervall $x \in [a; b]$ keine Nullstelle, so hat f dort keine Extremwerte.

(7) Wenn der Grad einer ganzrationalen Funktion gerade ist, dann hat die Funktion mindestens eine Extremstelle.

110 Die Abbildung zeigt die Graphen der Ableitungsfunktionen f', g' und h'.

a Beschreiben Sie das Monotonieverhalten der Graphen von f, g und h. Geben Sie – sofern vorhanden – die Extremstellen und die Art der Extrema von f, g und h an.

b Beschreiben Sie das Krümmungsverhalten der Graphen von f, g und h und geben Sie die Wendestellen an. Gehen Sie auch darauf ein, falls bei einer Wendestelle der Funktionsgraph zusätzlich einen Terrassenpunkt hat.

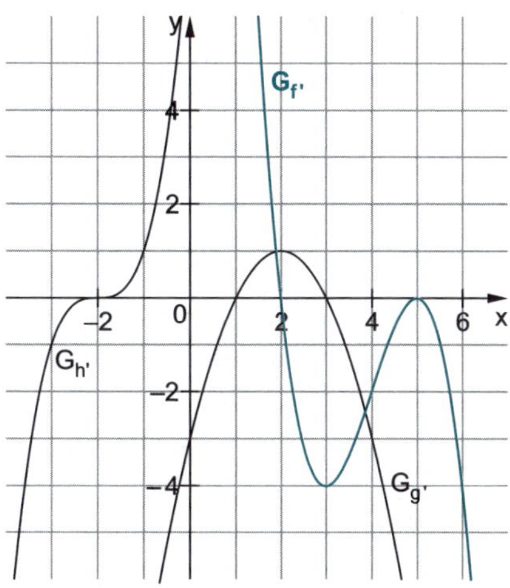

111 Ordnen Sie den fünf Funktionen a, b, c, d und e jeweils alle passenden Merkmale zu (+) bzw. nicht zu (–). Begründen Sie nur die Aspekte, die nicht offensichtlich sind. Kennzeichnen Sie jeweils farbig, welche Aspekte im Einzelfall begründet werden.

$a(x) = 0{,}25(x^4 - 8x^2)$ $\quad$ $b(x) = -5x^5 + 2$ $\quad$ $c(x) = 0{,}5x - 3$

$d(x) = x^4 - x^2 + 1$ $\quad$ $e(x) = 0{,}2x(x^2 - 1)(x^2 - 4)$

	(1)	(2)	(3)	(4)	(5)	(6)	(7)	(8)	(9)	(10)
a										
b										
c										
d										
e										

(1) Der Graph ist punktsymmetrisch zum Ursprung.
(2) Der Graph ist achsensymmetrisch zur y-Achse.
(3) Der Graph hat genau einen Terrassenpunkt.
(4) Die Funktion hat mindestens drei Nullstellen.
(5) Die Funktion hat keine Extremstellen.
(6) Die Funktion hat mindestens eine Wendestelle.
(7) Der Graph der Ableitungsfunktion ist achsensymmetrisch zur y-Achse.
(8) Die Funktion hat keine Nullstellen.
(9) Die Funktion hat genau drei Extremstellen.
(10) Der Graph der Ableitungsfunktion ist punktsymmetrisch zum Ursprung.

112 **a** Geben Sie jeweils an, welche besonderen Stellen von g Sie mithilfe der folgenden Bedingungen bestimmen können.

(1) $g''(x_0)=0$ und Vorzeichenwechsel von $g''(x_0)$

(2) $g(x_0)=0$ und $g'(x_0)=0$

b Der Graph einer ganzrationalen Funktion 5. Grades ist für $x<-5$ rechtsgekrümmt und hat bei $x=0$ und $x=4$ jeweils Wendepunkte. Skizzieren Sie einen möglichen Verlauf des Graphen der zweiten Ableitung. Geben Sie einen möglichen Term für $g''(x)$ an (Kurzerklärung genügt).

E 113 Kurvendiskussion

Im Unterricht haben Sie gelernt, was sich hinter „Untersuchung einer Funktion f bzw. ihres Graphen G_f“ verbirgt. Manchmal gibt die Lehrkraft vor, in welcher Reihenfolge etwas untersucht wird. Eine Variation ist folgende Aufgabenstellung.

Untersuchen Sie die Funktionen a, b und c jeweils mit $\mathbb{D}=\mathbb{R}$. Entscheiden Sie dabei selbst die Reihenfolge. Gliedern Sie nach:

(1) Sofort erkennbar
(2) Leicht errechenbar
(3) Etwas mehr zu kombinieren bzw. zu rechnen
(4) Spezielle explizit in der Teilaufgabe geforderte Untersuchungen
(5) Graph skizzieren, nachdem alle Untersuchungen abgeschlossen sind; Faustskizze zwischendurch meist zielführend

a a: $x \mapsto -2x^3+12x^2-18x+8$
Bestimmen Sie zusätzlich die Gleichung der Wendetangente.

b b: $x \mapsto x^5+2x^3+3$
Bestimmen Sie zusätzlich: Monotonie, Krümmung, Wertemenge $\mathbb{W}_b$, Symmetrie zu einem anderen Punkt.

c c: $x \mapsto -\frac{1}{9}x^4+2x^2-2$
Bestimmen Sie zusätzlich die Wertemenge $\mathbb{W}_c$.

114 Eine Langlaufloipe hat von oben betrachtet das abgebildete Querschnittsprofil (x-Achse: Länge in waagrechter Richtung in Kilometer; y-Achse: Höhe über dem Meeresspiegel in Meter). Der zugehörige Funktionsterm lautet:

$$s: x \mapsto 4\cdot\left(\frac{1}{3}x^3-\frac{11}{2}x^2+28x+77\frac{1}{3}\right)+400 \quad \text{mit } \mathbb{D}_s=[1; 9]$$

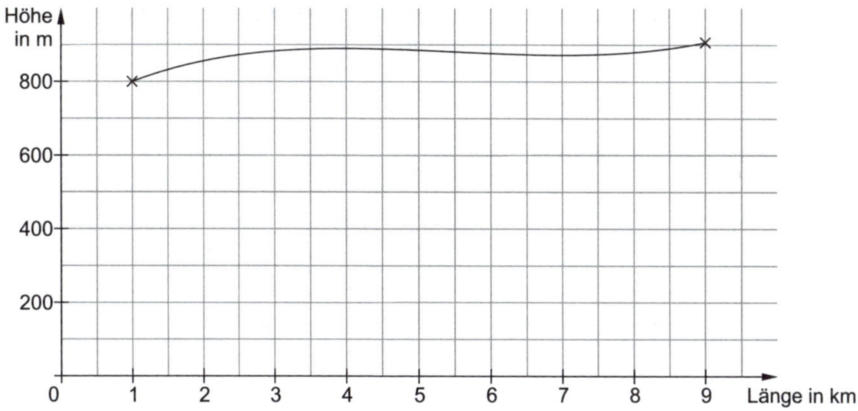

a Die Loipe beginnt am Parkplatz bei 1 km und endet beim Ausflugsrestaurant bei 9 km. Berechnen Sie, auf welcher Höhe sich der Parkplatz sowie auf welcher Höhe sich das Restaurant befindet.

b Ermitteln Sie, in welchen Bereichen die Loipe steigt und in welchen sie fällt. Geben Sie auch an, in welcher Höhe der Wintersportler dann jeweils ist.

c Bestimmen Sie die durchschnittliche Steigung zwischen Kilometer 1 und Kilometer 2 sowie zwischen Kilometer 2 und Kilometer 3 in Prozent.

d Bestimmen Sie die Steigung bei $x=3$ km in Prozent im Sachkontext. Ermitteln Sie eine weitere Stelle der Loipe mit derselben Steigung.

e Ermitteln Sie die Stelle, in der die Steigung am stärksten abnimmt. Wie groß ist sie in Prozent? Erklären Sie Ihr Vorgehen kurz.

115 Die Konzentration eines Medikamentes im Blut (in Milligramm pro Liter) wird durch folgende Funktion r beschrieben. Dabei beschreibt x die Zeit ab dem Zeitpunkt, zu dem das Medikament (erstmals) wirksam ist, in 10-Minuten-Abständen, d. h., $x = 1$ entspricht 10 Minuten.

$$r: x \mapsto \frac{1}{10\,000}(3x^3 - 247x^2 + 4\,601x) + 5$$

Hinweis: Da es sich um eine Aufgabe im Sachkontext handelt, ist nicht zu erwarten, dass nur „schöne Zahlen" herauskommen. Ergebnisse sind sinnvoll zu runden.

a Bestimmen Sie r(0) und interpretieren Sie den Wert im Sachkontext.

b Berechnen Sie, zu welchem Zeitpunkt die Konzentration im Blut maximal ist und wie hoch diese ist. Erklären Sie Ihr Vorgehen im Sachkontext.

c Begründen Sie, dass $\mathbb{D} = [0; 28{,}5]$ sinnvoll ist. Argumentieren Sie im Sachzusammenhang unter Verwendung der mathematischen Fachsprache.

d Ermitteln Sie den Zeitpunkt, zu dem das Medikament am stärksten abgebaut wird. Argumentieren Sie im Sachkontext. Wie liegt dieser Zeitpunkt bezüglich der Definitionsmenge der Funktion?

e Bestimmen Sie die mittlere Änderungsrate der Konzentration des Medikamentes innerhalb der ersten halben Stunde ab Beginn der Wirksamkeit. Antworten Sie im Sachkontext.

116 In der Abbildung sehen Sie, von der Seite betrachtet, eine Wasserrutsche mit Leiter $\overline{BD}$. Die Rutsche selbst wird durch die Funktion $p: x \mapsto \frac{1}{24}x^3 - \frac{3}{8}x^2 + 5$ mit $x \in [0; 6]$ beschrieben (x und p(x) in Meter). Das Ende D der Leiter ist mit dem Beginn der Rutsche durch ein 0,5 Meter langes Stück waagrecht verbunden.

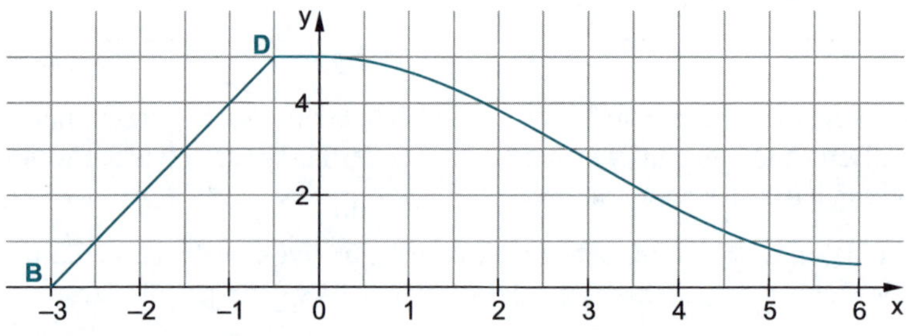

a Stellen Sie die Strecke $\overline{BD}$ durch eine lineare Funktion h dar und geben Sie den Definitionsbereich $\mathbb{D}_h$ an.

b Bestimmen Sie das mittlere Gefälle der Rutsche in Prozent.

c Ermitteln Sie den Punkt, in dem das Gefälle maximal ist, und berechnen Sie die maximale Steigung. Wie groß ist in diesem Punkt der Neigungswinkel der Rutsche?

d Mit welcher Steigung beginnt und endet das Rutschen?

117 Gegeben ist der Graph G_h einer weiteren Rutsche. Der zugehörige Term gehört zu einer ganzrationalen Funktion. Die Rutschpartie beginnt in Punkt A und endet in Punkt D, jeweils nahezu waagrecht (x und y in Meter).

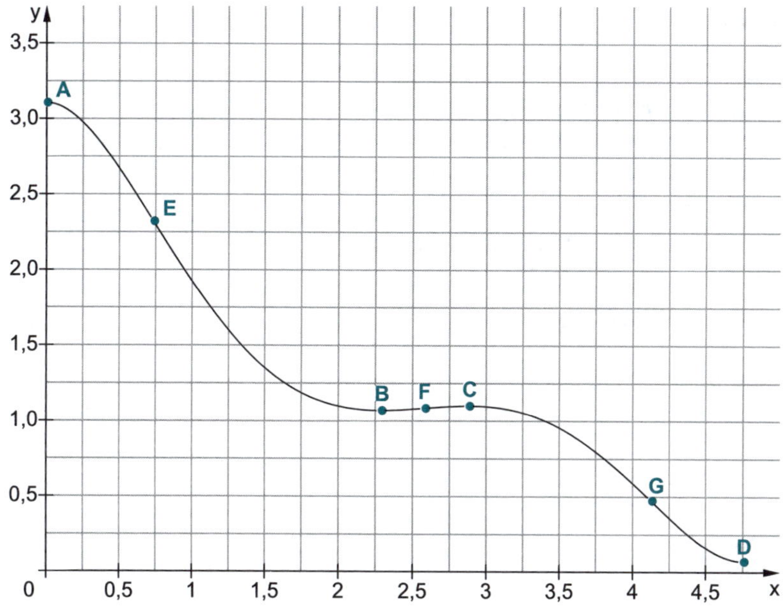

a Interpretieren Sie die Punkte A, B, C, D, E, F und G im Sachkontext und unter Verwendung der mathematischen Fachnotation.

b Welchen Grad muss die Funktion h mindestens haben? Begründung Sie Ihre Entscheidung kurz.

Test 9

Inhalte: Krümmung, Wendepunkt, Monotonie, Symmetrie, Verhalten im Unendlichen

Zeitbedarf: 30 Minuten

1 Gegeben ist der Graph $G_{g''}$ der zweiten Ableitung einer ganzrationalen Funktion g. Entscheiden Sie mit Kurzbegründung, ob die folgenden Eigenschaften wahr oder falsch sind.

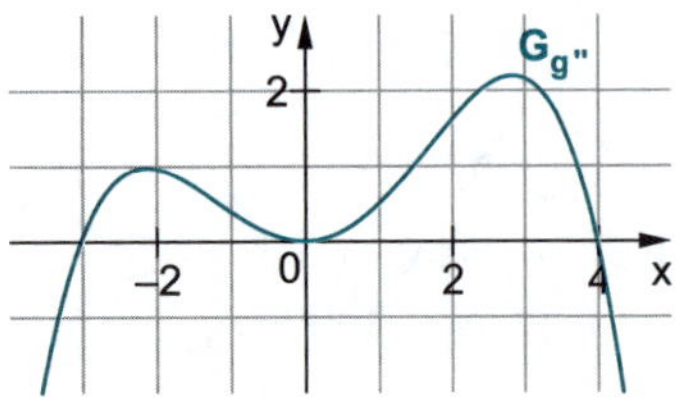

(1) G_g ist für $-3 < x < 4$ linksgekrümmt.

(2) G_g hat für $x \in [-3{,}2;\ 4{,}2]$ drei Wendepunkte.

(3) $G_{g'}$ ist für $x \in\ ]-3;\ 4[$ streng monoton steigend.

(4) Der Grad der Funktion g ist 5. 4 Punkte

2 **a** Gegeben ist der Graph $G_{f'}$ der ersten Ableitung einer ganzrationalen Funktion f. Bestimmen Sie das Monotonieverhalten von f und folgern Sie die Stellen, an denen G_f Hoch-, Tief- und Terrassenpunkte hat. 3 Punkte

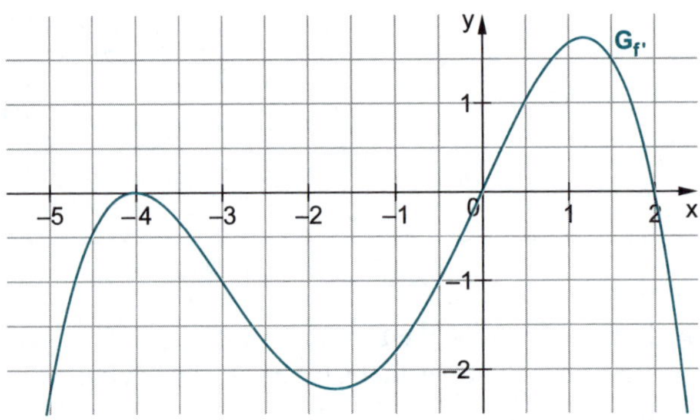

b Der Term einer Ableitungsfunktion lautet:
$g'(x) = x \cdot (x-2) \cdot (x-4)$
Ermitteln Sie hieraus so viele Aussagen bezüglich g wie möglich. 3 Punkte

3 Gegeben ist die Funktion $f\colon x \mapsto -\frac{1}{6}x^4 + 4x^2$ mit $\mathbb{D}_f = \mathbb{R}$.

a Geben Sie (mit Kurzbegründung) das Symmetrieverhalten sowie das Verhalten im Unendlichen an. 2 Punkte

b Ermitteln Sie die Wendepunkte A und B von G_f sowie die Gleichungen der Wendetangenten. Zeigen Sie, dass sich diese in $C(0\,|\,-8)$ schneiden.
Eine grobe Skizze ist sinnvoll, aber nicht verlangt. 5 Punkte

c Bestimmen Sie die Innenwinkel sowie Umfang und Flächeninhalt des Dreiecks ABC. 3 Punkte

20 Punkte

Note	1	2	3	4	5	6
Punkte	20–18	17–15	14–12	11–9	8–5	4–0

Test 10

Inhalte: Diskussion der Funktionseigenschaften, Graph, Funktionsterm aufstellen

Zeitbedarf: 30 Minuten

1 Untersuchen Sie die Funktion $f\colon x \mapsto -\frac{1}{4}(x^4+4x^3+6x^2+1)$ mit $\mathbb{D}_f = \mathbb{R}$.
Gliedern Sie nach:

a Symmetrie und Verlauf des Graphen im Koordinatensystem — 1 Punkt

b Extrem- und Wendestellen — 3 Punkte

c Monotonie und Krümmung — 2 Punkte

d Wertemenge $\mathbb{W}_f$ und Tangentengleichung im Punkt $B(-1\,|\,?)$ — 2 Punkte

e Wertemenge $\mathbb{W}$ und Randextrema für $x \in I = [-3; 1]$ — 2 Punkte

f Zeichnen Sie den Graphen G_f unter Berücksichtigung aller Ergebnisse. — 2 Punkte

2 Kathi schreibt in die Klassengruppe: „Ich muss meinen Entwurf für meine LdL-Stunde am Montag noch am Freitag (also kurz vor Mitternacht) abgeben. Bitte schickt mir Lösungsideen!" Die Aufgabe lautet:
Für eine aus ganzrationalen Funktionen zusammengesetzte Funktion f mit $\mathbb{D}_f = \mathbb{R}$ gilt:

(1) f ist in $\mathbb{D}_f$ monoton fallend.

(2) Die Funktionswerte von f sind positiv.

(3) f ist in $\mathbb{D}_f$ differenzierbar.

(4) $|f'(2)| = 1$

Entwickeln Sie einen möglichen Funktionsterm und den zugehörigen Graphen. Kommunizieren Sie Ihren Lösungsweg unter Verwendung der Fachsprache.

Lösen Sie Kathis Aufgabe. — 8 Punkte

20 Punkte

Note	1	2	3	4	5	6
Punkte	20–18	17–15	14–12	11–9	8–5	4–0

Hinweise zu den Aufgaben

90 Achten Sie darauf, ob die Ränder zu den Intervallen dazugehören oder nicht.

92 Es gibt „sehr einfache“ Funktionsterme.

96 **c** Schauen Sie bei der Übergangsstelle genau hin.

98 Denken Sie daran, dass der Graph der Ableitungsfunktion dargestellt ist.

101 Untersuchen Sie die Terme der Ableitungsfunktionen auf Nullstellen inklusive Vielfachheit.

106 Denken Sie daran, dass der Graph der zweiten Ableitungsfunktion dargestellt ist.

108 Sie können teilweise mit der dritten Ableitung argumentieren.

114 **b** Sie können den Graphen der Ableitungsfunktion zu Hilfe nehmen.

c Achten Sie auf die Einheiten.

Lösungen zu den Aufgaben

90 g: $1 \leq x \leq 4$ $\quad G_g$ streng monoton steigend, g streng monoton zunehmend: $g'(x) > 0$
$4 \leq x \leq 7$ $\quad G_g$ streng monoton fallend, g streng monoton abnehmend: $g'(x) < 0$

h: $0 \leq x \leq 2$ $\quad G_h$ streng monoton steigend, h streng monoton zunehmend: $h'(x) > 0$
$2 \leq x \leq 6$ $\quad G_h$ streng monoton fallend, h streng monoton abnehmend: $h'(x) < 0$
$6 \leq x \leq 7$ $\quad G_h$ streng monoton steigend, h streng monoton zunehmend: $h'(x) > 0$

91

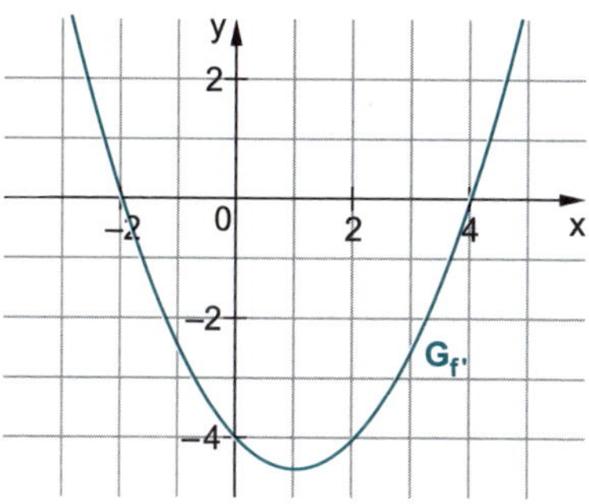

92 **a** Beispielsweise: $f(x) = x^5 + 1$

b Beispielsweise: $f(x) = x^4 + 2$

93 f: $x < -8$ $\quad f'(x) < 0$ $\quad G_f$ streng monoton fallend für $x \in \,]-\infty; -8]$
$x > -8$ $\quad f'(x) > 0$ $\quad G_f$ streng monoton steigend für $x \in [-8; \infty[$

Bei $x = -8$ hat G_f einen (lokalen) Tiefpunkt.

h: $x < 0$ $\quad h'(x) < 0$ $\quad G_h$ streng monoton fallend für $x \in \,]-\infty; 0]$
$0 < x < 2$ $\quad h'(x) > 0$ $\quad G_h$ streng monoton steigend für $x \in [0; 2]$
$2 < x < 5$ $\quad h'(x) < 0$ $\quad G_h$ streng monoton fallend für $x \in [2; 5]$
$x > 5$ $\quad h'(x) > 0$ $\quad G_h$ streng monoton steigend für $x \in [5; \infty[$

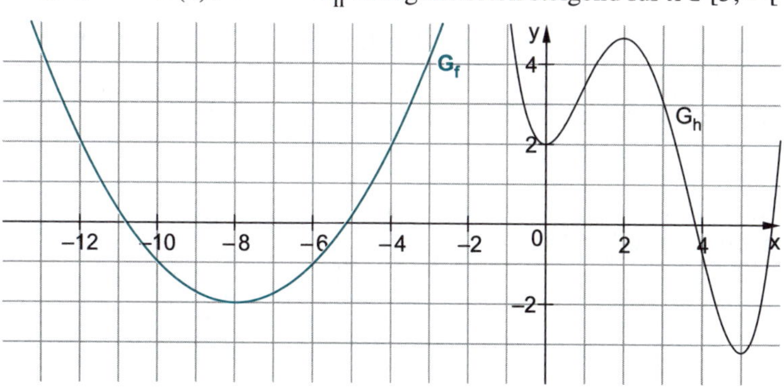

94 **a**

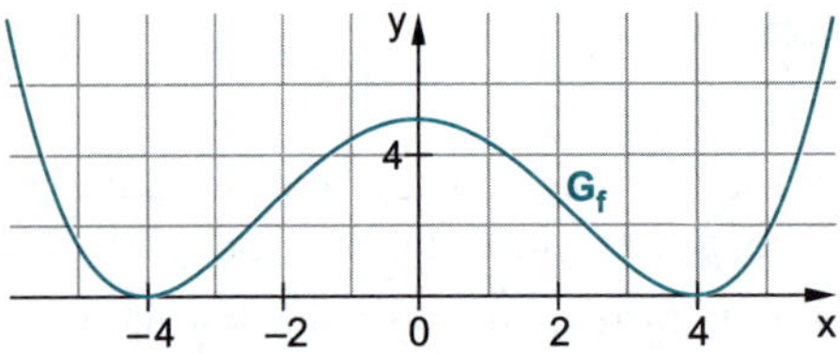

b

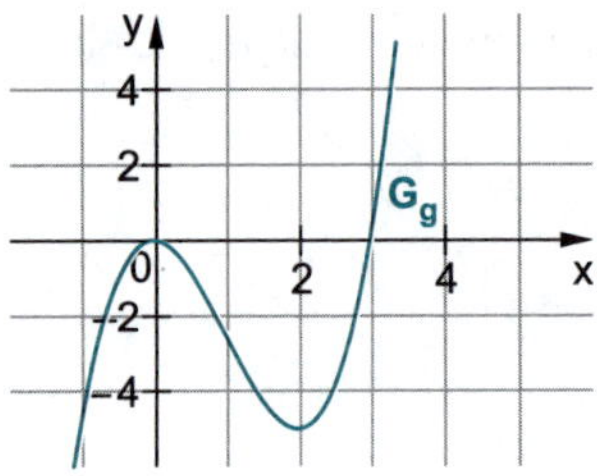

c

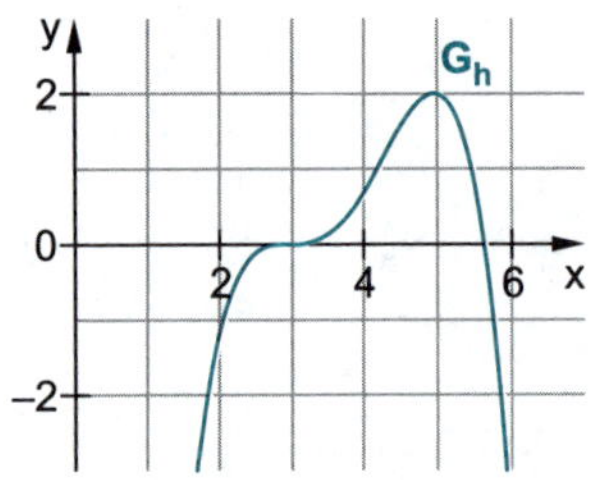

95 f:

$x < -2$	$f'(x) < 0$	G_f streng monoton fallend	$x = -2$ **Tiefpunkt**
$-2 < x < 4$	$f'(x) > 0$	G_f streng monoton steigend	$x = 4$ **Hochpunkt**
$x > 4$	$f'(x) < 0$	G_f streng monoton fallend	

h:

$x < 4$	$h'(x) > 0$	G_h streng monoton steigend	$x = 4$ **Terrassenpunkt**
$4 < x < 6$	$h'(x) > 0$	G_h streng monoton steigend	$x = 6$ **Hochpunkt**
$x > 6$	$h'(x) < 0$	G_h streng monoton fallend	

96 **a** Am Graphen der Funktion f sieht man, dass für alle $x_1, x_2 \in [-4; 6]$ gilt:
$x_1 < x_2 \Rightarrow f(x_1) < f(x_2)$
Dies ist die Definition für eine streng monoton wachsende Funktion, d. h., **G_f ist streng monoton steigend**.

b An der Stelle $x = 1$ ist G_g zwar stetig, aber nicht differenzierbar: Der Graph hat dort einen „Knick“.

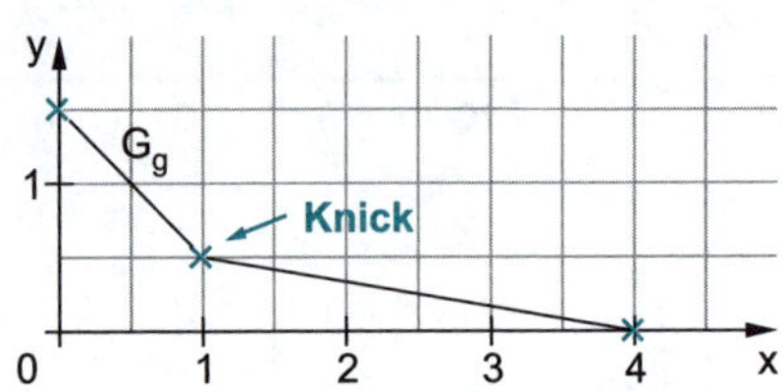

c Die Aussage ist **falsch**. Zwar ist h streng monoton abnehmend in beiden Teilintervallen $x \in [-5; 0[$ sowie $x \in [0; 5]$. Allerdings gibt es bei $x = 0$ einen „Sprung nach oben", von $y = 3$ auf $y = 5$.

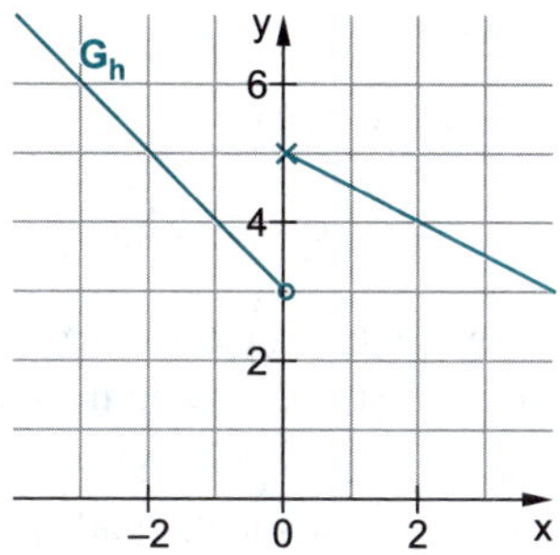

Für $x_1, x_2 < 0$ gilt: $x_1 < x_2 \;\Rightarrow\; h(x_1) > h(x_2)$
Für $x_1, x_2 > 0$ gilt: $x_1 < x_2 \;\Rightarrow\; h(x_1) > h(x_2)$
G_h ist also jeweils streng monoton abnehmend.

Aber: Es ist zwar $-1 < 1$, wegen $h(-1) = 4$ und $h(1) = 4{,}5$ jedoch $h(-1) < h(1)$. Somit liegt keine strenge Monotonie im gesamten Intervall vor.

Mit dem Zahlentausch $3 \leftrightarrow 5$ erhält man eine Funktion, die im gesamten Intervall streng monoton abnehmend ist:

$$h^*\colon x \mapsto \begin{cases} -x + 5 & \text{für} \quad -5 \le x \le 0 \\ -\frac{1}{2}x + 3 & \text{für} \quad 0 < x \le 5 \end{cases}$$

Bei dieser Funktion liegt nämlich ein „Sprung nach unten" vor.

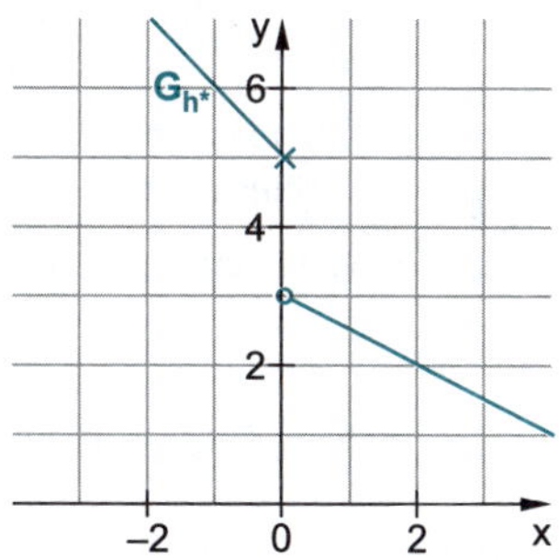

d
- Keine strenge Monotonie wegen des waagrechten Stückes für $x \in]0; 2]$. Es gilt $x_1 < x_2 \Rightarrow k(x_1) \le k(x_2)$, somit ist k monoton zunehmend (nach Definition) und G_k monoton steigend.
- Keine Sprungstellen $\Rightarrow$ G_k stetig für $x \in [-1; 3]$.
- Keine Knickstellen (zumindest sind ohne Vergrößerung keine erkennbar), der Graph geht bei $x = 0$ und $x = 2$ jeweils mit Steigung null weiter.
  $\Rightarrow$ G_k differenzierbar für $x \in [-1; 3]$.

e Es gilt:
$x_1 < x_2 \;\Rightarrow\; s(x_1) < s(x_2)$
Also ist s streng monoton wachsend.

$s'(x) = 5x^4$, also:
$s'(x) = 0 \;\Leftrightarrow\; x = 0$
$s'(x) > 0$ für $x \neq 0$

Es handelt sich um einen Terrassen**punkt** $(0|0)$, nicht um eine „ausgedehnte Terrasse" mit horizontaler Steigung.

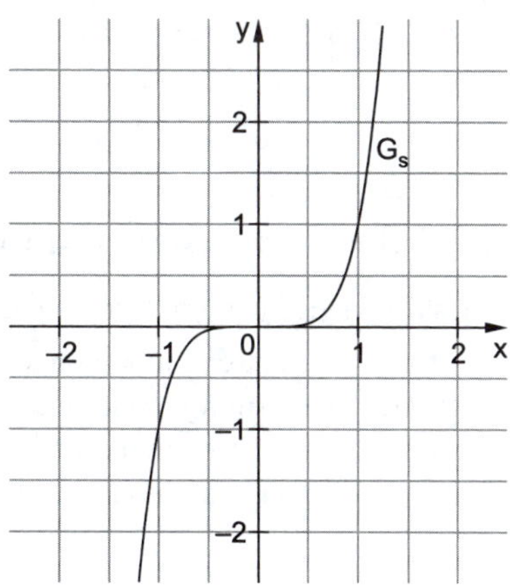

97 **Für f(x):**

$f(x)=\frac{1}{3}x^3-4x^2+15x-10;\quad f'(x)=x^2-8x+15$

$f'(x)=0 \;\Rightarrow\; x_{1/2}=4\pm\sqrt{4^2-15}=4\pm1 \;\Rightarrow\; x_1=3;\; x_2=5$

Für $x<3$ und für $x>5$ liegt $G_{f'}$ jeweils oberhalb der x-Achse (es ist $f'(x)>0$), also ist f dort streng monoton zunehmend und G_f streng monoton steigend.

Für $3<x<5$ liegt $G_{f'}$ unterhalb der x-Achse (es ist $f'(x)<0$), also ist f dort streng monoton abnehmend und G_f streng monoton fallend.

Alternativ: $f'(x)=x^2-16x+15=(x-3)\cdot(x-5)$

x	<3	3<x<5	>5
f'	+	−	+
f	streng monoton zunehmend	streng monoton abnehmend	streng monoton zunehmend
G_f	streng monoton steigend	streng monoton fallend	streng monoton steigend

Für g(x):

$g(x)=\frac{1}{5}x^5-x^3-4x-1;\quad g'(x)=x^4-3x^2-4$

Verlauf von $G_{g'}$: von links oben nach rechts oben

$g'(x)=0$ wird mittels der Substitution $x^2=z$ gelöst:

$z^2-3z-4=0 \;\Rightarrow\; z_1=4;\; z_2=-1 \;\Rightarrow\; x^2=4$ oder $x^2=-1$ (unlösbar)

Die Gleichung $x^2=-1$ hat keine Lösung. Es folgt $x_{1/2}=\pm2$ und damit:

$g'(x)=x^4-3x^2-4=(x+2)\cdot(x-2)\cdot(x^2+1)$

x_1 und x_2 sind *einfache* Nullstellen von g', also *mit* VZW:

$x<-2$: $g'(x)>0 \Rightarrow$ g ist streng monoton zunehmend.
$-2<x<2$: $g'(x)<0 \Rightarrow$ g ist streng monoton abnehmend.
$x>2$: $g'(x)>0 \Rightarrow$ g ist streng monoton zunehmend.

Für h(x):

$h(x)=\frac{1}{4}x^4-2x^2$

$\Rightarrow\; h'(x)=x^3-4x=x\cdot(x^2-4)=x\cdot(x+2)\cdot(x-2)$

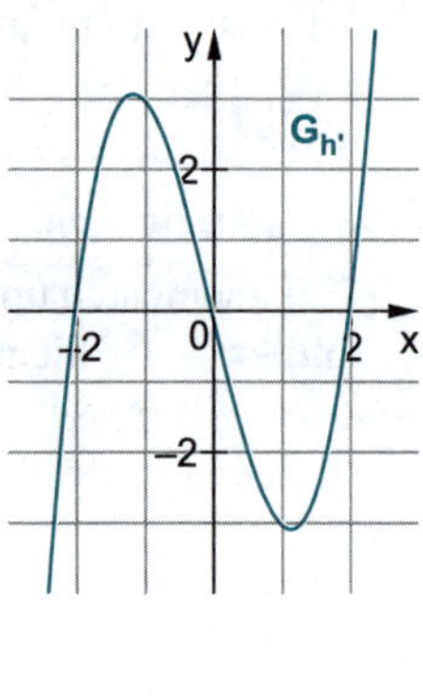

Verlauf von $G_{h'}$: von links unten nach rechts oben

$x<-2$: h ist streng monoton abnehmend.
$-2<x<0$: h ist streng monoton zunehmend.
$0<x<2$: h ist streng monoton abnehmend.
$x>2$: h ist streng monoton zunehmend.

98 (1) **Wahr:** Für $x \in]-4; 0[$ verläuft $G_{f'}$ unterhalb der x-Achse, d. h. $f'(x) < 0$.
Es ist ferner $f'(-4) = f'(0) = 0$. $\Rightarrow$ G_f streng monoton fallend für $x \in [-4; 0]$

(2) **Falsch:** Für $x \in]0; 2[$ ist $f'(x) > 0$, für f kann keine Aussage getroffen werden.

(3) **Wahr:** f' hat drei einfache Nullstellen, dort ändert sich die Monotonie von f.

(4) **Falsch:** $G_{f'}$ ist streng monoton steigend für $x \in]-1; 1[$, bei G_f ändert sich die Monotonie bei $x = 0$.

(5) **Falsch:** f' hat drei einfache Nullstellen im gezeichneten Bereich, also ist der Grad von f' mindestens 3 und somit der von f mindestens 4.

99 $f(x) = \frac{1}{4}x^4 + \frac{2}{3}x^3 + \frac{5}{3}$; $f'(x) = x^3 + 2x^2 = x^2 \cdot (x+2)$

$x = 0$: doppelte Nullstelle von f', d. h. kein Vorzeichenwechsel von f', somit keine Monotonieänderung von f bzw. G_f

$x = -2$: einfache Nullstelle von f', d. h. mit Vorzeichenwechsel von f', somit Monotonieänderung von f bzw. G_f

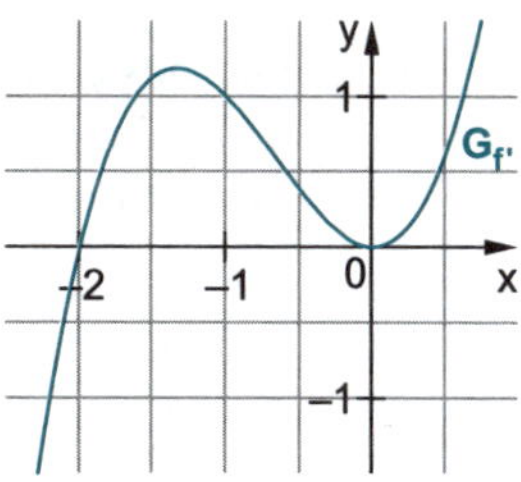

G_f hat waagrechte Tangenten bei $x = -2$ und bei $x = 0$.

$x \le -2$: f streng monoton abnehmend

$x \ge -2$: f streng monoton zunehmend

$f(-2) = \frac{1}{3}$ $\Rightarrow$ Tiefpunkt $\left(-2 \middle| \frac{1}{3}\right)$; $f(0) = \frac{5}{3}$ $\Rightarrow$ Terrassenpunkt $\left(0 \middle| \frac{5}{3}\right)$

Verlauf von G_f: von links oben nach rechts oben

$\Rightarrow$ Der Tiefpunkt ist ein absoluter Tiefpunkt, somit ist das Minimum bei $x = -2$ und $f(-2)$ ist ein absolutes Minimum.

Wertemenge: $\mathbb{W}_f = \left[\frac{1}{3}; \infty\right[$

100 Tiefpunkt $A\left(-2 \middle| \frac{1}{3}\right)$ und Terrassenpunkt $B\left(0 \middle| \frac{5}{3}\right)$

Mit $\mathbb{D}_f = [-3; 1]$ liegen beide Punkte weiterhin vor. Prüfung auf Randextrema:

$f(-3) = \frac{47}{12}$ $\Rightarrow$ Hochpunkt $C\left(-3 \middle| \frac{47}{12}\right)$; $f(1) = \frac{31}{12}$ $\Rightarrow$ Hochpunkt $D\left(1 \middle| \frac{31}{12}\right)$

Insgesamt: C ist absoluter Hochpunkt und A ist absoluter Tiefpunkt.

Wertemenge: $\mathbb{W} = [y_A; y_C] = \left[\frac{1}{3}; \frac{47}{12}\right]$

101 • $f'(x)=4x-2$, also: $f'(x)=0 \iff x=2$
$G_{f'}$ ist streng monoton steigend (Gerade), also hat f bei $x=2$ einen Tiefpunkt.

• $g'(x)=-x^2-4x-4=-(x^2+4x+4)=-(x+2)^2 \geq 0$
$g'(x)=0$ nur für $x=-2$ (ohne VZW), also keine Monotonieänderung von g. Daher hat G_g bei $x=-2$ einen Terrassenpunkt.

• $h'(x)=x^3+6x^2=x^2\cdot(x+6)$, also: $h'(x)=0 \iff x=0$ oder $x=-6$
G_h hat eine waagrechte Tangente bei $x=0$ sowie bei $x=-6$.

$x=0$ ist eine *doppelte* Nullstelle von h', also *ohne* Vorzeichenwechsel, daher keine Monotonieänderung von h.

$x=-6$ ist eine *einfache* Nullstelle von h', also *mit* Vorzeichenwechsel, daher Monotonieänderung.

Aus dem nebenstehend dargestellten Verlauf von $G_{h'}$ folgt: Tiefpunkt von G_h bei $x=-6$ und Terrassenpunkt von G_h bei $x=0$

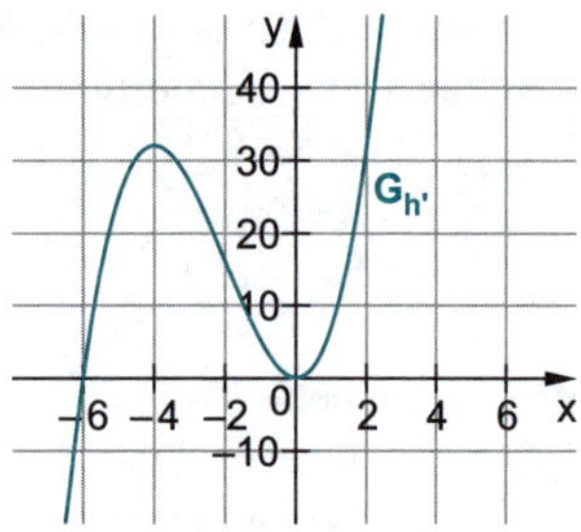

• $k'(x)=-(x^2-4)(x^2-2x-15)$
$\quad=-(x+2)\cdot(x-2)\cdot(x+3)\cdot(x-5)$

Verlauf von $G_{k'}$: von links unten nach rechts unten

G_k hat waagrechte Tangenten bei:
$x=-3 \qquad x=-2 \qquad x=2 \qquad x=5$

Tiefpunkte von G_k bei $x=-3$ und bei $x=2$

Hochpunkte von G_k bei $x=-2$ und bei $x=5$

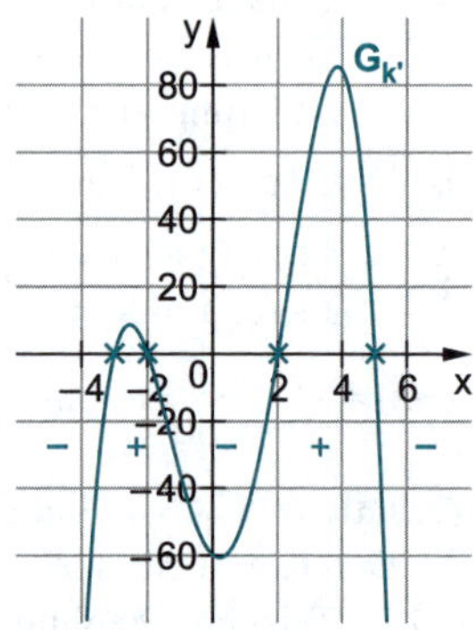

102 $f'(x)=-4x^3+4x^2=-4x^2\cdot(x-1)$; $f'(x)=0 \iff x=0$ oder $x=1$

$x=0$: doppelte Nullstelle von f', d. h. kein VZW von f', somit keine Monotonieänderung von f bzw. $G_f \Rightarrow$ Terrassenpunkt $A(0\,|\,1)$

$x=1$: einfache Nullstelle von f', d. h. mit VZW von f', somit Monotonieänderung von f bzw. G_f

$x<1$: $f'(x)=\underbrace{-4x^2}_{<0}\underbrace{(x-1)}_{<0}>0$ $\quad G_f$ streng monoton steigend

$x>1$: $f'(x)=\underbrace{-4x^2}_{<0}\underbrace{(x-1)}_{>0}<0$ $\quad G_f$ streng monoton fallend

Hochpunkt $B\left(1\,\middle|\,\frac{4}{3}\right)$

Verlauf von G_f:
von links unten nach rechts unten

Wertemenge:

$\mathbb{W}_f = \left]-\infty; 1\frac{1}{3}\right[$

G_f hat genau zwei Nullstellen x_1 und x_2, für die gilt:
$x_1 < 0$ und $x_2 > 1$
Beide sind einfache Nullstellen.

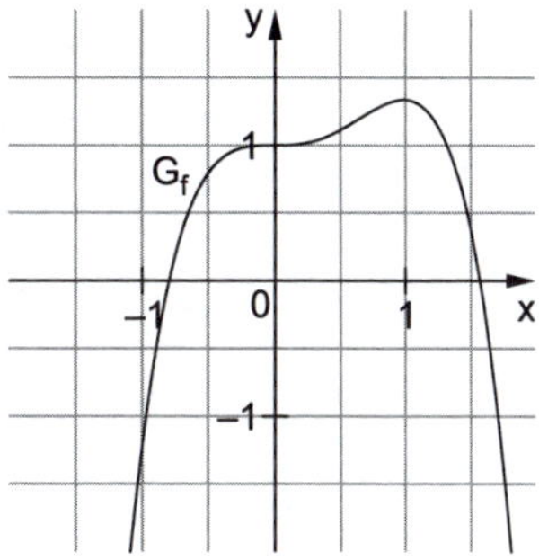

103 G_f: $x < -3$: G_f linksgekrümmt
$-3 < x < 2$: G_f rechtsgekrümmt
$x > 2$: G_f linksgekrümmt

Der *Tiefpunkt* mit waagrechter Tangente liegt in der *Linkskrümmung*.
Der *Hochpunkt* mit waagrechter Tangente liegt in der *Rechtskrümmung*.
Dazwischen ändert sich die Krümmung an der Stelle, an der die Steigung betragsmäßig am größten ist. Dies ist bei $x = -3$ sowie bei $x = 2$.

G_h: $x < -2$: G_h linksgekrümmt
$-2 < x < 0$: G_h rechtsgekrümmt
$0 < x < 3$: G_h linksgekrümmt
$x > 3$: G_h rechtsgekrümmt

Zwischen Tiefpunkt, Terrassenpunkt und Hochpunkt muss sich die Krümmung jeweils ändern.

104 **a** $f'(x) = -\frac{1}{2}x^3 + \frac{1}{2}x^2 + 3x; \quad f''(x) = -\frac{3}{2}x^2 + x + 3$

Extremstellen: $f'(x) = 0$

$-\frac{1}{2}x^3 + \frac{1}{2}x^2 + 3x = 0 \;\Rightarrow\; -\frac{1}{2}x \cdot (x^2 - x - 6) = 0$

$x_1 = 0$ oder $x^2 - x - 6 = 0 \;\Rightarrow\; x_{2/3} = \frac{1}{2} \pm \sqrt{\frac{1}{4} - (-6)} = \frac{1}{2} \pm \frac{5}{2}$

Waagrechte Tangenten für: $x = -2$, $x = 0$, $x = 3$
$f''(-2) < 0 \;\Rightarrow$ Maximum bei $x = -2$
$f''(0) > 0 \;\Rightarrow$ Minimum bei $x = 0$
$f''(3) < 0 \;\Rightarrow$ Maximum bei $x = 3$

$\Rightarrow$ $x \le -2$ f streng monoton zunehmend
$-2 \le x \le 0$ f streng monoton abnehmend
$0 \le x \le 3$ f streng monoton zunehmend
$x \ge 3$ f streng monoton abnehmend

b $g'(x) = \frac{1}{4}x^5 - 2x^3 - \frac{9}{4}x$; $g''(x) = \frac{5}{4}x^4 - 6x^2 - \frac{9}{4}$

Extremstellen: $g'(x) = 0$

$\frac{1}{4}x^5 - 2x^3 - \frac{9}{4}x = 0 \quad \Leftrightarrow \quad \frac{1}{4}x \cdot (x^4 - 8x^2 - 9) = 0$

$x = 0$ oder $x^4 - 8x^2 - 9 = 0$

Substitution: $x^2 = z$

$z^2 - 8z - 9 = 0 \Rightarrow z_1 = -1;\ z_2 = 9 \Rightarrow x^2 = -1$ (unlösbar) oder $x^2 = 9$

Die Gleichung $x^2 = -1$ hat keine Lösung. Es folgt:
$x = \pm 3$

Waagrechte Tangenten für: $x = -3,\ x = 0,\ x = 3$

$g''(-3) > 0 \Rightarrow$ Minimum bei $x = -3$
$g''(0) < 0 \Rightarrow$ Maximum bei $x = 0$
$g''(3) > 0 \Rightarrow$ Minimum bei $x = 3$

$\Rightarrow$	$x < -3$	g streng monoton abnehmend
	$-3 < x < 0$	g streng monoton zunehmend
	$0 < x < 3$	g streng monoton abnehmend
	$x > 3$	g streng monoton zunehmend

105 a $f''(x) = -\frac{1}{2} \cdot (x^3 + 3x^2 - 4x) = -\frac{1}{2}x \cdot (x^2 + 3x - 4)$

$f''(x) = 0 \Rightarrow x = 0$ oder $x^2 + 3x - 4 = 0 \Rightarrow x = -4;\ x = 1$

Verlauf von $G_{f''}$:
von links oben nach rechts unten

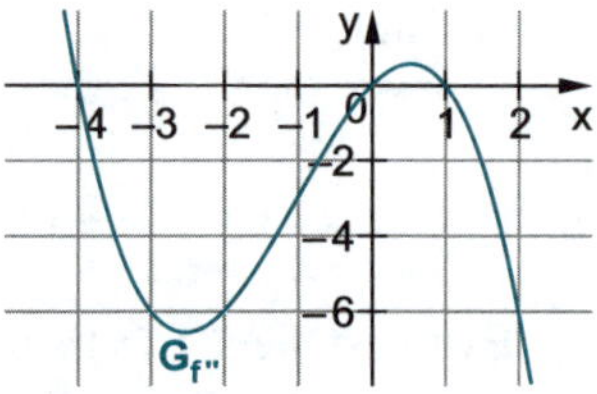

$x < -4$	$f''(x) > 0$	G_f linksgekrümmt
$-4 < x < 0$	$f''(x) < 0$	G_f rechtsgekrümmt
$0 < x < 1$	$f''(x) > 0$	G_f linksgekrümmt
$x > 1$	$f''(x) < 0$	G_f rechtsgekrümmt

b Die Extremstellen von f' sind die in Teilaufgabe a ermittelten Nullstellen von f'', an denen f'' das Vorzeichen wechselt.

c

$x < -5$	$f''(x) > 0$	Extremstelle muss lokales Minimum sein.
$x > 1$	$f''(x) < 0$	Extremstelle muss lokales Maximum sein.

106 (1) **Wahr**, denn:

$0 < x < 2$: $G_{f''}$ verläuft unterhalb der x-Achse $\Rightarrow f''(x) < 0$
$\Rightarrow G_{f'}$ streng monoton fallend

$2 < x < 4$: $G_{f''}$ verläuft oberhalb der x-Achse $\Rightarrow f''(x) > 0$
$\Rightarrow G_{f'}$ streng monoton steigend

Insgesamt folgt: Tiefpunkt bei $x = 2$

(2) **Falsch**, denn:
$2<x<4$: $f''(x)>0 \Rightarrow G_f$ linksgekrümmt

(3) **Falsch**, denn:
Für $0<x<2$ gilt zwar $f''(x)<0$. Sollte also $f'(x_0)=0$ für ein $x_0 \in [0; 2]$ gelten, gäbe es einen Hochpunkt bei $x=x_0$. Aus der Aufgabenstellung ergibt sich jedoch nicht, ob f' eine Nullstelle in diesem Bereich hat.

(4) **Wahr**, denn:
$x<0$: $G_{f''}$ verläuft oberhalb der x-Achse $\Rightarrow f''(x)>0$
$\Rightarrow G_{f'}$ streng monoton steigend $\Rightarrow$ f' streng monoton zunehmend

(5) **Wahr**, denn:
$G_{f''}$ hat drei Nullstellen mit Vorzeichenwechsel, d. h., die Krümmung von G_f ändert sich an drei Stellen.

107 a

A: $f(x_A)>0$ G_f oberhalb der x-Achse;	$f'(x_A)<0$ streng monoton fallend;	$f''(x_A)>0$ linksgekrümmt
B: $f(x_B)=0$ G_f schneidet die x-Achse;	$f'(x_B)<0$ streng monoton fallend;	$f''(x_B)>0$ linksgekrümmt
C: $f(x_C)<0$ G_f unterhalb der x-Achse;	$f'(x_C)=0$ waagrechte Tangente;	$f''(x_C)>0$ lokaler Tiefpunkt
D: $f(x_D)<0$ G_f unterhalb der x-Achse;	$f'(x_D)>0$ streng monoton steigend;	$f''(x_D)=0$ Wendepunkt
E: $f(x_E)=0$ G_f schneidet die x-Achse; (mit Berührung)	$f'(x_E)=0$ waagrechte Tangente;	$f''(x_E)<0$ lokaler Hochpunkt

b

P: $g(x_P)>0$ G_g oberhalb der x-Achse;	$g'(x_P)<0$ streng monoton fallend;	$g''(x_P)>0$ linksgekrümmt
Q: $g(x_Q)>0$ G_g oberhalb der x-Achse;	$g'(x_Q)=0$ waagrechte Tangente;	$g''(x_Q)=0$ Terrassenpunkt
R: $g(x_R)>0$ G_g oberhalb der x-Achse;	$g'(x_R)<0$ streng monoton fallend;	$g''(x_R)<0$ rechtsgekrümmt

108 a $a'(x)=\frac{1}{3}x^3-3x^2+5x+1;\quad a''(x)=x^2-6x+5;\quad a'''(x)=2x-6$

Wendestellen: $a''(x)=0 \quad\Leftrightarrow\quad x=1$ oder $x=5$

$a'''(1)=-4\neq 0$ und $a'''(5)=4\neq 0 \Rightarrow x=1$ und $x=5$ sind Wendestellen.

Alternative Begründung: Vorzeichenwechsel von a" in den Nullstellen

$a'(1)=\frac{10}{3}\neq 0$ und $a'(5)=-\frac{22}{3}\neq 0 \Rightarrow$ keine Terrassenpunkte

Wendepunkte:

$a(1) = \frac{31}{12} \Rightarrow W_1\left(1 \,\middle|\, \frac{31}{12}\right)$; $\quad a(5) = -\frac{65}{12} \Rightarrow W_2\left(5 \,\middle|\, -\frac{65}{12}\right)$

Wendetangente für W_1:

$a'(1) = \frac{10}{3} \Rightarrow$ Steigung $m = \frac{10}{3}$

In $y = m \cdot x + t$ die Koordinaten von W_1 einsetzen, um t zu bestimmen:

$\frac{31}{12} = \frac{10}{3} \cdot 1 + t \Rightarrow t = -\frac{3}{4} \Rightarrow y = \frac{10}{3}x - \frac{3}{4}$

Wendetangente für W_2:

$a'(5) = -\frac{22}{3} \Rightarrow$ Steigung $m = -\frac{22}{3}$

$-\frac{65}{12} = -\frac{22}{3} \cdot 5 + t \Rightarrow t = \frac{125}{4} \Rightarrow y = -\frac{22}{3}x + \frac{125}{4}$

b $b'(x) = \frac{1}{4}x^4 - \frac{4}{3}x^3 + 3x^2$; $\; b''(x) = x^3 - 4x^2 + 6x = x \cdot (x^2 - 4x + 6)$

$b'''(x) = 3x^2 - 8x + 6$

$b''(x) = 0 \Rightarrow x = 0$ oder $x = 2 \pm \sqrt{4-6}$ (keine Lösung)

$b'''(0) = 0 \Rightarrow x = 0$ ist die einzige Wendestelle.

$b(0) = 1 \Rightarrow W(0|1)$

$b'(0) = 0 \Rightarrow$ Steigung $m = 0 \Rightarrow$ W ist Terrassenpunkt.

Wendetangente: $y = 1$

c $c'(x) = -8x^3 - 24x^2 - 24x$

$c''(x) = -24x^2 - 48x - 24 = -24 \cdot (x^2 - 2x + 1) = -24 \cdot (x-1)^2$

$c''(x) = 0 \Leftrightarrow x = 1$

Weil c'' bei $x = 1$ aber keinen Vorzeichenwechsel hat, hat c keine Wendestelle.

109 (1) $\text{Grad}(f) = 4 \Rightarrow \text{Grad}(f'') = 2$
Trotzdem ist die Aussage **falsch**; z. B. hat $f''(x) = 12x^2 + 2$ keine Nullstelle, somit die Funktion mit dem Term $f(x) = x^4 + x^2$ keinen Wendepunkt.
Modifikation: Mit „höchstens“ statt „genau“ entsteht eine wahre Aussage.

(2) **Falsch**: Ein Gegenbeispiel ist $f(x) = -x^4 + x$ mit $f'(x) = -4x^3 + 1$, $f''(x) = -12x^2$.
Es gilt $f''(0) = 0$, aber f' ist streng monoton abnehmend auf $I = \mathbb{R}$.
$G_{f'}$ hat einen Terrassenpunkt bei $x = 0$.
Modifikation: Im Intervall I gilt $f''(x) \leq 0$.

(3) **Richtig** wegen des Verlaufs des Graphen: Es gilt *entweder* $\lim\limits_{x \to -\infty} f(x) = -\infty$ und $\lim\limits_{x \to +\infty} f(x) = +\infty$ *oder* $\lim\limits_{x \to -\infty} f(x) = +\infty$ und $\lim\limits_{x \to +\infty} f(x) = -\infty$.

(4) **Falsch**. Der nebenstehend dargestellte Graph hat in A einen Hochpunkt, in C einen Terrassenpunkt und in E einen Tiefpunkt. Zwischen A und C und zwischen C und E muss es jeweils einen Punkt geben, in dem sich die Krümmung von G_f ändert, also gibt es noch zwei Wendepunkte B und D.

Modifikation: Mit „mindestens“ statt „genau“ entsteht eine wahre Aussage.

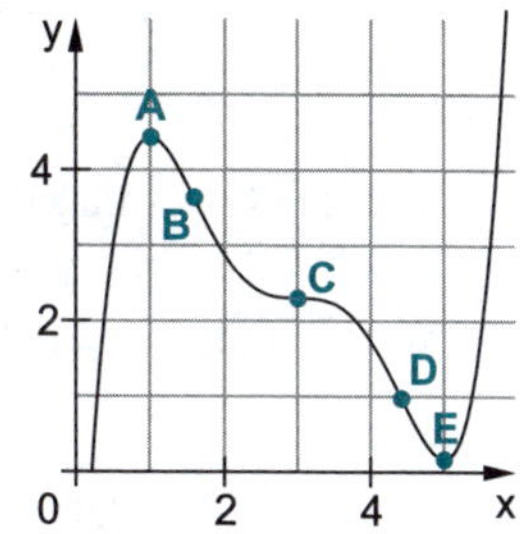

(5) **Falsch**. Die Funktion f: $x \mapsto (x-5)^4$ zeigt bei $x=5$ dasselbe Verhalten wie die Funktion h: $x \mapsto x^4$ bei $x=0$ (weil der Graph durch Verschiebung um 5 nach rechts entsteht). Es gilt $h'(x)=4x^3$ und $h''(x)=12x^2$. $x=0$ ist eine Nullstelle von h' mit Vorzeichenwechsel von – nach +, also liegt ein Minimum vor. Außerdem gilt $h''(0)=0$.

Modifikation: Es gilt zusätzlich $f'''(5) \neq 0$.

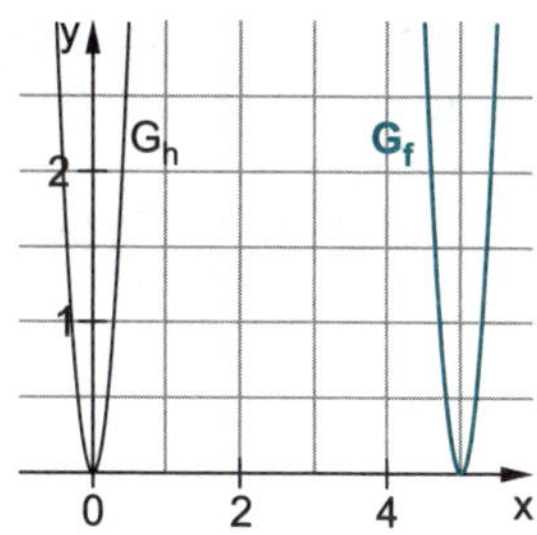

(6) **Falsch** wegen der Existenz von Randextrema. Der dargestellte Graph einer linearen Funktion hat ein Randminimum bei $x=a$ und ein Randmaximum bei $x=b$.

Modifikation: f hat im offenen Intervall $]a; b[$ keine Extremstellen.

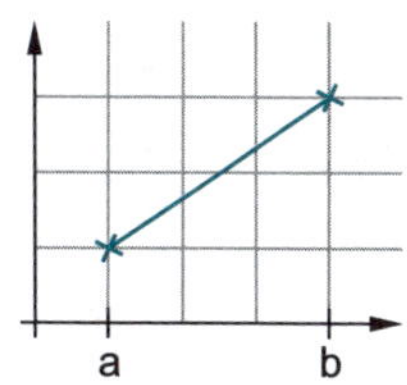

(7) **Richtig**: Ist der Grad von f gerade, so ist der Grad von f' ungerade. Eine ganzrationale Funktion von ungeradem Grad hat aufgrund des Verlaufs des Graphen, siehe das Argument bei (3), immer mindestens eine Nullstelle mit Vorzeichenwechsel. Dort hat f eine Extremstelle.

110 Graph von f

a

$x < 2$:	$f'(x) > 0$	G_f streng monoton steigend für $x \leq 2$
$2 < x < 5$:	$f'(x) < 0$	G_f streng monoton fallend für $x \geq 2$ (mit $f'(5)=0$)
$x > 5$:	$f'(x) < 0$	

Extremstelle $x=2$ (Maximum)

b

$x < 3$:	$G_{f'}$ streng monoton fallend	$\Rightarrow f''(x) < 0$	$\Rightarrow G_f$ rechtsgekrümmt
$3 < x < 5$:	$G_{f'}$ streng monoton steigend	$\Rightarrow f''(x) > 0$	$\Rightarrow G_f$ linksgekrümmt
$x > 5$:	$G_{f'}$ streng monoton fallend	$\Rightarrow f''(x) < 0$	$\Rightarrow G_f$ rechtsgekrümmt

Wendestellen $x=3$ und $x=5$

Die Stelle $x=5$ ist Terrassenpunkt von G_f, da zusätzlich $f'(5)=0$ gilt.

Graph von g

a $x<1$: $g'(x)<0$ G_g streng monoton fallend für $x \le 1$
$1<x<3$: $g'(x)>0$ G_g streng monoton steigend für $1 \le x \le 3$
$x>3$: $g'(x)<0$ G_g streng monoton fallend für $x \ge 3$
Extremstellen $x=1$ (Minimum) und $x=3$ (Maximum)

b $x<2$: $G_{g'}$ streng monoton steigend $\Rightarrow$ $g''(x)>0$ $\Rightarrow$ G_g linksgekrümmt
$x>2$: $G_{g'}$ streng monoton fallend $\Rightarrow$ $g''(x)<0$ $\Rightarrow$ G_g rechtsgekrümmt
Wendestelle $x=2$ (kein Terrassenpunkt)

Graph von h

a $x<-2$: $h'(x)<0$ G_h streng monoton fallend für $x \le 2$
$x>-2$: $h'(x)>0$ G_h streng monoton steigend für $x \ge 2$
Extremstelle $x=-2$ (Minimum)

b $G_{h'}$ streng monoton steigend mit $h'(-2)=0$ $\Rightarrow$ $h''(x)>0$ für $x \neq -2$
$\Rightarrow$ G_h linksgekrümmt für $x \in \mathbb{R}$; bei $x=-2$ ändert sich die Krümmung nicht.

111

	(1)	(2)	(3)	(4)	(5)	(6)	(7)	(8)	(9)	(10)
a	–	+	–	+	–	+	–	–	+	+
b	–	–	+	–	+	+	+	–	–	–
c	–	–	–	–	+	–	+	–	–	–
d	–	+	–	–	–	+	–	+	+	+
e	+	–	–	+	–	+	+	–	–	–

a $a(x)=0{,}25(x^4-8x^2) \Rightarrow a'(x)=0{,}25(4x^3-16x)=x^3-4x=x\cdot(x^2-4)$
$a(x)=0 \Rightarrow x^2\cdot(x^2-8)=0 \Rightarrow x=0$ oder $x=\pm\sqrt{8}$
a hat also drei Nullstellen; siehe (4) und (8).
$a'(x)=0 \Rightarrow x\cdot(x-2)\cdot(x+2)=0 \Rightarrow x=0$ oder $x=2$ oder $x=-2$
a' hat drei einfache Nullstellen, d. h., a hat genau drei Extremstellen; siehe (9).
(6) folgt aus (9), weil zwischen Extremstellen stets Wendestellen sind.

b $b(x)=-5x^5+2 \Rightarrow b'(x)=-25x^4 \Rightarrow b''(x)=-100x^3$
$b''(x)=0 \Leftrightarrow x=0$ (Nullstelle von b'' *mit* Vorzeichenwechsel)

c $c(x)=0{,}5x-3 \Rightarrow c'(x)=0{,}5$

d $d(x)=x^4-x^2+1 \Rightarrow d'(x)=4x^3-2x=4x\cdot\left(x+\sqrt{\frac{1}{2}}\right)\cdot\left(x-\sqrt{\frac{1}{2}}\right)$
$d(x)=0$ wird mittels $x^2=z$ zu $z^2-z+1=0$, was keine Lösung hat.
Daher hat d keine Nullstelle; siehe (4) und (8).
d' hat drei einfache Nullstellen, d. h., d hat genau drei Extremstellen; siehe (9).

e $e(x) = 0{,}2(x^5 - 5x^3 + 4x) \Rightarrow e'(x) = x^4 - 3x^2 + 0{,}8$

$e'(x) = 0$ wird mittels $x^2 = z$ zu $z^2 - 3z + 0{,}8 = 0$. Lösung mittels Formel:

$$z_{1/2} = 1{,}5 \pm \sqrt{2{,}25 - 0{,}8} = \frac{3}{2} \pm \sqrt{1{,}45} \approx 1{,}5 \pm 1{,}2$$

$$z_1 > 0 \Rightarrow x_{1/2} = \sqrt{z_1}; \qquad z_2 > 0 \Rightarrow x_{3/4} = \sqrt{z_2}$$

e hat also vier Extremstellen; siehe (5) und (9).

(6) folgt aus (9), weil zwischen Extremstellen stets Wendestellen sind.

Es kommen nur ungerade Potenzen von x im Term von e(x) vor, somit Punktsymmetrie zum Ursprung

112 **a** (1) Wendestelle von g in x_0

(2) Nullstelle in x_0 mit waagrechter Tangente

b G_g für $x < -5$ **rechts**gekrümmt bedeutet $g''(x) < 0$ für $x < -5$. $x = 0$ und $x = 4$ sind Wendestellen von g, also Nullstellen von g'' mit Vorzeichenwechsel.

$\text{Grad}(g) = 5 \Rightarrow \text{Grad}(g'') = 3$; also Ansatz:

$g''(x) = a \cdot (x+5) \cdot x \cdot (x-4)$

Es ist $g''(-6) = a \cdot (-1) \cdot (-6) \cdot (-10) = -60a$ und für $g''(-6) < 0$ muss $a < 0$ sein. Ein möglicher Term ist:

$g''(x) = -(x+5) \cdot x \cdot (x-4)$

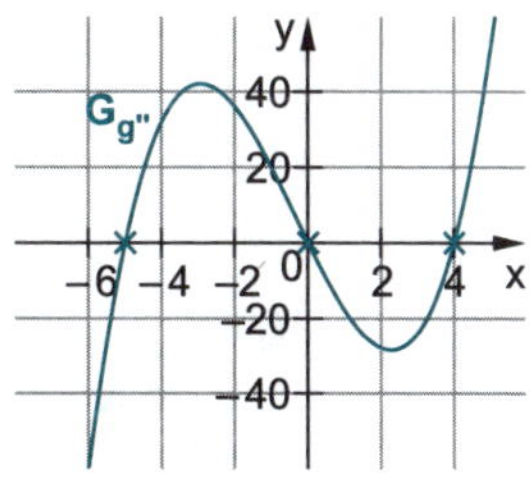

113 **a** (1)
- keine Symmetrie zum Koordinatensystem
- Verlauf: von links oben nach rechts unten, $\lim\limits_{x \to \pm\infty} a(x) = \mp\infty$
- Schnittpunkt mit der y-Achse: A(0|8)

(2) $a'(x) = -6x^2 + 24x - 18 = -6(x^2 - 4x + 3)$; $a''(x) = -12(x-2)$

Wendestelle bei $x = 2$ (einfache Nullstelle von a''); $a(2) = 4$; WP(2|4)

$a'(x) = 0 \Leftrightarrow x = 1$ oder $x = 3$

$a''(1) = 12 > 0$; $a(1) = 0$; Tiefpunkt B(1|0)

Somit ist $x = 1$ eine doppelte Nullstelle von a.

$a''(3) = -12 < 0$; $a(3) = 8$; Hochpunkt C(3|8)

(3) a muss wegen des Verlaufs eine weitere Nullstelle $x = d$ mit $d > 3$ haben (Koeffizientenvergleich beim Summanden ohne Potenz von x):

$-2x^3 + 12x^2 - 18x + \mathbf{8} = \mathbf{-2} \cdot (x \mathbf{- 1})^{\mathbf{2}} \cdot (x \mathbf{- d}) \Rightarrow 8 = -2 \cdot 1 \cdot (-d) \Rightarrow d = 4$

Die einfache Nullstelle liegt bei $x = 4$, also D(4|0).

(4) **Wendetangente**

Ansatz $y = mx + t$ mit $m = a'(2) = 6$ und Einsetzen von WP(2|4):

$4 = 6 \cdot 2 + t \Rightarrow t = -8$

Die Wendetangente hat die Gleichung w: $y = 6x - 8$

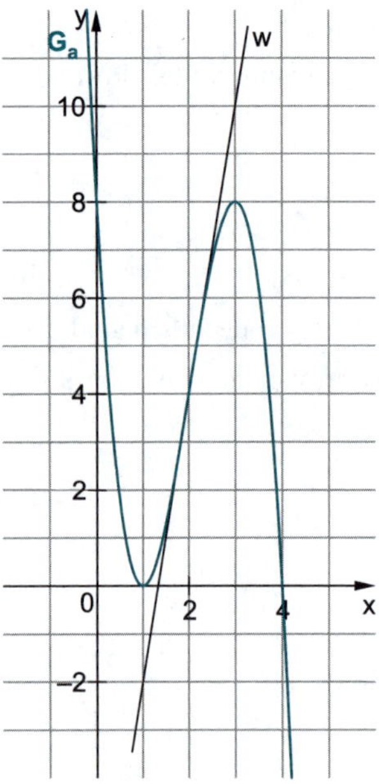

b (1) • Keine Symmetrie zum Koordinatensystem. Würde man G_b um 3 nach unten verschieben, wäre der verschobene Graph punktsymmetrisch zum Ursprung, somit ist b punktsymmetrisch zu A(0|3). Dies ist zugleich der Schnittpunkt mit der y-Achse.

• Verlauf: von links unten nach rechts oben, $\lim\limits_{x \to \pm\infty} b(x) = \pm\infty$

(2) $b'(x) = 5x^4 + 6x^2 = x^2 \cdot (5x^2 + 6)$

$b''(x) = 20x^3 + 12x = 4x \cdot (5x^2 + 3)$; $b'''(x) = 60x^2 + 12 = 12 \cdot (5x^2 + 1)$

Einzige Wendestelle bei $x = 0$ (einfache Nullstelle von b''); $b(0) = 3$; WP(0|3)

$b'(x) = 0 \Leftrightarrow x = 0$

$x = 0$ ist doppelte Nullstelle von b', also keine Extremstelle von b; der Wendepunkt WP(0|3) ist also ein Terrassenpunkt.

(4) • Monotonie:

$b'(x) > 0$ für $x \neq 0$, also ist b streng monoton zunehmend für $x \in \mathbb{R}$ und G_b streng monoton steigend für $x \in \mathbb{R}$ (mit Terrassenpunkt WP(0|3)).

• Krümmung:

$x < 0$: $b''(x) < 0 \Rightarrow G_b$ rechtsgekrümmt

$x > 0$: $b''(x) > 0 \Rightarrow G_b$ linksgekrümmt

• Wertemenge:

$\mathbb{W}_b = \mathbb{R}$ (weil der Grad von b ungerade, nämlich 5, ist)

• Symmetrie:

siehe bei (1): Punktsymmetrie zu WP(0|3)

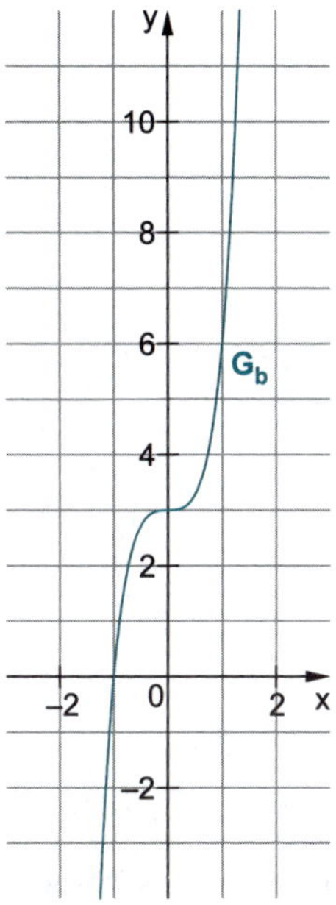

c (1) • c achsensymmetrisch zur y-Achse, da nur gerade Potenzen von x
• Verlauf: von links unten nach rechts unten, $\lim\limits_{x \to \pm\infty} c(x) = -\infty$

(2) $c'(x) = -\frac{4}{9}x^3 + 4x = -\frac{4}{9}x \cdot (x+3) \cdot (x-3)$

$c''(x) = -\frac{4}{3}x^2 + 4 = -\frac{4}{3} \cdot (x+\sqrt{3}) \cdot (x-\sqrt{3})$

$c'''(x) = -\frac{8}{3}x$

Wendestellen: $c''(x) = 0 \quad \Leftrightarrow \quad x = \pm\sqrt{3}$ (beide mit Vorzeichenwechsel)

$c(-\sqrt{3}) = c(\sqrt{3}) = 3 \quad \Rightarrow \quad WP_1(-\sqrt{3}\,|\,3); \quad WP_2(\sqrt{3}\,|\,3)$

Extremstellen: $c'(x) = 0 \quad \Leftrightarrow \quad x = 0$ oder $x = -3$ oder $x = 3$

$c''(0) = 4 > 0$ und $c(0) = -2 \quad \Rightarrow \quad$ Tiefpunkt $(0\,|\,-2)$

$c''(\pm 3) = -8 < 0$ und $c(\pm 3) = 7 \quad \Rightarrow \quad$ Hochpunkte $(-3\,|\,7)$ und $(3\,|\,7)$

(3) Nullstellen: $c(x) = 0 \quad \Leftrightarrow \quad -\frac{1}{9}x^4 + 2x^2 - 2 = 0 \quad \Leftrightarrow \quad x^4 - 18x^2 + 18 = 0$

Substitution: $x^2 = z$

$z^2 - 18z + 18 = 0 \quad \Rightarrow \quad z_{1/2} = 9 \pm \sqrt{63} = 9 \pm 3\sqrt{7}$

$x^2 = 9 - 3\sqrt{7} \quad \Rightarrow \quad x = \pm\sqrt{9 - 3\sqrt{7}} \approx \pm 1{,}03$

$x^2 = 9 + 3\sqrt{7} \quad \Rightarrow \quad x = \pm\sqrt{9 + 3\sqrt{7}} \approx \pm 4{,}12$

(4) **Zusätzlich: $\mathbb{W}_c$**

Die Hochpunkte sind absolute Hochpunkte, also: $\mathbb{W}_c =]-\infty; 7]$

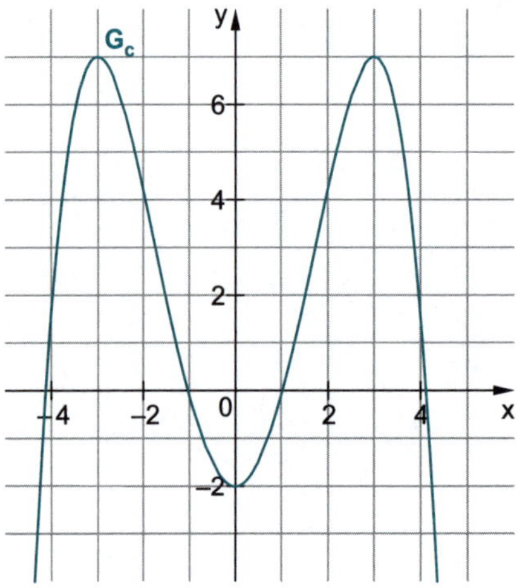

114 a $s(1) = 800$ und $s(9) = 907\frac{1}{3}$

Der Parkplatz und der Loipenbeginn ist bei 800 Höhenmetern, das Restaurant am Ende der Loipe ist bei 907 Höhenmetern.

b $s'(x)$ gibt die Steigung an.
$s'(x) = 4 \cdot (x^2 - 11x + 28)$

$s'(x) = 0$ liefert die Stellen, an denen die Steigung null ist; dort wechselt die Loipe zwischen Steigen und Fallen.

$$s'(x) = 0 \quad \Leftrightarrow \quad 4 \cdot (x^2 - 11x + 28) = 0 \quad \Leftrightarrow \quad x^2 - 11x + 28 = 0$$

$$x_{1/2} = \frac{11}{2} \pm \sqrt{\left(-\frac{11}{2}\right)^2 - 28} = \frac{11}{2} \pm \frac{3}{2} \quad \Rightarrow \quad x_1 = 4; \ x_2 = 7$$

Bis zu Kilometer 4 steigt die Loipe; im höchsten Punkt sind $s(4) \approx 891$ Höhenmeter erreicht. Ab Kilometer 4 bis Kilometer 7 verläuft die Loipe abwärts, im tiefsten Punkt bei Kilometer 7 sind es $s(7) \approx 873$ Höhenmeter. Danach steigt die Loipe bis zum Restaurant bei Kilometer 9.

Alternativlösung:
$G_{s'}$ ist eine nach oben geöffnete Normalparabel.

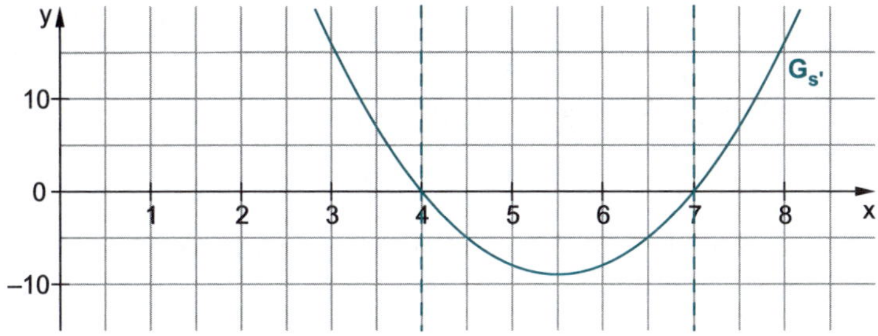

$G_{s'}$		oberhalb	unterhalb	oberhalb	der x-Achse
s'		+	–	+	
s	streng monoton	zu-nehmend	abnehmend	zu-nehmend	

Statt die Monotonie zu bestimmen, kann man auch das für Hochpunkte und Tiefpunkte hinreichende Kriterium verwenden und anschließend die Monotonie folgern:

$s''(x) = 4 \cdot (2x - 11)$

$s''(4) = 4 \cdot (2 \cdot 4 - 11) = -12 < 0 \quad \Rightarrow$ Hochpunkt bei $x = 4$

$s''(7) = 4 \cdot (2 \cdot 7 - 11) = 12 > 0 \quad \Rightarrow$ Tiefpunkt bei $x = 7$

c Durchschnittliche Steigung mit Differenzenquotient (Rechnung in Meter):

$$\frac{s(2) - s(1)}{2\,000 - 1\,000} \approx \frac{55{,}3}{1\,000} = 5{,}53\,\% \quad \text{und} \quad \frac{s(3) - s(2)}{3\,000 - 2\,000} \approx \frac{27{,}3}{1\,000} = 2{,}73\,\%$$

d Steigung bei Kilometer 3:

$$s'(3) = 16 \quad \Rightarrow \quad \text{Steigung} = \frac{16\text{ m}}{1\,000\text{ m}} = \frac{1{,}6}{100} = 1{,}6\,\%$$

Bei Kilometer 3 beträgt die Steigung 1,6 %.

Weitere Stelle mit $s'(x) = 16$:

$$s'(x) = 16 \quad \Leftrightarrow \quad 4 \cdot (x^2 - 11x + 28) = 16 \quad \Leftrightarrow \quad x^2 - 11x + 24 = 0$$

$$x_{1/2} = \frac{11}{2} \pm \sqrt{\frac{121}{4} - 24} = \frac{11}{2} \pm \frac{5}{2} \quad \Rightarrow \quad x_1 = 3;\; x_2 = 8$$

Bei Kilometer 8 beträgt die Steigung erneut 1,6 %.

e Die Stelle, in der die Steigung am stärksten abnimmt, ist das Minimum von s' bzw. die Wendestelle von s:

$s'(x) = 4 \cdot (x^2 - 11x + 28); \quad s''(x) = 4 \cdot (2x - 11)$

$s''(x) = 0 \quad \Leftrightarrow \quad 2x - 11 = 0 \quad \Leftrightarrow \quad x = 5{,}5$

x = 5,5 ist eine einfache Nullstelle von s", also mit Vorzeichenwechsel. Daher liegt bei x = 5,5 der Wendepunkt von G_s, die Steigung ist extremal.

$$s'(5,5) = -9 \quad \Rightarrow \quad \text{Steigung} = -\frac{9\text{ m}}{1\text{ km}} = -\frac{0,9}{100} = \mathbf{-0,9\ \%}$$

Bei x = 5,5 km beträgt die Steigung –0,9 %.

115 a r(0) = 5
Zum Zeitpunkt x = 0, wenn das Medikament anfängt zu wirken, beträgt die Konzentration $5\,\frac{\text{mg}}{\ell}$ im Blut.

b Um die maximale Konzentration im Blut zu ermitteln, bestimmt man das Maximum der Funktion r.

$$r'(x) = \frac{1}{10\,000}(9x^2 - 494x + 4\,601)$$

$$r'(x) = 0 \quad \Leftrightarrow \quad 9x^2 - 494x + 4\,601 = 0$$

$$x_{1/2} = \frac{494 \pm \sqrt{494^2 - 4 \cdot 9 \cdot 4\,601}}{2 \cdot 9} = \frac{494 \pm 280}{18} \quad \Rightarrow \quad x_1 = 43; \; x_2 = 11,\overline{8}$$

Die Art der Extrempunkte wird mit dem hinreichenden Kriterium untersucht:

$$r''(x) = \frac{1}{10\,000}(18x - 494) \quad \Rightarrow \quad r''(x_1) > 0 \text{ und } r''(x_2) < 0$$

Für $x = 11,\overline{8}$ erhält man ein Maximum. Weil x die Zeit in 10-Minuten-Abständen beschreibt, bedeutet dies, dass $11,\overline{8} \cdot 10\text{ min} = 118,\overline{8}\text{ min}$, also knapp 2 Stunden nach Beginn der Wirksamkeit des Medikamentes die maximale Konzentration im Blut erreicht ist.

Die maximale Konzentration erhält man aus dem Funktionswert $r(11,\overline{8})$:
$r(11,\overline{8}) \approx 7,48$
Die maximale Konzentration im Blut beträgt nach knapp zwei Stunden ungefähr $7,5\,\frac{\text{mg}}{\ell}$.

c Die nötige Konzentration, damit das Medikament wirksam ist (siehe Aufgabe), beträgt r(0) = 5. Somit wird wegen $r(28,5) \approx 4,995 < 5$ bei x = 28,5, das sind $28,5 \cdot 10\text{ min} = 285\text{ min} = 4\frac{3}{4}\text{ h}$ die wirksame Dosis knapp unterschritten.

Zur Veranschaulichung wird ein grober Verlauf des Graphen G_r, der bei $x = 11,\overline{8}$ einen Hochpunkt und bei x = 43 einen Tiefpunkt hat, erstellt.

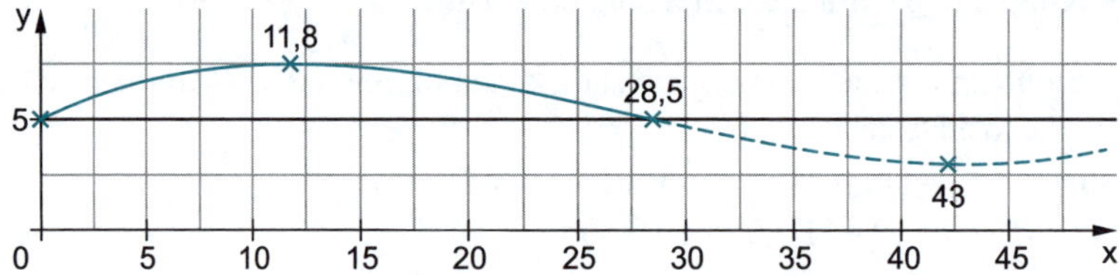

4,75 Stunden nach Beginn der Wirksamkeit ist das Medikament nicht mehr oder weniger gut wirksam, da die Konzentration weniger als $5\,\frac{\text{mg}}{\ell}$ im Blut beträgt. Ob es gar nicht mehr wirkt, ist eine Frage der Medizin, nicht der Mathematik.

d Bestimmung der Wendestelle von r:

$r''(x) = 0 \quad \Leftrightarrow \quad 18x - 494 = 0 \quad \Leftrightarrow \quad x = 27,\overline{4} \in \mathbb{D}$

$27,\overline{4} \cdot 10 \text{ min} = 274,\overline{4} \text{ min} = 4 \text{ h und } 34 \text{ min}$

Nach etwas mehr als 4,5 Stunden ab Beginn der Wirksamkeit ist die Abbaurate am größten. Erst kurz bevor die Schwelle, ab der das Medikament nicht (bzw. weniger) wirksam ist, erreicht wird, wird es am stärksten abgebaut.

e Eine halbe Stunde sind 30 Minuten, also $x = 3$:

$$\frac{r(3) - r(0)}{\mathbf{30\ min - 0\ min}} = \frac{6{,}1661\,\frac{\text{mg}}{\ell} - 5\,\frac{\text{mg}}{\ell}}{30 \text{ min}} = \frac{1{,}1661\,\frac{\text{mg}}{\ell}}{30 \text{ min}} = 0{,}03887\,\frac{\text{mg}}{\ell \cdot \text{min}}$$

Oder:

$$\frac{r(3) - r(0)}{\mathbf{0{,}5\ h - 0\ h}} = \frac{1{,}1661\,\frac{\text{mg}}{\ell}}{0{,}5 \text{ h}} = 2{,}3322\,\frac{\text{mg}}{\ell \cdot \text{h}}$$

Die mittlere Änderungsrate beträgt in der ersten halben Stunde $0{,}03887\,\frac{\text{mg}}{\ell \cdot \text{min}}$.

116 a Wegen $p(0) = 5$ beginnt die Rutsche beim Punkt $C(0\,|\,5)$. Für das Ende D der Leiter erhält man hiermit $D(-0{,}5\,|\,5)$, sie beginnt bei $B(-3\,|\,0)$. Ein Ansatz für die Gerade durch B und D ist $y = mx + t$. Für die Steigung m gilt dabei:

$$m = \frac{5 - 0}{-0{,}5 - (-3)} = 2$$

Einsetzen von B in $y = 2x + t$ liefert:
$0 = -6 + t \quad \Rightarrow \quad t = 6$

Die lineare Funktion h lautet:
$h\colon x \mapsto 2x + 6$ mit $\mathbb{D}_h = [-3; -0{,}5]$

b mittlere Steigung $= \frac{p(6) - p(0)}{6 - 0} = \frac{0{,}5 - 5}{6} = -0{,}75 = -75\,\%$

Das mittlere Gefälle der Rutsche beträgt 75 %.

c $p'(x)=\frac{1}{8}x^2-\frac{3}{4}x=\frac{1}{8}x\cdot(x-6);\quad p''(x)=\frac{1}{4}x-\frac{3}{4}$

Gesucht ist die Stelle mit dem maximalen Gefälle, also mit $p''(x)=0$:

$p''(x)=0 \quad \Leftrightarrow \quad x=3$ einfache Nullstelle (mit Vorzeichenwechsel)

$p'(3)=-1{,}125;\quad p(3)=2{,}75$

Im Punkt A(3 | 2,75) ist die Steigung betragsmäßig maximal mit 112,5 %.
Für den Neigungswinkel α gilt:

$\tan\alpha=|-1{,}125| \quad \Rightarrow \quad \alpha\approx 48{,}4°$

Nach 3 m und in der Höhe 2,75 m hat die Rutsche ihr größtes Gefälle mit 112,5 % und dem Neigungswinkel von ca. 48,4° zur Waagrechten.

d $p'(0)=p'(6)=0$
Das Rutschen beginnt und endet mit waagrechter Steigung.

117 a In den Punkten A, B, C und D ist die Steigung null, die Monotonie ändert sich. Der Ansatz für die Berechnung lautet:
$h'(x)=0$

A ist **absoluter Hochpunkt** der Rutschpartie und **D absoluter Tiefpunkt**.

Zwischen A und B fällt G_h streng monoton, im Punkt **B** ist ein **relativer Tiefpunkt**. Zwischen B und C steigt der Graph kaum merklich, d. h., die Rutsche verläuft auf einer Länge von ca. 0,6 m (2,9 – 2,3 = 0,6) fast waagrecht. Zu erwarten ist $h'(2{,}9)=h'(2{,}3)=0$ sowie $h'(x)>0$ für $x\in\,]2{,}3;\,2{,}9[$.

C ist **relativer Hochpunkt**. Zwischen C und D fällt G_h.

In den Punkten **E und G** ändert sich die Krümmung, dies sind also **Wendepunkte**. Die Steigung ist betragsmäßig jeweils maximal.

Hochpunkte liegen in einer Rechtskurve, Tiefpunkte in einer Linkskurve (jeweils waagrechte Steigung):

$0<x<x_E\approx 0{,}7 \quad \Rightarrow \quad G_h$ rechtsgekrümmt

$0{,}7<x<x_F\approx 2{,}6 \quad \Rightarrow \quad G_h$ linksgekrümmt

$2{,}6<x<x_G\approx 4{,}1 \quad \Rightarrow \quad G_h$ rechtsgekrümmt

$x>x_G\approx 4{,}1 \quad \Rightarrow \quad G_h$ linksgekrümmt

In E und G ist die Rutsche somit am stärksten fallend.

b Es gibt vier Stellen mit waagrechter Tangente, also $\text{Grad}(h')\geq 4$, und drei Wendestellen, also $\text{Grad}(h'')\geq 3$.
Daher muss der Grad von h mindestens 5 sein.

Lösungen zum Test 9

1 (1) **Wahr:** Für $x \in [-3; 4]$ verläuft $G_{g''}$ oberhalb der x-Achse, schneidet bzw. berührt diese bei $x=-3$, $x=0$ und $x=4$. Es gilt also $g''(x)>0$ für $-3<x<4$, außer für $x=0$. Daher ist G_g dort linksgekrümmt.

(2) **Falsch:** Es gilt zwar $g''(-3)=g''(0)=g''(4)=0$, jedoch findet bei $x=0$ kein Vorzeichenwechsel von g'' statt ($G_{g''}$ hat eine doppelte Nullstelle).

(3) **Wahr:** Im angegebenen Intervall ist $g''(x)>0$, außer für $x=0$. Somit ist $G_{g'}$ streng monoton steigend.

(4) **Falsch:** g'' hat im dargestellten Bereich zwei einfache Nullstellen ($x=-3$ und $x=4$) und eine doppelte Nullstelle ($x=0$). Daraus folgt:
$\text{Grad}(g'')\geq 4 \;\Rightarrow\; \text{Grad}(g')\geq 5 \;\Rightarrow\; \text{Grad}(g)\geq 6$

2 **a** Schnitt- und Berührstellen von $G_{f'}$ mit der x-Achse sind:
$x=-4$ (Berührstelle), $x=0$ und $x=2$ (jeweils Schnittstellen)

x	<-4	$-4<x<0$	$0<x<2$	>2
$G_{f'}$	unterhalb der x-Achse	unterhalb der x-Achse	oberhalb der x-Achse	unterhalb der x-Achse
f'	–	–	+	–
f	streng monoton abnehmend	streng monoton abnehmend	streng monoton zunehmend	streng monoton abnehmend
G_f	streng monoton fallend	streng monoton fallend	streng monoton steigend	streng monoton fallend

G_f hat bei $x=-4$ einen Terrassenpunkt, bei $x=0$ einen Tiefpunkt und bei $x=2$ einen Hochpunkt.

b $g'(x)=0$ für $x=0$, $x=2$, $x=4$
Dies sind drei einfache Nullstellen von g' (mit VZW), d. h., bei g ändert sich dort jeweils das Monotonieverhalten.

x	<0	$0<x<2$	$2<x<4$	>4
x	–	+	+	+
x – 2	–	–	+	+
x – 4	–	–	–	+
g'	–	+	–	+
g	streng monoton abnehmend	streng monoton zunehmend	streng monoton abnehmend	streng monoton zunehmend

g hat bei $x=0$ und $x=4$ jeweils ein Minimum und bei $x=2$ ein Maximum.

$\text{Grad}(g') = 3 \;\Rightarrow\; \text{Grad}(g) = 4$

Der Verlauf von G_g ergibt sich aus dem Monotonieverhalten:
von links oben nach rechts oben
Die Funktion g divergiert gegen $+\infty$: $\lim\limits_{x \to \pm\infty} g(x) = +\infty$

Zwischen $x = 0$ und $x = 2$ ändert sich die Linkskrümmung in eine Rechtskrümmung, die sich zwischen $x = 2$ und $x = 4$ wieder in eine Linkskrümmung ändert. Diese Stellen kann man ausrechnen, da man g'' durch Ableiten von g' (nach vorherigem Ausmultiplizieren) und wegen $\text{Grad}(g'') = 2$ die Nullstellen von g'' (mit der Lösungsformel) berechnen kann.

3 a G_f ist achsensymmetrisch zur y-Achse, weil im Funktionsterm von f nur gerade Potenzen von x auftreten.
Verlauf: von links unten nach rechts unten, also $\lim\limits_{x \to \pm\infty} f(x) = -\infty$
(zugehörige Potenzfunktion p: $x \mapsto -\frac{1}{6}x^4$)

b $f'(x) = -\frac{2}{3}x^3 + 8x;\quad f''(x) = -2x^2 + 8;\quad f'''(x) = -4x$

Wendestellen

$f''(x) = 0 \;\Leftrightarrow\; -2x^2 + 8 = 0 \;\Leftrightarrow\; x^2 = 4 \;\Leftrightarrow\; x = \pm 2$

$f(2) = -\frac{1}{6} \cdot 2^4 + 4 \cdot 2^2 = 13\frac{1}{3};\quad f(-2) = 13\frac{1}{3}$ (Symmetrie)

$f'''(\pm 2) \neq 0 \;\Rightarrow\;$ Wendepunkte $A\left(-2 \,\middle|\, 13\frac{1}{3}\right)$ und $B\left(2 \,\middle|\, 13\frac{1}{3}\right)$

Wendetangenten

$f'(2) = -\frac{2}{3} \cdot 2^3 + 8 \cdot 2 = \frac{32}{3} \;\Rightarrow\;$ Ansatz $g\colon y = \frac{32}{3}x + t$

Einsetzen der Koordinaten von B: $13\frac{1}{3} = \frac{32}{3} \cdot 2 + t \;\Rightarrow\; t = -8$

Tangente in B: $g\colon y = \frac{32}{3}x - 8$

Wegen der Achsensymmetrie von G_f folgt:

Tangente in A: $h\colon y = -\frac{32}{3}x - 8$

Schnittpunkt

Die Tangenten schneiden die y-Achse im selben Punkt, nämlich in $C(0 \,|\, -8)$.

c **Innenwinkel**

Mit den üblichen Bezeichnungen für die Innenwinkel gilt:

$\tan\beta = \frac{32}{3} \;\Rightarrow\; \beta \approx 84{,}64° \;\Rightarrow\; \alpha \approx 84{,}64°$ (Symmetrie)

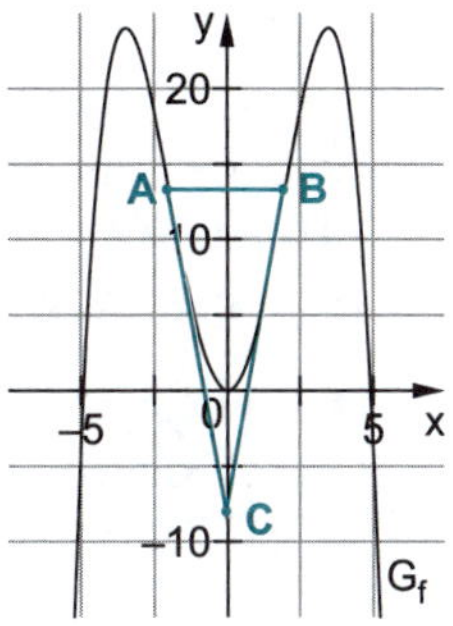

Mit der Winkelsumme im Dreieck ergibt sich:
$\gamma = 180° - \alpha - \beta \approx 180° - 2 \cdot 84{,}64° = 10{,}72°$

Umfang
$|\overline{AB}| = 2 \cdot x_B = 4$ (wegen Symmetrie)
Mit dem Satz des Pythagoras ergibt sich:

$$|\overline{BC}| = \sqrt{x_B^2 + (y_B - y_C)^2} = \sqrt{2^2 + \left(13\frac{1}{3} - (-8)\right)^2}$$

$$= \sqrt{\frac{4132}{9}} \approx 21{,}43$$

Aufgrund der Symmetrie folgt für den Umfang:
$U_\Delta = |\overline{AB}| + 2 \cdot |\overline{BC}| \approx 46{,}86\,[\text{LE}]$

Flächeninhalt

$$A_\Delta = \frac{1}{2} \cdot |\overline{AB}| \cdot (y_B - y_C) = \frac{1}{2} \cdot 4 \cdot \left(13\frac{1}{3} + 8\right) = \frac{128}{3} \approx 42{,}67\,[\text{FE}]$$

Lösungen zum Test 10

1 a Keine Symmetrie zum Koordinatensystem.
Verlauf: von links unten nach rechts unten, $\lim\limits_{x \to \pm\infty} f(x) = -\infty$

b $f'(x) = -x^3 - 3x^2 - 3x = -x \cdot (x^2 + 3x + 3)$
$f''(x) = -3x^2 - 6x - 3 = -3(x+1)^2$
$f'''(x) = -6(x+1)$

Wendestellen: $f''(x) = 0 \;\Leftrightarrow\; x = -1$, aber wegen $f'''(-1) = 0$ greift das hinreichende Kriterium $f'''(-1) \neq 0$ nicht. Weil eine doppelte Nullstelle von f'' vorliegt, gibt es keinen Vorzeichenwechsel von f'', also keine Änderung der Krümmung; es gibt keine Wendestelle.

Extremstellen: $f'(x) = 0 \;\Leftrightarrow\; x = 0$ oder $x^2 + 3x + 3 = 0$
Wegen $3^2 - 4 \cdot 3 < 0$ ist $x = 0$ die einzige Nullstelle.
$f''(0) = -3 < 0$ und $f(0) = -0{,}25 \;\Rightarrow\;$ Hochpunkt $A(0\,|\,-0{,}25)$

c **Monotonie:** Es gilt $x^2 + 3x + 3 > 0$ für $x \in \mathbb{R}$, woraus folgt:
$x < 0$: f streng monoton zunehmend, also G_f streng monoton steigend
$x > 0$: f streng monoton abnehmend, also G_f streng monoton fallend
$\Rightarrow\;$ $A(0\,|\,-0{,}25)$ absoluter Hochpunkt

Krümmung: $f''(x) < 0$ für $x \neq -1$, also G_f **rechtsgekrümmt** für $x \in \mathbb{R}$

d **Wertemenge:** $\mathbb{W}_f =]-\infty; -0,25[$, somit hat f keine Nullstellen

Tangente: Berührpunkt $B(-1\,|\,-1)$ wegen $f(-1) = -1$
Ansatz $y = mx + t$ mit $m = f'(-1) = 1$ und Einsetzen von $B(-1\,|\,-1)$:
$-1 = 1 \cdot (-1) + t \quad \Rightarrow \quad t = 0$
Die Tangente in B hat die Gleichung $y = x$.

e **Wertemenge für Intervall I:** Randpunkte $C(-3\,|\,-7)$ und $D(1\,|\,-3)$
C ist absoluter und D relativer Tiefpunkt; A ist absoluter Hochpunkt.
$\mathbb{W} = [-7; -0,25]$

f

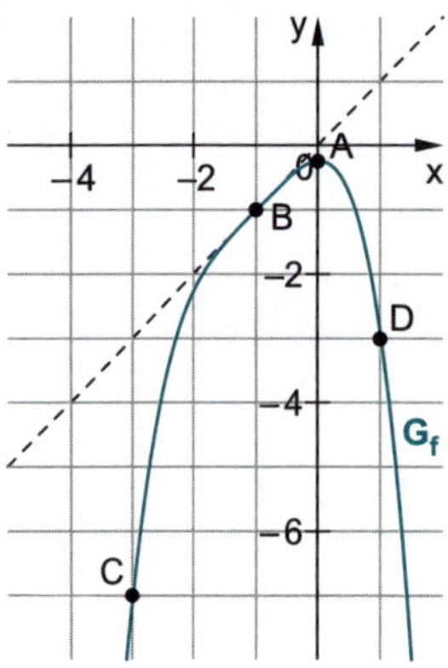

2 (1) bedeutet, dass die Steigung immer negativ oder null ist, d. h. mit (4), dass an der Stelle $x = 2$ die Steigung $m = -1$ betragen muss.

(2) heißt, dass G_f immer oberhalb der x-Achse verlaufen muss und wegen (3) kein Knick (differenzierbar) und damit auch kein Sprung (dies folgt aus der Differenzierbarkeit) im Graphen sein darf. (Fachsprache: Die Funktion muss stetig sein.)

Für $x \leq 2$ wählt man am einfachsten eine lineare Funktion mit der Steigung $m = -1$. Damit $f(x) > 0$ erfüllt ist, muss $f(x)$ ab einer Stelle x_0 konstant sein, z. B. ab $x_0 = 3$. Die Übergänge müssen so gestaltet sein, dass kein Knick vorkommt – das könnte man mit einem Parabelstück erreichen.

$f_1(x) = -x + t$ für $x \leq 2$; dann ist $m_1 = -1$
$f_3(x) = 1$ für $x \geq 3$; dann ist $m_3 = 0$

Dazwischen, also für $2 < x < 3$, liegt das Parabelstück. Bekanntlich hat eine Parabel im Scheitelpunkt die Steigung null. Also muss $S(3\,|\,1)$ der Scheitelpunkt sein und der Funktionsterm in Scheitelform lautet: $f_2(x) = a(x-3)^2 + 1$

Nun muss a so angepasst werden, dass die Steigung bei $x=2$ auch rechtsseitig $m_2=-1$ wird. Dazu multipliziert man $f_2(x)$ aus und leitet den Term ab:

$f_2(x)=a(x-3)^2+1=a(x^2-6x+9)+1=ax^2-6ax+(9a+1)$

$f_2'(x)=2ax-6a$

Einsetzen der Übergangsstelle $x=2$:

$f_2'(2)=2a\cdot 2-6a=4a-6a=-2a$

Bekannt ist $f_1'(2)=-1$. Damit folgt:

$$f_1'(2)=f_2'(2) \quad\Rightarrow\quad -1=-2a \quad\Rightarrow\quad a=\frac{1}{2}$$

Der Term für das Parabelstück lautet also:

$$f_2(x)=\frac{1}{2}(x-3)^2+1$$

Für die Stetigkeit bei $x=2$ muss noch t so bestimmt werden, dass $f_1(2)=f_2(2)$ gilt:

$$f_1(2)=-2+t \quad\text{und}\quad f_2(2)=\frac{1}{2}(2-3)^2+1=\frac{3}{2}$$

$$f_1(2)=f_2(2) \quad\Rightarrow\quad -2+t=\frac{3}{2} \quad\Rightarrow\quad t=\frac{7}{2}$$

Der Term der linearen Funktion lautet also:

$$f_1(x)=-x+\frac{7}{2}$$

Insgesamt erhält man:

$$f(x)=\begin{cases} -x+\frac{7}{2} & \text{für } x\le 2 \\ \frac{1}{2}(x-3)^2+1 & \text{für } 2<x<3 \\ 1 & \text{für } x\ge 3 \end{cases}$$

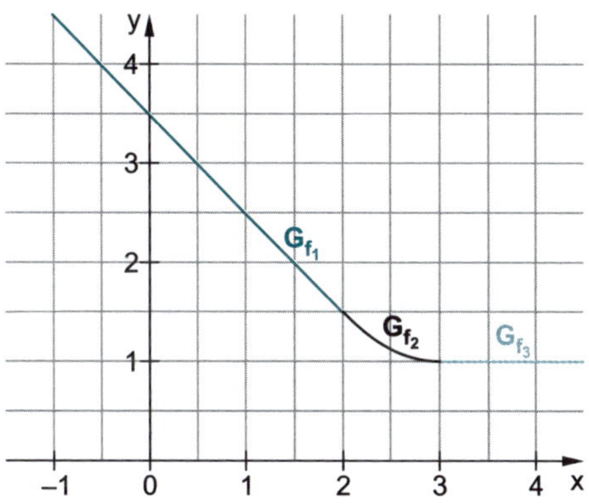